# 服务于秩序

## 清末民初绍兴商会研究
「1905–1927」

颜志 —— 著

ZHEJIANG UNIVERSITY PRESS
浙江大学出版社

# 序　言

　　中国商会史研究是从 20 世纪 80 年代初开始兴起的,自 1982 年皮明庥先生发表《武昌首义中的武汉商会和商团》、1983 年徐鼎新先生发表《旧中国商会溯源》以来,已走过三十多年的历史。在这三十多年时间里,商会史研究的地位不断提升,从一开始的从属于辛亥革命史研究中的一个内容,逐渐发展成为中国近代史研究领域的一门"显学"。从商会史研究的本身而言,则经历了革命史模式、现代化模式到公共领域和市民社会理论框架的演变。但无论如何发展、演变,实际上其中有一个始终不变的中心问题是:商会在中国近代历史上的作用是什么?

　　说到历史作用,我认为首先必须明白,商会最根本的,是一个以维护工商业经济发展为目的的商人团体;其最本原的作用,是它对近代工商业经济发展所起的作用。但仅仅明白这一点是不够的,接下来我们还必须回答更重要的一个问题:商会又是如何发挥维护和促进近代工商业经济发展的?

　　这的确是商会史研究中一个最重要的问题。解决这一学术问题,可以有多种角度。事实上,多年来已有众多研究者试图从各个角度探究并解答近代中国商会是如何维护和推动近代工商业经济发展的问题,其中也有不少令人满意的解答。本书著者颜志所选择的角度,则是以秩序作为自己探讨的角度和中心。应该说,这个选择在方向上是正确的。正如他在书中所说:"商人的日常经营建立在一定的经济秩序上,良性的秩序有利于商贸活动的进行,恶性的秩序则会使商业停滞不前……因此,商人的神经对秩序高度敏感。这就是绍兴商会进行秩序调节的根本原因。"简单地说,商人的活动、近代工商业经济的运营及发展,是建立在秩序的基础之上的。

　　的确,建构并维护一定的市场经济秩序和社会秩序(营商环境),是商会活动所追求的主要目标。历来众多论者所谓的商会的作用主要是维护商人的利益,或谓维护政府的权威,或谓上传下达的中介,或谓调节商人与各方面以及商人之间的矛盾等等之说,其核心问题实际上就是建立或维持一定的秩序。应该说,颜志的研究,抓住了关于商会作用问题的中心。

　　为了厘清商会是如何建构并维护市场经济秩序和社会秩序的,论著选择了近代时期的绍兴商会为研究对象,通过对大量史料的梳理,把商会努力要建构并维护的秩序分成四个层级:直接与商人个体利益相关的微观秩序、与行业利益直接相关的行业秩序、关乎地方整体利益的宏观秩序、关乎政府与商人交流的政商秩序。进而围绕这四个层级的秩序问题,详细描述了绍兴商会的组织体系,逐渐深入地分析了商会在建构并维护这四个层级的秩序过程中之作为,及其所扮演的角色,并论述了绍兴商会建构并维护秩序活动的局限与边界,亦即绍兴商会对建构并维护秩序——维护并推动工商业经济发展,究竟发挥了多大的作用。

　　作者为此书付出了数年的辛勤劳动,呈现在我们面前的是一本很有学术价值的论著。全书结构合理,文字甚为流畅,论述多有创新,分析有一定的深度,所提出的一些论点很有启发性。除此以外,本书的学术贡献还表现在这两个方面:

　　第一,从研究对象说,以往的研究大多是保定、苏州、南昌这类大城市,以及上海、天津、武汉这类通商大埠的商会,而本书则是以县级行政单位绍兴县的商会为研究对象,其意义绝不仅仅是拓展了商会史的研究地域。因为,绍兴不同于上述商埠城市,城市规模相对要小得多,工商业发展水平也相对低一些,其经济结构中几乎没有现代型的大型工业制造企业和上规模的商业流通企业,基本上都是酱、酒、茶、丝绸、锡箔等资本较少、规模较小、更适应旧式市场的传统手工业和商业企业,因而更具传统向现代过渡或曰转型中的中国城市及社会及经济之特征。这种城市及商会在近代中国更有普遍性,因而更具有代表性。也正因为如此,这本以绍兴商会为研究对象的书,在近代中国商会史研究中更具有典型意义。

　　第二,论著的史料具有原创性。本书的基本史料主要有两部分:一是绍兴商会档案。数量和内容都很丰富的绍兴商会档案,原本一直藏在绍兴县档案馆(现改名为柯桥区档案馆),此前除了有一两位学者做过零星的查阅和引用外,基本上还处于无人开发利用的状况,本书是第一本以这批档案作为基本史料撰写并公开出版的论著,其史料的新颖性、原始性是毋庸置疑的。二是地方报刊史料。颜志为撰写此书，从当地的图书馆、档案馆中搜集到了《绍兴白话报》《越铎日报》《越州公报》等报刊。这些地方报刊内容很是丰富，集中而全面地反映了一个地区的政治、经济、文化、社会等方方面面的情状，折射出当地社会变迁的长期轨迹，同样也是原创性很强的第一手资料。资料的原创性，给这部论著以坚实的支持，使得全书的论述能够脚踏实地。

　　这部书是颜志在他的博士论文的基础上修改而成的。此书的圆满完成来之不易。颜志在硕士阶段是研究中国近代思想史的，他本人的研究与表述特质也适合研究思想史。考取浙大博士生后，按照我的要求，他改变了方向，开始研究商会史，并加入我们的课题组。在改变了研究方向，并且需要协助我工作、承担许多课题组杂务的情况下，完成原本生疏的商会研究的论文，对他来说是很不容易的。而且，此书本来计划列为我们"绍兴商会档案整理研究"（国家社科项目）课题组的中期成果之一，后来因我们课题组方面的原因，只能由他自己提交出版社单独出版。书终于出版面世了，对作者颜志而言，是他的努力终于结出了果实；对学术界而言，多少是个贡献。

汪林茂
2018 年季秋

# 目　录

# 绪　论

本书以 1905 年到 1927 年的绍兴商会为研究对象,研究绍兴商会通过维护秩序来保障经济运行的活动,研究商会活动对经济运行的保障。本书不仅研究商会如何维护经济秩序,还研究商会何以能维护经济秩序,而且还注意到商会行动的边界问题,讨论为什么一些事情是商会无力完成的,为什么一些事情是商会很少参与的。总之,本书试图全面地探讨绍兴商会与地方商业秩序的关系。

## 第一节　学术史回顾

商会作为近代中国最重要的商人团体,自 20 世纪 80 年代初开始,就受到学术界的格外重视,在短短数十年内,涌现出一大批以商会为研究对象的高水平论著。总的来说,商会史研究经历了四种研究范式,即革命史范式、现代化范式、市民社会范式、新制度经济学范式。

### 一、革命史范式

在 20 世纪 80 年代之前,革命史范式是近代史研究的主导范式,当时正在起步中的商会史研究,在思想方法上受到革命史范式的强烈影响。革命史范式认为"革命是历史的火车头",把研究的重点放在政治革命与政治运动上。因此,早期的商会史研究特别注重研究商会在重大政治事件中的表现。皮明庥在《武昌首义中的武汉商会和商团》一文中考察了武汉商会、商团在辛亥革命中的表现,①朱英在《清末商会与抵制美货运动》一文中研究了商会在 1905 年的抵制美货运动中的组织、领导作用。②

革命史范式的理论基础来自马克思主义史学理论,这种理论不仅强调革命在历史中的巨大作用,还着重使用阶级分析法来分析历史问题。国内商会史研究在相当长的一段时间内,都是以阶级分析法为思考圭臬。当时的商会史研究,用阶级分析的眼光去考察商会,认为商会是民族资产阶级的代表,甚至当时研究商会史的目的就是搞清民族资产阶级的历史状况。80年代初章开沅就是希望通过研究商会来改善资产阶级研究,"在资本家个人和资产阶级整体(或其某一阶层的整体)之间,多做一些集团(如资本集团、行业、商会以至商团、会馆等)的研究,然后再进行类型的归纳与区分,所得结论可能比简单的上中下层划分更切合实际一些"。③

在章开沅先生的倡导下,马敏、朱英、虞和平等学者利用原生态档案进行了出色的资产阶级研究。马敏利用商会档案,对中国近代早期资产阶级进行了全面而深入的分析。朱英在《辛亥革命与资产阶级》一书中,以商会为研究资产阶级的突破口,系统考察民族资产阶级在辛亥革命、二次革命、护国运动中的表现。④

随着学术理论的发展,革命史范式在商会史研究中运用得越来越少。商会史研究的焦点逐渐从政治史移到社会经济史,虽然近些年仍有像商民运动研究这样属于政治史范畴的商会史研究在开展,但不可否认的是近年商会史领域出现更多的是"物价调节""商事裁断"这样的属于社会经济史范畴的专题。阶级分析法在商会史中运用得也越来越少,市民社会理论、新制度经济学已经取代阶级冲突理论而成为商会史研究的主流理论。

## 二、现代化范式

中国近代史研究中的现代化范式兴起于 20 世纪 80 年代,这种研究框架是在承认阶级分析法的基础上,将时间作传统、现代两级化处理,将研究对象置于线性的时间流中,考察研究客体从传统到现代的变迁。

近代商会史领域的现代化范式也是如此。现代化范式在商会领域运用

---

①　皮明庥:《武昌首义中的武汉商会和商团》,《历史研究》1982 年第 1 期。

②　朱英:《清末商会与抵制美货运动》,武汉:《华中师范大学学报》(哲学社会科学版) 1985 年第 6 期。

③　章开沅:《关于改进研究中国资产阶级方法的若干意见》,《历史研究》1983 年第 5 期。

④　朱英:《辛亥革命与资产阶级》,华中师范大学出版社,2011 年版。

的最主要代表虞和平分析问题时使用的仍然是阶级分析法。"资产阶级""阶级认同"这些来自阶级理论的概念,在虞和平的《商会与中国早期现代化》一书中仍然被大量使用。比如虞和平把商会和民族资产阶级的形成联系到一起,认为近代商会有整合资产阶级社会的作用,"全国商联会的成立是中国资产阶级全国性整合的一种标志"。①

商会史中的现代化范式在某种程度上继承了革命史观的时间观。革命史分析范式认为人类社会是按照五个阶段依次演进的,对于近代中国而言,社会的演进是从封建社会向资本主义社会、社会主义社会的过渡。商会史中的现代化范式把革命史观中的社会演进加以改造,变为传统向现代的过渡,其中传统与现代分别对应封建社会和资本主义社会。即如虞和平所持的观点,资本主义工业化和民主化是中国早期现代化的核心含义。②

现代化范式一方面使用传统、现代的时间观来考察商会,另一方面考察商会在社会从传统向现代变迁过程中发挥的作用。对于前者,学界认为近代商会是传统与现代的统一体。对于后者,有的学者认为近代商会"肩负着为中国的早期现代化而奋斗的历史使命"③,有的学者通过个案研究,认为商会对区域的现代化确有推动作用,"早期天津商会及直隶各分会,在提高我国生产力水平,促进我国近代资本主义生产关系发展和资产阶级成长壮大方面,是起了相当积极作用的"。④

革命史观重视社会总有机体内部的矛盾(阶级矛盾),现代化范式下的商会史研究重视商会对社会变迁的整体推动,从革命史范式到现代化范式,研究者的注意力有一个由内向外的转移。不过,这种转移并没有持续太久,随着市民社会理论在 20 世纪 90 年代的兴起,商会史研究的重心重新回到社会有机体内部,重新重视研究社会有机体的内部矛盾。

## 三、市民社会范式

革命史观下的商会史研究与市民社会范式下的商会史研究都注意到社会有机体内部的对立与冲突。革命史观注意到的是阶级冲突,对商会史研究而言,最重要的矛盾是代表地主阶级的封建政府与代表民族资产阶级的商会的矛盾。市民社会理论的注意力集中在政治社会与市民社会的矛盾

① 虞和平:《商会与中国早期现代化》,上海:上海人民出版社,1993 年版,第 112 页。
② 虞和平:《商会与中国早期现代化》,第 4 页。
③ 虞和平:《商会与中国早期现代化》,第 21 页。
④ 胡光明:《论早期天津商会的性质与作用》,《近代史研究》1986 年第 4 期。

上,即集中在政府与社团的矛盾上。市民社会理论认为最重要的矛盾是作为国家的政府与作为社会的商会的矛盾。显然,市民社会理论用国家与社会概念重新解读了政府与商会的关系。

市民社会概念的引入使关于商会组织体系的研究有了新的发展空间。在阶级分析框架下,学者只能把商会组织体系的发展解读为资产阶级的自为化,而在市民社会理论框架下,商会组织体系的健全可以被解释为市民社会的发育。马敏和朱英就是把苏州商会及其社会网络解读为市民社会式的"在野城市权力网络","以商会为核心,众多民间社团组织纵横交错,从而形成一个官府以外的在野城市权力网络"。①

市民社会理论下的商会史研究以政府与商会的关系为研究重点。研究者不仅注意到国家与社会的分立、对抗的一面,还意识到国家与社会存在合作关系。朱英研究过民初《商会法》之争后认为,"在清末孕育萌生的与国家相对应而具有较大独立性的社会,至民初得到进一步发展,已能够在某些方面抵制国家对社会的侵蚀,在一定程度上发挥制衡国家的作用,从而维护社会的独立性及应有的权利"。② 陈海忠在《近代商会与地方金融——以汕头为中心的研究》中着力于描述商会与政府在金融领域的对立,最终政府排除了商会对地方金融的把持,实现了对地方金融的控制。③

马敏既是较早地把市民社会、公共领域理论引入近代商会史研究的学者,也是较早意识到中国的国家与社会之间的关系不同于西方世界的学者,他认为中国的国家与社会的关系主要是合作关系,"在中国传统'公'领域中,国家与社会的关系主要呈现一种合作和协调的倾向"。④

市民社会范式在被引入近代商会史研究后,在相当长的一段时间内主导了商会史研究。不过,随着学界学术兴趣的转移,市民社会范式的影响力正在逐渐消失。

---

① 马敏、朱英:《传统与近代的二重变奏——晚清苏州商会个案研究》,成都:巴蜀书社,1993年版,第3页。

② 朱英:《转型时期的社会与国家——以近代中国商会为主体的历史透视》,武汉:华中师范大学出版社,1997年版,第487页。

③ 陈海忠:《近代商会与地方金融——以汕头为中心的研究》,广州:广东人民出版社,2011年版,第271页。

④ 马敏:《官商之间:社会剧变中的近代绅商》,武汉:华中师范大学出版社,2003年版,第232页。

### 四、新制度经济学范式

伴随着新制度经济学范式进入商会史研究领域的,是 20 世纪末商会史研究出现的转向。当时冯筱才完成了他的博士论文,他通过研究近代商人在历次政治事件中的表现,认为近代中国商人基本上是以商业利益为行动圭臬,"在商言商"地进行活动。冯筱才的研究具有较强的学术冲击力,此后商会史研究的重心越来越多地转向经济领域,越来越关心商会制度对地方经济的促进作用。新制度经济学范式就是在这样的学术背景下进入商会史研究的。

同市民社会理论一样,新制度经济学范式的注意力也在社会有机体内部,所不同的是,市民社会理论关注的是国家与社会,而新制度经济学关注的是社会与市场,关心社会制度与经济的互动。新制度经济学范式进入商会史的结果,就是使学界更加关心作为社会制度的商会组织与市场运行的关系。

首先,新制度经济学范式下的商会史研究以交易成本为研究尺度去考察近代商会产生的原因,认为近代商会作为一种社会制度,产生于降低交易成本的要求。宋美云认为,"一方面,商会的出现可以看作是商会的加入者与商会的资格认可者之间的交易结果;另一方面,商会的产生和发展是上述双方在保持自身利益最大化的考量之下的理性选择,是相互交易的结果"。[①]

其次,新制度经济学范式下的商会史研究倾注了大量的精力去研究商会对市场秩序的管理与维护。宋美云、应莉雅、张芳霖等人在这方面进行了深入的研究。宋美云认为天津商会"在促进经济发展、发展对外贸易、协调工商业者与政府的关系、促进以自由平等竞争为基础的市场经济体制的建立等各个方面,发挥了其他任何市场中介组织所无法替代的重要作用"[②]。应莉雅在她关于天津商会的研究中最大限度地使用了社会网络分析法与新制度经济学理论。她的研究分三个层次展开,即天津商会组织网络的结构与运行、天津商会组织网络的性质和功能、天津商会组织与区域市场经济的互动。[③] 她认为,天津商会网络是一种"经济组织",是"市场的替代物",以

---

① 宋美云:《近代天津商会》,天津:天津社会科学院出版社,2002 年版,第 123 页。
② 宋美云:《近代天津商会》,第 286 页。
③ 应莉雅:《天津商会组织网络研究:1903—1928》,厦门:厦门大学出版社,2006 年版,第 33 页。

"整个区域市场运行的最低交易成本为目标"。[①] 张芳霖的《市场环境与制度变迁——以清末至民国南昌商人与商会组织为视角》,也是以新制度经济学的视角来看待商会,重点考察南昌商会对区域市场经济的作用。张芳霖认为南昌商会既是市场环境下制度的产物,又是一种制度创新,"商会作为一种制度的安排,使组织协调经营的机制部分代替了市场协调的机制,直接或间接地减少了市场中间环节,从而大大降低了交易成本,在维护市场秩序以及制度建设方面发挥了重要作用"。[②]

史学界对新制度经济学的使用,在繁荣商会史研究的同时,也暴露出一些问题,那就是过于忽略商会经济调节活动的失败方面,没有注意到商会在一些领域是很少活动的,更没有去分析为什么商会的活动会存在边界。这是现时商会史研究存在的不足,也是本书试图取得突破的地方。

## 第二节　本书的思路与创新

### 一、研究思路

从本质上讲,本书所使用的思路属于新制度经济学范式,着重研究绍兴商会的组织体系与地方经济的关系。但与以往的新制度经济学范式下的商会史研究略有不同的是,本书将商会作用于经济系统的中介总结为"秩序"[③],认为绍兴商会是通过调整秩序来调节经济运行的。

商人的日常经营建立在一定的经济秩序上,良性的秩序有利于商贸活动的进行,恶性的秩序则会使商业停滞不前。比如,买卖交易,钱货两清,这是一种良性的市场秩序,只有在这样的秩序下,商人才敢与他人发生交易。但是,如果市面普遍拖欠付款、克扣货款,甚至拒不付款,那么商人便不敢与他人发生交易,商品市场就会萎缩。因此,商人对秩序高度敏感。这就是绍

---

① 应莉雅:《天津商会组织网络研究:1903—1928》,第 135—136 页。

② 张芳霖:《市场环境与制度变迁——以清末至民国南昌商人与商会组织为视角》,北京:人民出版社,2013 年版,第 352 页。

③ 这里的"秩序"是指哈耶克语义中的 social order,是一种整体的秩序,"这种'整体的秩序'概念又把种种狭义'orders'建立在其上的种种抽象的规则系统(或者说种种哈耶克本人所理解的 institutions)内在于其中"。韦森:《社会制序的经济分析导论》,上海:上海三联书店,2001 年版,第 126—127 页。

兴商会进行秩序调节的根本原因。

与市场经济运行相关的秩序,可以分为四类:第一类是直接与商人个体利益相关的微观秩序,例如有借有还的借贷秩序,买货付款的交易秩序;第二类是与行业利益直接相关的行业秩序,行业秩序往往以行规的形式表现;第三类是直接关乎地方商业整体利益的宏观秩序,比如金融秩序和社会秩序;第四类是关乎政府与商人交流的政商秩序,包括商人诉求的上达与政府政令的下达,这类秩序关系到政府能否及时对市场秩序查漏补缺。

由于这四类秩序直接涉及市场运作,所以商人对其非常敏感,稍有风吹草动,往往会向商会求助,请商会恢复秩序,维护市场稳定。而商会也会比较积极地帮助商人恢复、维持秩序。本书的第一个目标就是厘清绍兴商会维护、架构这四种秩序的过程。在分析过程中,注意考察绍兴商会的组织体系、社会网络在维护、建构秩序中的作用。此外,还重视研究商会行动的局限与边界,研究商会的努力在什么地方无效,以及为什么无效,研究商会对哪些领域的事务很少参与,以及为什么很少参与。探讨绍兴商会的行动边界,是本书的第二个目标。

沿着这样的思路,本书共分为六章。

第一章主要介绍清末民初绍兴县域的历史地理与经济情况,并初步介绍秩序的各个层次。

第二章介绍绍兴商会的成立与发展,并详细描述绍兴商会的组织体系。

第三章讨论绍兴商会对商人个体层次的微观秩序的维护。具体而言,这一章主要介绍的是绍兴商会处理个体商人钱债纠纷的情况。绍兴商会是有分工,有组织,按照一定方法,遵循一定程序地处理商人之间的钱债纠纷;而且商会是在民间力量与官厅的配合下完成纠纷的处理的。

第四章介绍绍兴商会与行业秩序的关系。行业秩序首先关切同行业商人的利益,各行各业的工商业者都发展出一定的自律能力去确定行业秩序,但是各业自身自律能力有限,需要商会、官厅这种来自外部的力量的介入。绍兴商会是通过增强行规的效力和调解纠纷的方式来维护行业秩序的。但由于组织上的缺陷,商会无力承担行业经营秩序的改良工作。

第五章讨论绍兴商会维护地方秩序的情况,除了介绍商会在维护金融、治安方面的作为,还介绍商会介入地方公共事务的原因与方式。这一章介绍的另一个重点是官绅体系在公共秩序方面对商会组织的挤压效应,即由于绍兴城区的官绅体系比较发达,可以比较好地承担起城区的公共事务,从而无须商会参与公共事务;而乡镇官绅体系比较薄弱,无力独自承担公共事务,使得乡镇商会有必要去参与公共事务的管理。

第六章介绍绍兴商会在政商交流中扮演的角色。第一,商会在向政府传递商人的诉求时发挥了桥梁作用;第二,商会是政府进行商业治理的工具。本章讨论的另一个重点是商会通官商之邮的边界问题,行业层次和整体层次的商人由于有其他门径去与官厅沟通,所以商会的中介作用在这两个层次上受到了削弱。此外,由于官厅无法对商会施以奖惩,所以商会并不会非常尽心地完成官厅的差事。

## 二、创新之处

本书的创新之处有三:一是史料创新,本书使用之前养在深闺人未识的绍兴商会档案,还使用了《绍兴白话报》《越铎日报》《越州公报》这样的稀有报刊。二是拓展了商会史的研究地域。本书的研究对象,位于民国时期的县级城市——"绍兴",本书是以县级城市的商会为研究对象的第一部著作。三是观点创新,本书除了延续既有的观点,即商会制度服务于市场经济的运行外,还首次提出商会运作的边界问题,即有些问题是商会无法解决的,有些领域是商会无法发挥作用的。

### (一)史料创新

本书使用材料主要包括两大部分,一是绍兴商会保留下来的档案材料,二是清末民初绍兴县域的报刊史料。绍兴商会保存下来的档案材料,构成了今天绍兴市柯桥区档案馆所藏的绍兴商会档案。绍兴商会档案跨越近半个世纪,保存了从1906年到1950年的绍兴商会的文书材料。本书所使用的档案主要集中于1906年到1927年。这一时段的商会档案材料主要包括如下内容。

首先,1906年到1927年的绍兴商会档案,保存了大量的与商事裁断有关的材料。这些材料的绝大部分是"案件"当事人呈给商会的说帖,还有部分文件是绍兴商会的各商务分所写给商会的关于纠纷的说明,此外还有绍兴商会处理纠纷的书面记录以及仲裁书,最后在这部分材料里,还包括了一些与商业纠纷相关的文件,如契约、议单等。

其次,这一时段的绍兴商会档案,包含不少与税捐相关的文书材料。这些材料所涉税捐种类繁多,有厘金、统捐、房捐、印花税等。这些材料可以说非常生动地反映出绍兴民间组织介入税捐征收的情况。这些涉及税捐的档案,以与印花税相关的材料最为丰富,包括绍兴商会与县公署、浙江省印花税处就印花税票的买卖事宜而发生的往来公函,还包括官厅、绍兴商会向各业商人下发的税务文件。这些涉税涉捐的档案,还包括了不少与厘金、统捐相关的材料。尤其值得注意的是,这些材料中包含了详细介绍晚清商人认办厘金情况的说帖,具有非常高的史料价值。

再次,这一时段的档案中还包括许多与绍兴米业相关的材料。之所以会出现如此多的关于粮食的材料,是因为绍兴是一个缺粮的地区,每年都要从外地进口大量的粮食才能满足本地市场的需求。这些涉粮材料,主要都是围绕运米护照而产生的。有商人要求官厅下发运米护照的材料,也有官厅要求商人缴销已经用完的护照的材料,还有一些商人、商会要求官厅开放米禁的材料。

最后,档案中还包含大量的官厅要求商会予以配合行事的材料。官厅要求商会予以协助的事情,固然有很多是与工商业者有关的,比如官厅要求商会、商人协助进行经济调查的文件。1911 年 7 月绍兴官厅便请商会调查绍兴地方金融情况,"为此照会贵总会请烦查照,希即会同钱业董,将上年四月十六,及本年正月起至六月止银钱市价,遵照宪颁表式,逐细查明,代为填注,克日复县,以便转报"[1]。但是官厅也会就一些与商务无关的事项寻求商会的协助。比如 1908 年慈禧太后寿辰,官厅要求绍兴商会通知商人悬旗燃灯,以示喜庆。[2]

由于笔者所使用的这一时段的绍兴县镇级商会档案年代较早,从晚清到北洋一直连续不断,且史学界尚很少开发,所以十分珍贵,具有极高的史料价值,既可以填补商会史研究的空白,也有助于推进浙东地区的社会经济研究。

除了档案材料外,构成本书史料基础的另一类别资料是绍兴本地的报刊史料。相对于《申报》这样的大报来说,绍兴本地报刊虽然在篇幅上较为狭小,但地方报刊对绍兴地区时事的记载也更为详细。本书使用的绍兴地方报刊主要有两种,一种是晚清时期的《绍兴白话报》,另一种是民国时期的《越铎日报》。

《绍兴白话报》创办于 1905 年,适逢绍兴商会创立,因此《绍兴白话报》比较详细地记录了绍兴商会组建的过程,具有较高的史料价值。《越铎日

---

① 《为查报银钱市价事》,1911 年 7 月 24 日,《绍兴商会档案》,绍兴市柯桥区档案馆藏,141-1-56。

② 《会稽县为慈禧庆寿事照会商会》,1908 年 10 月 15 日,《绍兴商会档案》,绍兴市柯桥区档案馆藏,141-1-24。

报》虽然是地方性报刊,但是由于鲁迅曾参与过该报的创办,加之该报曾与王金发发生过激烈的冲突,所以《越铎日报》在近现代史上拥有一定的知名度。《越铎日报》创办于 1912 年,终止于 1927 年,历时 15 年。本书使用的《越铎日报》藏于浙江省档案馆,由于年代久远,且该报属于地方小报,所以保存状况并不理想。虽然浙江省档案馆所存的《越铎日报》数量较多,从1912 年到 1927 年断断续续皆有保存,但是其中不少年份散佚严重。不过值得庆幸的是,该报从 1917 年到 1924 年的部分得到了较好的保存,可以较好地反映当时绍兴地区的经济社会情况,而且该报对绍兴商会等商人团体的报道较为详细,对考察绍兴商会的具体作为具有莫大帮助。

首先,该报较详细地记录了绍兴商会的若干次选举过程,而且还详细地记录了选举结果。这极大地补充了商会档案材料的不足。而且,《越铎日报》不仅有绍兴商会选举的报道,还有绍兴商会的各乡镇分所的换届选举情况,这方面的情况,是以往研究极少注意到的。

其次,该报比较详细地报道了绍兴商会对各项事务的参与。一方面,该报报道了不少绍兴商会的内部运作情况,比如商会对钱债纠纷的调解,商会在行业改良之中的角色。另一方面,该报还报道了绍兴商会对绍兴各项公共事务的参与,比如商会对于城区道路治理的参与。

再次,该报还有不少关于绍兴地区工商业状况的报道。比如,该报有不少关于绍兴地方各工商团体的报道,有的报道与工商团体的选举有关,有的报道与工商团体所进行的行业性抗税有关。

最后,该报还报道了不少绍兴公共事业的情况。民国时期,绍兴城乡的公共事业主要有维护治安、平粜、路政治理等等。该报对这些事项进行了长期的深度报道,使人能够知道到底是哪些群体掌控着绍兴的地方公共事务,而绍兴商会在公共事务中与这些群体又有何种的关系。

除了使用绍兴商会档案和《越铎日报》这样的报刊史料外,本书还使用了地方文史资料等其他历史资料。总之,使用前人没有利用过的原始材料是本书的一大创新。

(二)拓展商会史的研究地域

过去的商会史研究,主要集中研究上海、天津、武汉这类口岸城市的商会,以及保定、苏州、南昌这类大城市的商会。其他类型城市的商会,学界虽有涉及,但是限于材料的缺失,往往无法深入。特别是学界对县镇级商会的研究,一直处于比较薄弱的状态,到现在为止,还没有一篇以县级商会为研究对象的博士论文发表,也没有一本以县级商会为研究对象的著作出版。

本书以 1905 年到 1927 年间的县级行政单位绍兴县的商会为研究对象,在研究的过程中不仅考察绍兴商会在县城中的本体组织——城区商会,还考察绍兴商会在乡镇的分支组织如柯桥商务分所、斗门①商务分所等。这样,本书便能够在一定程度上填补学界对县镇商会研究的不足。

此外,绍兴这一城市所具备的特点,能够较大程度地代表清末民初江南一般中小城市的社会经济状况。近代中国经济发展高度不平衡,既有天津、上海、南通、无锡这样的电气化程度较高,工业化发育较好的现代城市,也有湖州、扬州这样的工业化进程较为缓慢,现代化较为滞后的地区。事实上,天津、上海那样的城市,在近代中国是凤毛麟角的。即便在江南地区,工业经济也没有压倒传统的商贸经济,没有在社会经济中发挥支配性作用。广大的江南地区仍然是传统经济的汪洋大海。

绍兴恰恰就是这类工业经济尚未发达的,现代化程度仍然无法望上海之项背的江浙腹地的代表。绍兴商会作为工业化程度不高的地区的商会,能够在相当大的程度上代表江浙地区的县镇商会。因而,针对绍兴商会所进行的研究,具有明显的地域意义。

(三)观点创新

本书一方面延续"在商言商"的新制度经济学范式,考察作为社会制度的商会对经济系统的服务;另一方面本书开始考察商会行动的边界,行动的边界问题是以往的研究所未注意的,这也是本书的创新之处。

在考察绍兴商会维护秩序、服务经济的过程中,大量史料表明商会在一些问题上是无能为力的,而且有一些公共事务很少见到商会参与处理,这就是商会行动的边界问题。最能体现商会作用有限的案例是清末民初的平水绿茶改良。

平水绿茶的行业改良需要一个强有力的组织体系的支撑,但是当时平水茶业组织涣散,而且绍兴商会在行业层次只设有若干业董,缺乏强有力的组织力,因此绍兴商会和官厅虽然三番五次尝试推动茶业革新,但都以失败告终。这次改良的失败就是绍兴商会行动边界的体现,而茶业改良之所以失败,是因为商会的基层组织无力控制行业秩序。

_____

① 斗门,原作"陡亹",民间为书写方便,多有写作"陡门"或"斗门"者,新中国成立后,统一规范为"斗门"。在本书行文中,一律使用规范地名"斗门",然为保持史料的原始风貌,凡史料中出现的"陡亹""陡门"等异写则不予更改,请读者注意。

　　绍兴商会遇到的另一行动边界是其他社会体系对商会的功能性替代。以往的研究认为商会在通官商之邮的过程中发挥了关键作用,绍兴商会的相关史料也部分支持这种观点,但是部分史料显示行业层次和整体层次的商人往往不通过商会去与官厅交涉,因为他们有其他交涉门路,甚至他们有时会自己直接与官厅交涉。总之,由于一些社会群体具有与商会类似的功能,所以这些社会群体、组织便不太倾向请商会给予这些功能方面的协助。

　　虽然本书在史料选择、观点提炼方面有一定创新,不过,由于本人才疏学浅,驾驭史料的功力尚有不足,从原始资料中提取理论的能力比较薄弱,因此本书还有很多需要改进的地方,还请各位方家不吝批评指正。

# 第一章　绍兴地理与经济概况

本书的研究对象是绍兴商会,这里的绍兴指的是民国时期的县级行政单位绍兴县,以及该县的前身——清朝的山阴县与会稽县,而不是大多数文人笔下的那个下辖山阴、会稽、诸暨、萧山、新昌、嵊县、上虞、余姚八县的绍兴府。

## 第一节　建置及自然地理

"绍兴"一词被用来指称今天浙江省绍兴市这一区域,是南宋高宗之后的事情。春秋战国时期,今天的绍兴地区属于越国的领土。"越"是上古时期生活在浙东地区的部族"于越"的别称,后多用于指代春秋战国时期列国之一的越国。秦始皇尽得江南后,将吴越之地合为一郡,命名会稽,设郡治于故吴地(一般认为在今苏州附近)。故越地被设为山阴县,隶属会稽郡。

汉顺帝永建四年(129),会稽郡被一分为二,钱塘江以北的故吴地为吴郡,以故会稽郡治所为郡治;钱塘江以南的越国故地为会稽郡,郡治设于山阴县。此后会稽郡建置基本稳定,只是由于内部生产力发展等原因,不断有属土析出。由于山阴县户口日盛,南朝的陈朝政权将山阴县东部属地析出,设置会稽县。至此,作为县级行政单位的会稽出现。

隋朝政权平定江东后,废除会稽郡建置,设立吴州,后又改称越州。此后,会稽郡的建制几度恢复,到唐肃宗乾元元年(758),越州建置才稳定下来,一直保持到北宋灭亡。① 山阴与会稽两县同城共治的局面也于此间确定。

唐代越州东部地区(今宁波一带)海上贸易极为发达,朝廷便将这块区域从越州划出,设置明州(今宁波市的前身)。北宋灭后,宋高宗赵构和他的朝廷曾驻跸越州。金兵退却后,大难不死的赵构希望"绍奕世之宏休,兴百年之丕绪",把年号从"建炎"改为"绍兴",并效仿唐德宗兴元府旧事,把越州建置从州升为府,并赐名绍兴。从此,绍兴便作为一个下辖山阴、会稽、诸暨、萧山、新昌、嵊县、上虞、余姚八县的地区行政中心长期存在。南宋时期的绍兴,已经发展成为一座拥有万户居民的大型城市,全城建有 5 厢 96 坊,奠定了清末民初绍兴城内的坊巷格局。②

元朝把绍兴府改为绍兴路,将其置于江浙行省宣慰使司的管辖之下。明清两朝采用南宋旧规,恢复绍兴府建置,下辖山阴、会稽等八邑,置其于浙江省管辖之下。清朝末年,浙江决定裁改各府同城知县。山阴、会稽两县的合并方案,当时有两种意见,一是将合并后的新县命名为绍兴,一是将合并后的新县命名为兰亭。③ 不过,山会两县未及合并,清王朝就在革命浪潮中灰飞烟灭。如此,绍兴府下辖八邑的格局一直持续到清朝灭亡。

杭州光复后,王金发带百余人渡江抵达绍兴,建立绍兴军政分府,王金发自任都督。绍兴军政分府建立不久,便将会稽、山阴二县合并为绍兴县,以前清绍兴知府程赞清为县长,王子余为总务科长。④ 至此,本书的研究区域——"绍兴县"出现了。

1910 年,清朝推行地方自治,废都、图、隅、里。城内以坊为单位,城外以乡镇为单位。山会两县,共 1 城 4 镇 67 乡。清末的这套基层制度,除了后来增设武胜、稽山、汤浦、安仁、德政五乡外⑤,在 1928 年以前,基本保持稳定。

此时绍兴城内共有 39 坊:大辛、大云、东观、紫金、下植、上植、美政、常禧、南和、西光、迎恩、戒珠、东中、笔飞、西中、东光、朝京、东如、下和、昌安、

---

① 绍兴县地方志编纂委员会编:《绍兴县志》,1995 年版,第 9 页。

② 车越乔、陈桥驿:《绍兴历史地理》,上海:上海书店出版社,2001 年版,第 21 页。

③ 《裁改同城知县办法之异议》,《申报》1911 年 4 月 7 日,第一张后幅第三版。

④ 陈燮枢:《辛亥绍兴光复见闻记略》,中国人民政治协商会议浙江省委员会文史资料研究委员会编:《浙江辛亥革命回忆录》,杭州:浙江人民出版社,1981 年版,第 233 页。

⑤ 《浙江经济纪略》中称绍兴县为 1 城 4 镇 72 乡,是因为民国时期绍兴增设 5 个乡,乡镇数目由清末的 67 个增加为 72 个。魏颂唐编:《浙江经济纪略》,《民国浙江史料辑刊》第一辑,杭州师范大学民国浙江史研究中心选编,北京:国家图书馆出版社,2008 年版,第 224 页。

西如、万安、承恩、上望、中望、下望、东陶、西陶、朝东、稽山、东仰、安宁、西府、永昌、东府、都泗、石童、东大、西大。由于城外还有四处附郭——西郭门、偏门、昌安门、五云门，所以亦有文献称绍兴城区共有43坊。[①]

城中各坊举有坊董。每坊坊董不止一人，由地方头面人物担任，他们被绍兴地方报纸如《越铎日报》称作地方士绅。坊董在城市管理中发挥很大作用，参与很多地方公益事业。坊董是地方头面人物，他们一面与官厅合作，共同维持公益事业，一面代表各坊，向官厅表达地方的利益诉求，他们是绍兴城区地方自治的核心力量。

绍兴城之外的地区，设有4镇67乡。四镇是指柯桥镇、安昌镇、稽东镇和东皋镇。乡镇之下设村，比如绍兴著名的丝绸产地华舍，就是禹会乡之下的一个村。

绍兴的气候属于温暖多雨的亚热带季风气候。与华北以及江淮地区相比，绍兴气温较高，冬季比较温暖。绍兴的年均降雨量为1434.1毫米，每年的5—6月份为绍兴的梅雨季节，雨季约31到33天，为一年之中降雨量最大的时期，暴雨频仍，极易发生洪涝灾害。7—8月，绍兴处于副热带高压控制之下，晴热少雨，蒸发量大，常发生旱灾。[②] 清末民初，旱涝灾害不断，原本产粮就不敷食用的绍兴，粮食缺口巨大，只有依靠官商的协力调剂才能渡过难关。

绍兴县的地形西南高、东北低。全县按照地貌特点，分为三大区域：西南部低山丘陵河谷区、中北部水网平原区、东北部滨海平原区。低山丘陵地区土壤主要是黄壤和红壤，以种植茶树为主，兼种部分旱粮。中北部水网平原区，是历代水利建设的结果，各种堤坝的修筑，使原先的咸水沼泽逐渐淡化，最终形成鱼米之乡的山会平原。东北部的滨海平原区的形成与钱塘江水道的北移有关。明代以后，钱塘江水道逐渐北移，山会平原北部滩涂淤涨，到清朝咸丰年间，形成三江口西部乾、坤两号沙地。[③] 这片海中涨出的沙地，由于土壤和水利的关系，不宜种植水稻，成了绍兴的棉花产地和杂粮产地。[④]

绍兴县境内水道纵横，当代所编的《绍兴县志》记录了河流25条，湖泊

① 《清折》，1919年，《绍兴商会档案》，绍兴市柯桥区档案馆藏，140-4-372。
② 绍兴县地方志编纂委员会编：《绍兴县志》，第206页。
③ 绍兴县地方志编纂委员会编：《绍兴县志》，第184页。
④ 车越乔、陈桥驿：《绍兴历史地理》，第104页。

18个。对绍兴影响最为巨大的河流莫过于钱塘江。钱塘江的一个特殊性是河口一直在南北间摆动。钱塘江的河口有三,即南大亹、中小亹、北大亹三口。清朝雍正前后,水道稳定在北大亹,南大亹逐渐淤塞,在钱塘江南岸形成了面积达40万亩的沙地(南沙)。① 这些沙地后来成为绍兴县重要的棉花产地。绍兴产棉重镇安昌镇,在清中晚期已经在沙地上种植大量棉花,"安昌北境白洋山外木棉之利,岁登数十万"。② 除了产棉外,这片沙地还大量种植桑树,"绵延数十里,遍植桑树,盛产蚕丝"。③

在绍兴境内众多的湖泊中,鉴湖的知名度最高,清末著名女革命家秋瑾,便自号"鉴湖女侠"。民国时期的鉴湖分为东、西两部分,即东鉴与西鉴,东西各二十余里,"鉴湖之水,堪制佳酿"。④ 鉴湖水道有三个弯曲之处:"第一曲是湖塘、古城口。第二曲是蔡山桥、型塘口、阮社、双梅。第三曲是行牌桥、漓渚港口向钟堰庙转入青甸湖直到东浦、大树江。"这三个地方取水方便,是适合酿制绍兴黄酒的区域。⑤ 位于东浦的孝贞、越明、汤元元、陈忠义等酒坊,都是历史上的酿酒名家。

## 第二节  经济概况

商品的贸迁,根植于物产的多寡。如果某种产品当地生产不足,那么便会引发从外地进口的贸易;如果某种产品当地产量丰裕,那么就会引起出口的贸易。一地商品的进出口状况,可以大体反映当地的物产情况。

### 一、工农业概况

#### (一)工业概况

清末民初的绍兴,工业极其薄弱。绍兴孱弱的工业格局,可以从当时绍兴的进出口状况中概见。编写于1924年的《绍兴商业调查录》显示,当时绍

---

① 车越乔、陈桥驿:《绍兴历史地理》,第40页。

② 《绍兴县志资料》第一辑,台北:成文出版有限公司,1995年版,第1008页。

③ 金巨楠:《绍兴丝绸》,中国人民政治协商会议浙江省绍兴县委员会文史资料工作委员会编:《绍兴文史资料选辑》第三辑,1985年版,第97页。

④ 实业部国际贸易局编纂:《中国实业志·浙江省》第三编,1933年版,第60页。

⑤ 金志文:《绍兴老酒简史》,中国人民政治协商会议浙江省绍兴县委员会文史资料研究委员会编:《绍兴文史资料选辑》第一辑,1983年版,第65页。

兴的进口货物,以工业制成品为主,出口货物则主要是农产品和手工业产品。绍兴的进口货,"以点铜、洋布为大宗,美孚煤油、亚细亚煤油、英美公司纸烟、南洋兄弟公司纸烟及洋广杂货等次之";出口货"以锡箔、绍酒为大宗,茧子输出年约数百万担",茶叶出口年约数十万箱,"丝及棉花近年收成尚好,输出颇巨"。①

由于工业极其落后,作为浙江产棉大县的绍兴,居然直到 1919 年都没有能够对棉花进行深加工的纱厂,"本邑境内并无纱厂及棉业试验场"。② 而绍兴周边的县份,比如萧山和余姚,在晚清就已经创办了机器纺纱厂。③

绍兴落后的工业状况,直至 20 世纪 30 年代都没有改变。实业部对绍兴 30 年代某年的进出口状况进行了一次调查,统计结果显示,直到 30 年代,绍兴的进出口格局仍然是进口工业品,出口农产品与手工业品。表 1.1 是绍兴县在 20 世纪 30 年代初某年的进出口统计。

表 1.1  20 世纪 30 年代初绍兴县进出口贸易商品④

| 进口量 | 出口量 | |
|---|---|---|
| 煤油 36000 听 | 锡箔 | 3200000 吨 |
| 布 170000 匹 | 茶叶 | 120000 担 |
| 五金 100000 件 | 鲜茧 | 65000 斤 |
| 煤 540000 吨 | 大绸 | 55000 匹 |
| 纱 100000 包 | 缎子 | 97000 匹 |
| 米 1320000 石 | 绍酒 | 1080000 坛 |
| 糖 500000 担 | 腐乳 | 130000 坛 |
| | 纺绸 | 30000 匹 |
| | 官纱 | 13000 匹 |

从表 1.1 中可以看出,绍兴进口的物品要么是煤油、布、纱这样的工业品,要么是米、糖这样的绍兴当地生产乏力的产品;绍兴的出口货物则主要是锡箔、茶叶、鲜茧、绍酒、纺绸这样的农业品或手工业品。

---

① 《绍兴商业调查录》,1924 年,《绍兴商会档案》,绍兴市柯桥区档案馆藏,140-4-408。

② 《绍兴商会照会绍兴县知事》,1919 年,《绍兴商会档案》,绍兴市柯桥区档案馆藏,140-4-319。

③ 《集股创举纱厂》,《申报》1906 年 3 月 1 日,第四版。

④ 实业部国际贸易局编纂:《中国实业志:浙江省》第二编,1933 年版,第 101 页。

（二）农业概况

绍兴依山带海，境内既有丘陵山地，也有水网平原，还有沿海沙田。基于这种地理条件，绍兴农作物丰富，大体上丘陵山田适合种茶，平原水田适合植稻，海滨沙田适宜栽棉。

1. 粮食

表 1.1 显示，绍兴每年要从外地进口大量的粮食。绍兴是一个人地关系比较紧张的县。"绍兴人口众多，五谷出产虽丰，尚不能自给，即在十足丰年时，亦仅及全年需要额之半，若遇荒年，则二三折不等。"[1]不足之米，不得不向外采购，或是从本省的金华、衢州购米，或是自外省的芜湖、无锡等大米市采运，或是向上海、宁波购进西贡米和暹罗米。

绍兴属于稻作区域，在谷物种植方面，以水稻为主。水稻之外，绍兴还种植一些豆麦作为杂粮。绍兴啸唫乡的海滨沙地，"除棉花外，首推豆麦为大宗"。这些豆麦，历年以来都由米行收买贩运。[2]当绍兴本地粮价较低时，豆麦这样的杂粮便会被贩到宁波销售，如果当年米价上涨，豆麦价格亦随之上涨，便不会有外销宁波之事。[3]

绍兴所产其他各类粮食作物甚多，其种类可以从表 1.2 中概见。

表 1.2　1911 年会稽县谷米杂粮菜蔬瓜果产额一览[4]

| 种名 | 产额 | 种名 | 产额 | 种名 | 产额 |
|---|---|---|---|---|---|
| 籼米 | 8450 石 | 油菜 | 625000 斤 | 韭菜 | 920000 斤 |
| 早米 | 101200 余石 | 苋菜梗 | 385000 斤 | 南瓜 | 950000 斤 |
| 糯米 | 2100 石 | 竹笋 | 1692000 斤 | 紫茄 | 55000 斤 |
| 粳米 | 753600 石 | 笋干 | 24300 斤 | 蒲 | 30400 斤 |
| 小麦 | 119300 石 | 藕 | 6000 斤 | 柿 | 70800 斤 |
| 大麦 | 21200 石 | 菱芰 | 960000 斤 | 桃 | 44000 斤 |

① 实业部国际贸易局编纂：《中国实业志·浙江省》第三编，第 63 页。

② 《啸唫乡近闻一束》，《越铎日报》，1915 年 6 月 10 日，第三版。

③ 《绍兴商会公函商字第一百五号》，1915 年 7 月 7 日，《绍兴商会档案》，绍兴市柯桥区档案馆藏，140-4-348。

④ 《会稽县劝业所报告册》，汪林茂辑：《浙江辛亥革命史料集》第一卷，杭州：浙江古籍出版社，2011 年版，第 71 页。

续 表

| 种名 | 产额 | 种名 | 产额 | 种名 | 产额 |
|------|------|------|------|------|------|
| 米麦 | 1950 石 | 绿豆 | 720 石 | 李 | 40500 斤 |
| 大豆 | 37000 石 | 豇豆 | 660 石 | 梨 | 58000 斤 |
| 黄豆 | 27540 石 | 玉蜀黍 | 18320 石 | 栗 | 11200 斤 |
| 花勾豆 | 6120 石 | 番薯 | 1505000 斤 | 榧 | 2200 斤 |
| 芥菜 | 10000000 斤 | 白菜 | 33000000 斤 | 西瓜 | 250000 斤 |
| 菠菜 | 10200 斤 | 萝卜 | 15950000 斤 | 杂瓜 | 1750000 斤 |

2. 棉花

绍兴地区的棉花种植开始于宋元时期,当时绍兴是浙江木棉提举司驻地,[①]想必棉花产量定不在少数。伴随钱塘江水道之变迁而出现的绍兴北境沿海之沙地,由于其土质适宜植棉,不宜种稻,遂成为棉花产地。"浙江负山带海,沿海沙地皆宜植物。棉每岁出产甚富,其色纯白。"[②]民国时期,绍兴县与其邻县余姚是浙江主要的棉花产区,"现今浙省产棉最丰之区,仅有绍兴及余姚。浙省有名之花,仅绍花及姚花,其他各县皆所产无多"。[③]

绍兴县棉花每年四月下种,八月成熟,一年采二三次至三四次,其丰歉取决于天,"旱固为灾,入秋风雨则受害更巨","丰年每亩可得百数十斤至二百斤,歉岁每亩只三四十斤或十数斤不等",而毫无收成之年亦有之。[④] 根据商会对绍兴县产棉大镇安昌镇的调查,该镇有棉田四十万亩,"丰年(十二分收成)每亩出花一包,计重一百二十斤",1924年为棉花歉收之年,只收得"十成之二三"。[⑤]

棉花产量受自然气候影响甚大,各年丰歉悬殊,"沙民遇乐岁则含哺鼓腹,一遇天灾未有不立形冻馁者"。[⑥] 故而气候恶劣之年,沙民便有可能群聚闹荒。1911年绍兴地区灾害严重,山阴西塘外之沙地棉农便群聚于当地巨

---

① 李永鑫主编:《绍兴通史》第 4 卷,杭州:浙江人民出版社,2012 年版,第 28 页。

② 《绍兴商会具说帖》,1915 年 7 月,《绍兴商会档案》,绍兴市柯桥区档案馆藏,140-4-350。

③ 《整理本省棉业意见计划书》,1921 年 1 月,《绍兴商会档案》,绍兴市柯桥区档案馆藏,140-4-401。

④ 《会稽县劝业所报告册》,汪林茂辑:《浙江辛亥革命史料集》第一卷,第 72 页。

⑤ 《安昌市场调查录》,1924 年,《绍兴商会档案》,绍兴市柯桥区档案馆藏,140-4-408。

⑥ 《会稽县劝业所报告册》,汪林茂辑:《浙江辛亥革命史料集》第一卷,第 72 页。

富大绅之家,索米取洋,要求地主出立免租票。①

随着晚清到民国的演进,绍兴农民种植、收获棉花的方法也在改进。到20世纪10年代末,绍兴的棉田开始采用菜饼作肥料,收取棉花不再使用木车,改用铁车,轧棉之法改用火车轧棉。② 绍兴的棉种以南翔、大浦两种为多,这两种棉花的纤维不如美棉的细长,因此曾有人建议在绍兴引进美棉。③

3. 蚕桑

绍兴县亦产茧,而且产额不在少数,"蚕茧为绍产之大宗"④,按照表1.1,绍兴县一年出口鲜茧65000斤。不过,若将绍兴产额与邻近的新昌、嵊县之产额相比,则是小巫见大巫。⑤

蚕桑事业的基础是桑树的种植。按照宣统三年(1911)《会稽县劝业所报告册》,会稽县植桑区域为东南部山区,此地与嵊县、诸暨相邻,宜于种桑,面积二千四百余平方里,有蚕户七千三百三十七户,约一万五千余口。每年出产桑叶一百八十五万二千五百斤,产蚕茧约十五万三千七百斤。⑥

山区具体的植桑方法有两点值得注意。第一,桑树并非种植于急斜之山地,而是种于平地,当地有俗谚"平地桑,高山茶"。⑦ 第二,此间桑树培植有与他种经济作物混植之情况,"茶园中每隔三四丈栽乌柏一株,乌柏之下栽桑,桑之下栽茶,茶株下复栽玉蜀黍、小麦、甘薯"。⑧

绍兴南部山区植桑自是实情,不过绍兴县北部滨海沙地之中,也有桑蚕事业的发生,南沙"绵延数十里,遍植桑树,盛产蚕丝"。⑨ "绍萧南沙一带地方,出产以丝棉为大宗。"⑩

---

① 《沙民闹租风潮再志》,《申报》1911年9月26日,第一张后幅第二版。

② 《绍兴商会照会绍兴县知事》,1919年,《绍兴商会档案》,绍兴市柯桥区档案馆藏,140-4-319。

③ 《绍兴商会具说帖》,1915年7月,《绍兴商会档案》,绍兴市柯桥区档案馆藏,140-4-350。

④ 《绍兴商会具说帖》,1915年7月,《绍兴商会档案》,绍兴市柯桥区档案馆藏,140-4-350。

⑤ 《绍兴商业调查录》,1924年,《绍兴商会档案》,绍兴市柯桥区档案馆藏,140-4-408。

⑥ 《会稽县劝业所报告册》,汪林茂辑:《浙江辛亥革命史料集》第一卷,第70页。事实上该书所统计的植桑区域,亦是绍兴的茶叶产区。

⑦ 吴觉农编:《浙江之平水茶业》,实业部上海商品检验局,1934年版,第3页。

⑧ 吴觉农编:《浙江之平水茶业》,第8页。

⑨ 金巨楠:《绍兴丝绸》,《绍兴文史资料选辑》第三辑,第97页。

⑩ 《绍萧南沙蚕茧丰收》,《申报》1925年5月28日,第三张(十)。

与邻近的新昌、嵊县、余姚、上虞等县相比,绍兴的茧业还有一不同,即新、嵊、余、上等处茧农习惯于在蚕茧结成以后,直接售卖鲜茧,而绍兴县的茧农直到 1919 年尚保持着一定程度的缫丝习惯。[①] 这些生丝在一定程度上维持了绍兴丝、绸两业的存续。

4. 植茶

绍兴在中古时代便是中国重要的茶叶产区。中古绍兴日铸岭所产的日铸茶,为当时著名茶叶,被后人称为"开千古饮茶之宗",被欧阳修誉为"两浙第一"。当时绍兴城内卧龙山所产的瑞龙茶(亦称卧龙茶),也是名震一时的名茶。

清末民初绍兴最负盛名的茶叶是平水茶。平水茶是一种专门销往海外的茶叶,其产生背景是鸦片战争后的国门大开。五口通商之后,在国外市场大量需求的刺激下,绍兴及其附近诸县所产毛茶,集中到会稽县平水镇精加工,制成圆形珠茶,远销海外,这便是平水茶的由来。

平水茶的产地在绍兴、嵊县、新昌、上虞、诸暨等县的丘陵地带,其中以绍兴县植茶区域最广,亦以绍兴县的茶叶产量为最多。此区域全年平均温度适宜,降雨量适度,空气潮湿多雾,适合茶树生长。[②] 不过,当地茶民植茶粗放,不施肥,不除草,更不剪枝防害,多在茶园内间作玉蜀黍、大豆、粟麦、高粱等杂粮,借资自给,[③]所以茶树的长势往往不佳。如表 1.3 所示

表 1.3　平水茶区产茶情况一览[④]

| 县别 | 绍兴 | 嵊县 | 新昌 | 诸暨 | 余姚 | 上虞 | 萧山 | 共计 |
|---|---|---|---|---|---|---|---|---|
| 产茶面积(亩) | 240000 | 27000 | 16000 | 30000 | 14290 | 2900 | 1200 | 331390 |
| 产茶数量(担) | 120000 | 21600 | 12000 | 10500 | 10000 | 3000 | 297 | 177397 |

平水茶使用的是立夏前后摘取的鲜叶。平水茶的鲜叶,每年分两次采摘,第一次在立夏之前,第二次在首次采摘之后四十日进行,"故平水茶采期较他处为迟,茶叶亦销较劣"。[⑤]平水茶的销售市场主要在国外,在管辖平水

---

① 《丝业具说帖》,1919 年 7 月 7 日,《绍兴商会档案》,绍兴市柯桥区档案馆藏,140-4-381。
② 吴觉农编:《浙江之平水茶业》,第 2 页。
③ 吴觉农编:《浙江之平水茶业》,第 5 页。
④ 吴觉农编:《浙江之平水茶业》,第 3 页。
⑤ 吴觉农编:《浙江之平水茶业》,第 6 页。

镇的会稽县并不通销,"平水皆圆茶,不制长茶,不通销本地"。每年会稽县还要向外地购买大量茶叶,《会稽县劝业所报告册》载会稽县每年运入绿茶58000斤、红茶26500斤。①

(三)手工业概况

手工业品与农业品往往有千丝万缕的联系,以绍兴当时的技术水准而言,是时绍兴的大部分手工业品,不过是对农业产品进行一些加工而已。如茶业是对东南山区茶树所产茶树叶的加工,酒业是对糯米的加工,丝绸业是对生丝的加工。清末民初绍兴手工业到底有多少门类,我们可以从20世纪30年代的统计资料(表1.4)中略见一斑。

表1.4 绍兴手工业一览②

| 业别 | 家数 | 资本金(元) | 职工人数 | 业别 | 家数 | 资本金(元) | 职工人数 |
|---|---|---|---|---|---|---|---|
| 1.雕刻业 | 8 | 800 | 38 | 21.笔墨文具业 | 7 | 1400 | 80 |
| 2.漆器业 | 12 | 500 | 110 | 22.造纸业 | 5 | 1000 | 50 |
| 3.金银首饰 | 50 | 600000 | 350 | 23.纸器业 | 500 | 30000 | 2500 |
| 4.刺绣业 | 4 | 1000 | 50 | 24.染坊业 | 50 | 10000 | 550 |
| 5.制花业 | 5 | 1000 | 30 | 25.油漆业 | 60 | 3000 | 400 |
| 6.毛皮精制业 | 8 | 2000 | 60 | 26.蜡烛业 | 80 | 24000 | 640 |
| 7.成衣业 | 300 | 2000 | 1200 | 27.碱皂业 | 3 | 5000 | 40 |
| 8.制帽业 | 80 | 20000 | 522 | 28.木板木料 | 14 | 70000 | 448 |
| 9.制鞋业 | 100 | 20000 | 700 | 29.木器木作 | 30 | 60000 | 390 |
| 10.织带绞绳业 | 21 | 1400 | 75 | 30.人力车独轮车制造 | 12 | 30000 | 550 |
| 11.制伞业 | 20 | 1000 | 64 | 31.木梳制造 | 8 | 8000 | 50 |
| 12.制扇业 | 12 | 3000 | 112 | 32.竹器制造 | 70 | 10000 | 1000 |
| 13.磨麦业 | 123 | 53000 | 756 | 33.铁器铜锡器制造 | 30 | 3000 | 240 |

---

① 《会稽县劝业所报告册》,汪林茂辑:《浙江辛亥革命史科集》第一卷,第40页。

② 实业部国际贸易局编纂:《中国实业志:浙江省》第三编,第65—66页。

| 业别 | 家数 | 资本金（元） | 职工人数 | 业别 | 家数 | 资本金（元） | 职工人数 |
|---|---|---|---|---|---|---|---|
| 14.打米业 | 15 | 30000 | 55 | 34.印刷业 | 4 | 2000 | 124 |
| 15.制茶业 | 21 | 45000 | 450 | 35.棉织业 | 5 | 21000 | 406 |
| 16.豆腐业 | 1512 | 18000 | 4116 | 36.皂烛业 | 5 | 21000 | 406 |
| 17.点心店业 | 1243 | 2500 | 5095 | 37.油车业 | 6 | 120000 | 300 |
| 18.卤货业 | 160 | 120000 | 739 | 38.锡箔业 | 106 | 35300 | 2167 |
| 19.石灰业 | 11 | 11000 | 739 | 39.酒坊业 | 2030 | （无数据） | （无数据） |
| 20.砖瓦业 | 71 | 75000 | 284 | | | | |

1.茶业

茶业是对茶叶的加工。这种加工由绍兴的山户（茶农）与茶栈共同完成。茶农采摘的鲜叶，需要经过初制，才能卖予茶栈进行精制。初制主要是指茶农用茶灶把鲜叶炒干，并制出一定茶形。茶农（俗称山户）在初制过程中，为了改善茶叶的外形，获得较高的售价，会向茶叶中添加蓝靛、石青、抃煤等物。民国年间更有茶农采集木质枝叶，晒干"制成粗茶式样，掺入茶内，不但无茶之处，真伪莫辨，即产茶之地，习见茶叶者，亦难认识"。①

表 1.5  20 世纪 30 年代平水茶栈分布②

| 县别 | 家数 | 开工家数 | 开工百分率 | 备注 |
|---|---|---|---|---|
| 绍兴 | 33 | 28 | 85% | 平水家数较多 |
| 嵊县 | 8 | 5 | 62% | 城内较多 |
| 上虞 | 10 | 8 | 80% | 章家埠较多 |
| 新昌 | 2 | 1 | 50% | |
| 诸暨 | 3 | 2 | 67% | |
| 合计 | 56 | 44 | 78% | |

茶农制成的毛茶，被茶栈收购后，要再加工精制，方可运往上海出售给

① 《绍兴县公函绍字第一百四十号》，1915 年 5 月 3 日，《绍兴商会档案》，绍兴市柯桥区档案馆藏，140-4-345。

② 吴觉农编：《浙江之平水茶业》，第 10 页。

洋商。茶栈分为洋庄茶栈与土庄茶栈。所谓洋庄茶栈,顾名思义即是与上海的洋商有较多经济联系者,这种茶栈往往有上海经营茶业的大资本家的股份,资金雄厚,信息灵通,规模较大,生产能力强,一个茶季,能精制成品茶五六百担。土庄茶栈,"一则资本薄弱,二则又无政治上的靠山"①,他们在茶叶采摘季节,无力以付现的方式购买大批毛茶,需向茶农赊购,他们加工能力远小于洋庄茶栈,一季只能精制二三百担。为了最大限度地利用资金,加快资金的周转速度,土庄茶栈"在制造过程中,以粗茶轧碎,和以糯米糊制成珠形,再加着色,以次充好,售价较洋庄便宜"。②在土庄茶栈的"示范"下,其他商人纷纷效尤,严重损害了平水绿茶的品质形象,使平水绿茶在相当长的一段时间内出口低迷。

由于茶农和茶商向茶叶中添加染料、杂质,导致平水茶叶的外销贸易屡受挫折。出于各自的目的,国家官员和部分茶商多次要求禁止茶叶着色,这一过程以及对这一过程的分析,将会在后文展开。

2. 绍酒

绍酒是"我国最著名的,产酒量之巨,行销之广,任何酒类都够不上他",在国货酒类中,名列第一。③ 绍酒"为我国百酒之冠,自古有酒王之尊"。④绍兴黄酒如此有名,绍兴酒业的规模自然也大。根据1918年的商会调查资料,该年绍兴府全部黄酒缸数为76153缸,其中绍兴县的黄酒产量为60710缸。

## 1918 年绍酒缸数调查⑤

绍兴:六万七百十缸,出运约半数;

萧山:二千四百八十七缸;

诸暨:一千三百六十二缸;

余姚:一千三百九十三缸;

上虞:一千七百六十缸;

嵊县:四千五百二十九缸;

新昌:一千八百九十三缸;

---

① 钜南:《绍兴平水绿茶简史》,《绍兴文史资料选辑》第一辑,第 112 页。
② 钜南:《绍兴平水绿茶简史》,《绍兴文史资料选辑》第一辑,第 104 页。
③ 《谈谈绍兴酒》,《申报》1936 年 1 月 30 日,第四张(十四)。
④ 《绍兴酒之酿造法》,《申报》1917 年 11 月 2 日,第四张(十四)。
⑤ 《绍酒缸数七年调查》,1918 年,《绍兴商会档案》,绍兴市柯桥区档案馆藏,140-4-408。

共计:七万六千一百五十三缸。公卖费,共收六十五万四千三百九十八元,每缸八元三角六分出运。

在绍兴县域内,生产黄酒较为集中之地有三,分别是东浦、阮社和湖塘,其中以东浦最盛,"该村有三千多住户,三分之一是酿酒的"。① 这几处之所以能成为酿酒名区,一是因为它们离鉴湖较近,二是因为它们附近产糯米较多,不必远求原料。② 绍兴有一些酿酒业发达的市镇,柯桥镇即属此类,该镇以酒类为生产大宗,盛产黄酒和烧酒。③ 自清初,柯桥镇的酿酒业便驰名全国。④

绍兴酒业所需糯米,主要购自外地,特别以无锡为最,"绍兴酿酒所用糯米,多半取之锡邑"。⑤ 酿户并非自己直接向外地米商购米,而是委托那些经营"长路粮食"的米行进行采购。⑥

3. 锡箔业

锡箔即是有一层薄锡涂于表面的纸,旧时迷信鬼神之说者,将锡箔折成元宝状,于祭祀先人时焚烧。由于旧中国迷信盛行,故而社会对锡箔的需求量巨大。不过,据一名绍兴本地人回忆,绍兴产的不少锡箔是出口给东南亚佛教国家的。⑦

锡箔业是近代绍兴县的支柱产业,大量劳动力恃此为生。"绍兴僻处浙东,素无著名土产足以营销境外,吸收金额。贫民恃以生活者,仅箔酒两宗,而业箔者尤占多数。"⑧绍兴城内以此为生者众多,故而绍兴有"锡半城"的称号。

箔铺和箔坊是生产锡箔的机构。箔铺与箔坊,性质不同。箔铺介入锡箔生产的全部流程,从箔铺生产出的最终产品是完整的锡箔,而箔坊只涉及

---

① 金志文:《绍兴老酒简史》,《绍兴文史资料选辑》第一辑,第 65 页。

② 车越乔、陈桥驿:《绍兴历史地理》,第 175 页。

③ 《浙江省绍兴县柯桥县镇商业状况调查表》,《绍兴商会档案》,绍兴市柯桥区档案馆藏,140-4-809。

④ 车越乔、陈桥驿:《绍兴历史地理》,第 175 页。

⑤ 《无锡米业之大恐慌》,《申报》1917 年 1 月 1 日,第二张(七)。

⑥ 裘振康、谭士璋:《解放前绍兴县柯桥镇工商业概貌》,中国人民政治协商会议浙江省绍兴县委员会文史资料工作委员会编:《绍兴文史资料选辑》第九辑,1990 年版,第 35—36 页。

⑦ 《何谓"褙纸"》,http://blog.sina.com.cn/s/blog_4e4825d4010009k8.html。

⑧ 《江浙箔业联合会将为箔商请愿》,《申报》1928 年 2 月 12 日,第四张(十五)。

将锡锭打制成箔页这一个环节。箔坊分为两类,一类箔坊是箔司自己设立的,另一类箔坊是箔铺设立的。箔铺设箔坊打造锡箔,这一事实可从1911年绍兴赵宝记的说帖中知晓,"窃商向开赵宝记箔铺为业。缘商等箔业打造箔锡,必须另设作坊,雇用作司,将锡付交该司打造。俟打就,由该司逐日来店掉换"。①

### 4.酱业

酱业是绍兴的重要产业,按邵力子的说法,绍兴"做酒靠酒缸,做酱油靠酱缸,染绸布靠染缸,只管在三只缸里兜圈子"②,这一方面显示绍兴工业的落后,另一方面则表明酱业在绍兴地方经济中的重要性。

据统计,1927年绍萧两县共有酱坊19家,③次年两县酱坊数量略有减少,还剩17家。④ 显然,绍兴县酱坊的数量是很少的,但是由于酱坊往往家资丰钜,所以绍兴酱业的整体规模很大,"该业户数不多,规模很大,利润甚厚"。⑤

绍兴酱园的产品主要是酱油、腐乳和绍酒。绍兴酱油的生产与别处的生产方法并无不同,都是"以豆麦汁及盐三种原素之混合,经过若干时日,若干工艺"而制成酱油,不过绍兴的工艺较为精良,"远驾于各地酱坊之上,故销路日广"。⑥

### 5.丝绸业

与酒业、锡箔业等行业相比,绍兴的丝绸业的规模与产值要小得多,不过丝绸业对绍兴部分市镇而言,仍然具有重要意义。绍兴生产丝绸较多的地方主要有下方桥和华舍,华舍附近的后马、蜀阜、板桥、张溇等几个村也生产一些丝绸。⑦

---

① 《赵宝记具说帖》,1911年7月11日,《绍兴商会档案》,绍兴市柯桥区档案馆藏,141-1-56。

② 朱仲华等:《怀念邵力子先生和邵力子先生在故乡二三事》,《绍兴文史资料选辑》第一辑,第33—34页。

③ 《绍兴酱业致富阳县党部》,1927年12月3日,《绍兴商会档案》,绍兴市柯桥区档案馆藏,140-4-731。

④ 《绍兴酱业致童委员、督销员》,1928年,《绍兴商会档案》,绍兴市柯桥区档案馆藏,140-4-732。

⑤ 金巨楠:《绍兴县工商业历史概况》,《绍兴文史资料选辑》第九辑,第11页。

⑥ 《绍萧酱董沈钧呈文》,1928年前后,《绍兴商会档案》,绍兴市柯桥区档案馆藏,140-4-731。

⑦ 马念祖、谭士璋:《解放前绍兴华舍绸业漫谈》,中国人民政治协商会议浙江省绍兴县文史资料研究委员会编:《绍兴文史资料选辑》第二辑,1984年版,第159页。

绍兴所产的丝绸,可分为"绸"与"缎"两种。绸是直接用生丝织造,织成后要经过煮熟、拷打、染色等加工程序才算最终完成。"缎"是用煮熟、染色后的生丝织成。"绸"被绍兴当地人称为"熟货","缎"被绍兴当地人称为"生货"。华舍镇织就的丝绸主要是"绸",离华舍不远的齐贤乡以生产"缎"为主。①

丝绸自然是由机户生产。绍兴的机户,一般不大。小机户只有一张织机,大的也不过五六张。小机户是自己生产,大机户除了业主自己生产外,还要聘请若干伙计。机户织成丝绸后,为了将自己的产品与其他机户的产品区别开来,会在绸幅的末端写上一个字作为标志记号,如"圭""泉""夯"等字。② 在绍兴丝绸业的全盛时期,全县共有机户 3800 余户,织机 7400 余台。③

丝绸的生产,对于绍兴禹会乡的华舍村具有重要意义。丝绸的生产吸引大量客商前来收购,绸庄为了生意兴隆,殷勤接待外地客商,烟赌奉陪,花天酒地。华舍镇因此"市肆林立,烟花赌窟,应有尽有",竟有"小上海"之称。④ 华舍绸商们为了保护自身利益,不仅组织了名为华舍观成堂⑤的绸业组织,还出钱供养了一支保卫团。

## 二、商业概况

一地的商业活动,与当地的工农业生产有密切关系。拿绍兴来说,绍兴大量的商业机构是应工农业生产而产生的:箔庄业收购、销售锡箔;棉业买卖海滨生产的棉花;茶业经营绍兴山区的茶叶;酒业对外经销绍兴黄酒;米业则是将外地所产的粮食输入缺粮的绍兴。当然,商业还有一些与当地工农业生产不甚密切的部分,比如南货业、杂货业等门售百货的行业。

---

① 马念祖、谭士璋:《解放前绍兴华舍绸业漫谈》,《绍兴文史资料选辑》第二辑,第 158—159 页。

② 马念祖、谭士璋:《解放前绍兴华舍绸业漫谈》,《绍兴文史资料选辑》第二辑,第 158 页。

③ 单文吉:《近代绍兴丝织业概述》,绍兴市政协文史资料研究委员会编:《绍兴文史资料》第二辑,1986 年版,第 103 页。

④ 马念祖、谭士璋:《解放前绍兴华舍绸业漫谈》,《绍兴文史资料选辑》第二辑,第 160—161 页。

⑤ 此处的"观成堂"与杭州绸业的同业组织"观成堂"名称虽然相同,但并无隶属关系。绍兴传奇商人沈少帆长期担任华舍观成堂董事。

(一)商贸概况

1. 箔庄

箔铺生产的锡箔由箔庄负责收购和销售。箔庄业是绍兴县的大行业，"三十年代初箔庄业最兴盛时，年营业总额达二千四五百万元"。[①] 与杭州、宁波相比，绍兴的锡箔业有一个特点，即负责销售锡箔之箔庄业的实力远在负责制作锡箔的箔铺业之上。基于此，绍兴的箔庄能够按照客户的需要，来要求箔铺提供相应的产品，从而使绍兴的锡箔具有较强的市场竞争力。宁波、杭州箔庄的实力逊于箔铺，故而只能顺应箔铺的要求，箔铺生产什么样的锡箔，箔庄就销售什么样的商品。故而，甬杭锡箔竞争力不如绍兴锡箔。

2. 丝行

顾名思义，丝行就是买卖生丝的商行。绍兴部分市镇纺织丝绸，需要大量生丝，丝行的生意由此而起。绍兴虽然植桑养蚕，但是由于自身的蚕茧大量被茧行收购，农民缫丝日少，本地生丝产量不敷应用，所以绍兴丝行的生丝，主要购自外地，丝行"或赴沪江，或往吴兴、嘉禾购回应用"。[②]

生丝的主要买家自然是织绸纺缎的机户。丝行先把丝赊给机户，过一定时间再收账。这种交易方式，被丝行称为"放丝账"。1911年7月山阴、会稽两县丝商禀称，"切商等经营丝桑。机户交易，均系放账"。而且这种放丝账的交易方式，在山会两县很盛行，"山会丝业十五家，放账数十万，以华舍为大宗"[③]。

3. 绸庄

绍兴绸业，存在着两种收购模式。一种是包买制，另一种是绸庄以"主人家"(绸牙)为中介进行的收购制度。

绍兴的丝绸业中的包买制，是指绸庄将丝料与工资先付予机户，机户织好丝绸后再将丝绸交予绸庄的交易制度。"查城乡绸庄林立，无不先给机户经丝、工资，陆续织缴。"[④]以这种方式收购的丝绸，在绍兴丝绸产量中，所占

---

① 金巨楠：《绍兴县工商业历史概况》，《绍兴文史资料选辑》第九辑，第15页。

② 《绍兴商会具说帖》，1915年7月，《绍兴商会档案》，绍兴市柯桥区档案馆藏，141-1-56。

③ 《山会丝商具说帖》，1911年6月28日，《绍兴商会档案》，绍兴市柯桥区档案馆藏，141-1-56。

④ 《绍兴商会呈请提追事》，1907年左右，《绍兴商会档案》，绍兴市柯桥区档案馆藏，140-4-28。

比例应该不低。绍兴一家名为宏裕的绸庄,在其经销的丝绸中,约有一半是以包买制生产的,"其货半系各机户承认定织,由庄预付丝料、工本洋元"。①在这种模式中,绸庄以市场交易的方式将机户整合进生产体系中,通过增加或减少包买工人,降低风险,灵活地适应市场。②

绍兴丝绸的另一种收购方式,是通过中介从机户手中收购丝绸。绸庄收购丝绸的中介或被称为主人家,或被称为绸牙。这些主人家每天到乡村机户家中,把织好的丝绸带到绸庄,从中收取一定的佣金。③丝绸的价格,是按丝绸的重量计算的,每匹丝绸的长度相同,重量越大,质量也就越高,故而价格也越高。而重量的称量,则是由机户公立的朘秤房过秤的。

4. 棉花行

最终向外地出卖棉花的商业机构叫"花行",花行须领有官厅所颁的牙帖,方可合法收购棉花。当时绍兴还有一些"无帖私秤"也在从事棉花的买卖。由于其身份不合法,加之与花行有利益冲突,所以花行千方百计想将其驱逐出市场。各花行轮流派人在海塘一带巡查,如果遇到无帖私秤,要"将货秤扣留,邀众议罚。其所罚之款,拨尝扣留人二成,余归公所公用"。④

花行交易有一定的规则。首先,盛装棉花的蒲包不得超过两斤,不得有"重包发生"。花行买到的棉花在进入花行之前,须"邀邻行互相检视剥包",如果没有邀集相邻花行检视,即擅自进栈,"即系有意破坏,一经察出,公议应罚洋三十元"作为公所经费。⑤而且囤户进花,须向花行购买蒲包。其次,花行称量棉花重量的秤,须由同行公同校准,"每逢月朔,齐集公所,互相复较,以昭划一。此外售户之秤,轻重不等,概作取消"⑥。再次,花行收买棉花,只能在开秤之日过秤,"每年暑节,苟有船户、地户送行献新,暂行置搁"。花行向卖花船头买花,须于中秋之前订好契约,不得强行抖揽已经与其他花

①　《陈秉贤具说帖》,1910 年 1 月 9 日,《绍兴商会档案》,绍兴市柯桥区档案馆藏,141-1-42。

②　李秀丽:《中国近代民族企业劳工问题及企业文化研究》,大连:东北财经大学出版社,2013 年版,第 112 页。

③　马念祖、谭士璋:《解放前绍兴华舍绸业漫谈》,《绍兴文史资料选辑》第二辑,第 159 页。

④　《同行公议行规》,1920 年 3 月,《绍兴商会档案》,绍兴市柯桥区档案馆藏,140-4-396。

⑤　《同行公议行规》,1920 年 3 月,《绍兴商会档案》,绍兴市柯桥区档案馆藏,140-4-396。

⑥　《同行公议行规续则》,具体年代不详,《绍兴商会档案》,绍兴市柯桥区档案馆藏,140-4-396。

行订约的卖花船头。①

由于棉业屡有掺水之弊,官厅下令禁止。绍兴、萧山两县棉商,为此共同组织"设立绍萧棉业联合会,置有验水烘箱,公举调查员,认真查验,盖有绍萧棉业公会牌印"。②

5. 茧行

绍兴县及其附近的新昌、嵊县等地所产的茧,主要由上海的洋商前来收买。在绍兴,直接向茧农收购鲜茧的商业机构叫做茧行。茧行的设立,需要经过官厅的批准。要得到官厅的批准,需要满足一定的条件。首先,在拟定新设茧行的五十里范围内,要没有老茧行。③ 其次,新茧行的设立,需要得到身家殷实之人的保结。后来官厅在《修正浙江省茧行暂行规程》中又要求,设立茧行"须由当地商会出具保结"。④

6. 茶业

因为绍兴的茶叶经济根植于一家一户的小农经济之上,所以在平水绿茶最终制成之前,需要经过一个将毛茶从小农手中集中到精加工茶叶的茶栈手中的商业过程。这一过程涉及如下几种角色:茶栈与水客、茶行、山户(茶农)。

茶栈作为最后完成平水茶制作的机构,需要收购山户粗制的茶叶,他们派出类似采购员角色的水客,讲明收购数量和收购价格,让水客负责这一业务。⑤ 水客在收购粗茶时,应该是住在山区的。1911年周永尔等七家茶号,赶山收买粗茶,是住在会稽县廿七都王城村张兰景家。⑥

水客要收购粗茶,还需山区的茶行从中穿针引线。茶行是遍布绍兴茶区的茶叶经销机构,他们带领水客到山户家中购买粗茶。粗茶的价格,由水

① 《同行公议行规续则》,具体年代不详,《绍兴商会档案》,绍兴市柯桥区档案馆藏,140-4-396。

② 《绍萧棉业公会关于验关之函牍》,《越铎日报》1920年12月24日,第四版。

③ 《绍兴商会具说帖》,1915年7月,《绍兴商会档案》,绍兴市柯桥区档案馆藏,140-4-350。

④ 《绍兴县茧业公所函绍兴商会》,1930年6月29日,《绍兴商会档案》,绍兴市柯桥区档案馆藏,140-4-416。

⑤ 盛玉联:《茶栈史话》,绍兴市政协文史资料委员会编:《绍兴文史资料》第八辑,1993年版,第163页。

⑥ 《绍兴商会牒嵊县知事》,1911年6月26日,《绍兴商会档案》,绍兴市柯桥区档案馆藏,141-1-55。

客与山户两方议定,茶行并不参与其中。茶行从水客与山户的交易中抽取佣金,从山户那里抽取交易金额的百分之二到百分之三,从水客那里抽取百分之三。不过,茶行为了吸引水客,常只从山户一方抽取佣金,不向水客收取费用。①

### 7. 南货与杂货业

商贸行业,除了包括贩运大宗农业、手工业品的行业外,还包括从事百货的批发及零售之事的南货业与杂货业。绍兴的南货业是一个规模很大的行业。"城区南货一业,规模之宏大,生意之兴隆,几与钱典等业并驾齐驱,互争雄长。"②乡镇南货业也非常发达,柯桥镇南货业生意做得很大,"其南货业仅就元隆成而论,开张三月之久,销货至十二万之巨"。③

南货业的货物主要从宁波进口,规模大的商号皆派员驻甬,专门负责采购事宜。"绍兴南货业品物,由宁波运来者居多,凡营业广大之商号,皆有驻甬庄客,任贩买之职务。"④

绍兴的南货业店号,按照经营性质的不同,划分为南货栈与南货店。南货栈多位于绍兴城中,南货店则多位于乡镇。南货栈主要经营批发业务,南货店将货物从货栈批发回去,然后零售予消费者。南货店向南货栈办货,需要按所购货物的种类及数量,付给南货栈一定数量的用钱,其中有些货物是不需要付给用钱的。"绍属各镇乡南货业与城中南货交易,向惟黄鱼、带鱼有每洋一元加用一分之例。此外,瓜鲞等咸货,俱无用钱。"⑤

南货业在经营过程中为了吸引顾客,常有减价销售的行为,"绍兴哨金乡南货业,如祥丰恒、顺泰等,每年于阴历冬季,必大放盘一次"。⑥ 如果南货商号刚刚开始营业,那么减价吵盘就是必不可少的,"城区大街操业南货各家,每遇同行开设新店之时,必须减价吵盘,已成见惯司空,了不足异"。⑦ 减价吵盘虽然能在一定时期内招揽顾客,但会影响其他南货号的生意,所以曾有人提议对减价销售实施限制,"倘有订规,私自减价,由该同行邀集业董商

---

① 吴觉农编:《浙江之平水茶业》,第 12 页。

② 《南货公所成立矣》,《越铎日报》1918 年 1 月 1 日,第四版。

③ 《柯桥镇商业调查录》,《越铎日报》1914 年 2 月 6 日,第三版。

④ 《捐局苛捐病商民》,《越铎日报》1915 年 1 月 7 日,第三版。

⑤ 《南货业之新风潮》,《越铎日报》1917 年 4 月 7 日,第三版。

⑥ 《南货业吵盘》,《越铎日报》1924 年 12 月 19 日,第七版。

⑦ 《南货业大吵市盘》,《越铎日报》1917 年 6 月 12 日,第四版。

明总董,订规该号公议重罚,以儆征商右法"。①

杂货业的商品也主要批发自宁波,"绍兴商业,如南货、衣业、药材、衣布等货,皆从宁波贩运来绍,取利甚微"。② 杂货业对商品的销售价格有严格的规定,商品销售皆是同业集议,统一定价,不得紊乱,"杂货一业向章,各货随时定盘"。③

(二)金融业概况

货殖的兴盛,交易的频繁,自然会引发大量的信贷活动,金融业也就应运而生。近代绍兴以金融名世。在上海金融业中,绍兴帮为钱庄业中的第一大派别。④ 在绍兴本地,金融制度规章的详细与繁复,昭示出绍兴本地金融业的发达。绍兴金融业主要由钱业与典当业构成。

1. 钱业

绍兴钱庄数量很多,根据 1910 年的统计,当时山阴、会稽二县有钱庄百余家之多。这些钱庄按其资金的多寡,分为不同的等级。绍兴钱庄有三个等级,即大同行、中同行与小同行。大同行,又称"出公单",资本额在三四万元不等;中同行,又曰"半公单",资本额在一万六千至二万元不等;小同行,俗称"翻庄钱店",资本额一千二百至数千不等。山阴、会稽两县有大中同行二十八家,小同行约八九十家。⑤ 大中小同行的不同名称,并不是为标记资本多少而设,不同等级的钱庄,有其不同的地位。在绍兴的钱庄中,大同行的权力最大。

第一,大同行可以参与议定市面钱币的价码,中小同行则不行。每天上午 9 点,各大同行派出代表(俗称场头先生),商议货币的调剂事宜,并对杭汇、甬汇、现洋、现水、银角、铜元的兑换价格以及绍兴市面的利息牌价进行评议。⑥ 他们的决议具有很强的权威性,各业商人对大同行议定的货币价码

---

① 《为程丙臣禀请南货业整规事》,1909 年 6 月 24 日,《绍兴商会档案》,绍兴市柯桥区档案馆藏,141-1-42。

② 《绍兴商店之呼吁声》,《越铎日报》1917 年 4 月 23 日,第三版。

③ 《会稽县照会绍兴商会》,1910 年 6 月 21 日,《绍兴商会档案》,绍兴市柯桥区档案馆藏,141-1-49。

④ 中国人民银行上海市分行编:《上海钱庄史料》,上海:上海人民出版社,1960 年版,第 770 页。

⑤ 《会稽县劝业所报告册》,汪林茂辑:《浙江辛亥革命史料集》第一卷,第 44 页。

⑥ 裘振康:《绍兴钱庄业概况》,《绍兴文史资料选辑》第一辑,第 132 页。

"听命唯谨"。① 一种价目,只有征得全体大同行的同意才能确定,"例如有二十家钱庄代表出席评议某种市价,设有一家不同意,则此项市价即不能成立,即不能对外发表"。②

第二,不同等级的同行,在绍兴金融市场有不同交易资质。概而言之,大同行资质最高,可在钱业公所与同行相互过账;中同行资质次之,三、六、九日结算账目时,在有一家大同行担保的情况下,可以在钱业公所中与同行交易;小同行没有与同行直接交易的资质,其与其他钱庄的账目往来,需要一两家大同行代为收介。③

绍兴钱业与其他地方钱庄的最大不同之处,在于其操纵的划洋制度。划洋制度是虚金本位制的一种,"划洋"本身只是一种虚拟货币,并不存在实物形态。绍兴以"划洋"为本位货币,当地商人日常交易,相互过账,均以划洋为单位。"绍地除征收交通各机关悉以现洋出入外,其余各业商店,习惯上出入以划洋计算。"④如果商人欲兑换现洋,那么就需要按照当时现水的行情"升水"或者"去水"。⑤

"现水"体现的是绍兴划洋与其他货币的汇兑关系。现洋价格高于划洋价格时叫作"升水",现洋价格低于划洋价格时叫作"去水"。划洋制度通过调整现水的升去来调节绍兴现币的存量。绍兴商业每年有三个时期最为需要现洋,即四、五两月,八、九两月和十月、十一月、十二月三个月。四、五两月为茶茧等大宗商品的交易期,商人需要大量现洋来从农户手中购买产品;八、九两月为棉花交易时期,商人需要现洋购买棉花;十月、十一月、十二月,"米用大起,多则二百余万,少则百余万,且入冬令,各业纷纷办货,以故银根最紧"。⑥

当绍兴地区现洋缺乏时,钱业商人便抬高现水,使现洋可以兑换较多的划洋,吸引杭州等地的现洋向绍兴流动。如果绍兴现洋存量超过商业体系所需,那么钱业商人便压低现水,甚至使现洋去水,使现洋能够兑换到的划

① 《会稽县劝业所报告册》,汪林茂辑:《浙江辛亥革命史料集》第一卷,第44页。
② 《呈为查复并无提高拆息情事由》,1935年,《绍兴商会档案》,绍兴市柯桥区档案馆藏,140-4-625。
③ 裘振康:《绍兴钱庄业概况》,《绍兴文史资料选辑》第一辑,第151页。
④ 《现洋升去照市计算函》,1935年8月,《绍兴商会档案》,绍兴市柯桥区档案馆藏,140-4-625。
⑤ 《绍兴金融调查录》,1924年,《绍兴商会档案》,绍兴市柯桥区档案馆藏,140-4-408。
⑥ 《十年中之绍兴金融》,1921年,《绍兴商会档案》,绍兴市柯桥区档案馆藏,140-4-408。

洋量减少,刺激商人将绍兴的现洋向外地转移。"吾绍向缺现单,原恃现水之升降济金融之活动,故吸收现洋,端资现水。"①

掉期与日拆是绍兴钱庄操纵的另外一套金融利器。掉期是日拆的前身,代表的是绍兴钱庄对外放款的利息。掉期的数目,自然由大同行议定,"每年自四月起至十二月二十五日止,逢二、五、八日,大中同行至会馆开举价目"。② 后来掉期数目改为每两天议定一次,即在每旬的二、四、六、八、十定息。1913 年,掉期被改为日拆。③

掉期、日拆,也可以起到调节货币的作用,如果绍兴日拆高于杭州、宁波日拆,那么杭州、宁波的现币便会向绍兴流动,"以图日拆"。④ 反之,如果杭甬日拆高于绍兴,那么绍兴钱商便会将货币转移杭甬以图杭拆、甬拆。

2. 典当

典当业与钱业共同构成绍兴金融业的主体。绍兴的典当业在 20 世纪 20 年代中期之前,是比较兴盛的,典当铺较多。清末时期,山阴县与会稽县共有当铺 64 家,其中山阴 43 家,会稽 21 家。⑤ 到 1920 年,绍兴县有当铺 54 家,数量仍然很多。⑥ 20 世纪 30 年代之后,典当业迅速衰落,1932 年典当业同业公会只有会员 21 家,此后甚至一度减少至 6 家。⑦

典当业是受官厅管制较多的商业,当铺的成立、铺址的变换等一系列事宜,都需要得到官厅的批准。要成立一家当铺,须具备保结与领状,交纳当帖捐洋与公费洋,在得到官厅下发的当帖后,方可开门营业。以下是 1919 年绍兴柯桥德余典当铺申请营业时呈交的保结。

> 具认保结。
> 绍兴县典商德茂,今于与保结事实,保得知事长台下。窃缘有典商章瑞坤等,集资拟在绍兴县属柯桥祝家溇地方,开设德余牌号典当,实

① 《纸业业董关于现水问题说帖》,1920 年,《绍兴商会档案》,绍兴市柯桥区档案馆藏,140-2-786。

② 《会稽县劝业所报告册》,汪林茂辑:《浙江辛亥革命史料集》第一卷,第 45 页。

③ 裘振康:《绍兴钱庄业概况》,《绍兴文史资料选辑》第一辑,第 140 页。

④ 《奉县令转奉厅令取缔现币去水由》,1935 年,《绍兴商会档案》,绍兴市柯桥区档案馆藏,140-4-625。

⑤ 《二十世纪绍兴府山会两县当铺一览表》,《绍兴文史资料选辑》第九辑,第 159—160 页。

⑥ 《绍兴当业公所具说帖》,1920 年 1 月 30 日,《绍兴商会档案》,绍兴市柯桥区档案馆藏,140-4-391。

⑦ 陈又新、李身铿、裘振康:《绍兴典当业述略》,《绍兴文史资料选辑》第九辑,第 101 页。

系地处偏僻,不致扶捏。所具认保结是实。

中华民国八年三月 日 具认保结典商德茂①

典当铺的当帖有偏僻与繁盛之分。地址处于偏僻区域的典当铺领取偏僻当帖,交纳二百元帖捐洋,处于繁盛区域的典当铺领取繁盛当帖,交纳四百元帖捐洋。民国成立之后,规定绍兴城区为繁盛区域,所以"现在定章,凡开设城区各典,均应请领繁盛典帖",需交纳帖捐洋四百元。②

如果当铺要更换地址,那么便要更改当帖中的注册信息,这需要官厅的许可。此外,当铺变更地址,还需要官厅出示布告,广而告之。1916年"泰润"典当铺将铺址从绍兴城中的中望坊迁移至东如坊,便向官厅申请改帖,并请求给予布告,俾众咸知。③

1911年旧章更新之前,绍兴典当放贷的利息是"八厘至一分零不等",客户取赎期限为二十四个月。④ 更章后,利息仿照宁波、杭州等处,上调至"一分六厘至二分不等",取赎时限缩短至十八个月。⑤

钱业、典当业是近代绍兴商场中的重要行业,特别是掌控着划洋制度的钱业,实际上控制着绍兴的经济命脉,在绍兴商界起着举足轻重的作用。相应的,钱业在绍兴商会中的地位也特别突出,商会领导层多是钱业中人,"商会议员均属钱业执事多数"。⑥

## 第三节 市场运作的秩序条件

商业机器并不是遥远天际的孤星,市场经济的运行需要社会体系的配

---

① 《绍兴县典商德茂具说帖》,1919年3月,《绍兴商会档案》,绍兴市柯桥区档案馆藏,140-4-380。

② 《浙江绍兴县公函中华民国九年绍字第10号》,1920年1月9日,《绍兴商会档案》,绍兴市柯桥区档案馆藏,140-4-379。

③ 《典商鲍元庆具说帖》,1916年7月,《绍兴商会档案》,绍兴市柯桥区档案馆藏,140-4-356。

④ 《山阴、会稽县照会绍兴商会》,1911年6月22日,《绍兴商会档案》,绍兴市柯桥区档案馆藏,141-1-56。

⑤ 《山阴、会稽县照会绍兴商会》,1911年6月22日,《绍兴商会档案》,绍兴市柯桥区档案馆藏,141-1-56。

⑥ 《商人之苦痛声》,《越铎日报》1912年4月11日,第二页。

合,需要得到一系列习惯、习俗以及具体制度的支持。得益于哈耶克的思考,我们现在知道这些习惯、规则可以用"秩序"一词指代。①

### 一、商人个体层次的微观秩序

商人个体以利益为追求目标。为了实现资产的增加,近代绍兴商人积极投身商贸活动。在经营活动中,他们与他人买卖,向他人借贷。在今天的绍兴商会档案中,保留了很多反映商人交易、借贷情况的材料。有一份晚清的档案材料反映了绍兴华章绸店与外地商人葛子清的交易情况。② 还有一份档案,显示绍兴一名叫冯霞亭的酱商,向一家铜号借款一千元作为经商的本钱。③

个人资财有限的商人们,为了最大限度地赚取财富,进行长袖善舞式的经营,会订立契约,结成团体进行合伙经营。以下是1918年裕生和记米行的合股议单。

> 立合同议单人,朱子良、朱锡齐、姚丙生、季鸣纪、陶馥堂。彼此意气相投,在柯镇东关塘下岸,开设裕生和记米行。朱子良认定三股,出资本洋三千元;朱锡齐认定三股,出资本洋三千元;姚丙生认定两股,出资本洋二千元;季鸣纪认定两股,出资本洋二千元;陶馥堂认定两股,出资本洋二千元,共合成十二股,计资本英洋一万二千元。公请沈赞臣君经理,议定资本按月八厘起息,其息洋至年终支取,议定三年为期,除行中盘核外,各有盈余计计十四股分派,内提一股,归经理酬劳,尚有一股,归各友酬劳。自议之后,各友公心,以图永远,庶几利有攸归,厚望无尽,为此公立议单五纸。各执一纸存照。
>
> 一议行中事务,应放应收账目,朋友进出等情,统归沈赞臣君经理。并照。
>
> 一议行中司友及各修金,每月给付,不得预支。并照。
>
> 一议行中邀请司友以及修金多寡,并零星杂用,统归沈赞臣君承

---

① 哈耶克的"秩序","包括种种行事方式、习惯、习俗、惯例以及具体'制度'(rules and regulations)的广义的'social orders'"。参见韦森:《社会制序的经济分析导论》,上海:上海三联书店,2001年版,第126—127页。

② 《陆炳奎具说帖》,1908年9月26日,《绍兴商会档案》,绍兴市柯桥区档案馆藏,141-1-24。

③ 《朱两香具说帖》,1910年6月9日,《绍兴商会档案》,绍兴市柯桥区档案馆藏,141-1-53。

值。并照。

一议行中如盘核过,有盈则照十四股分派,绌则东股听认。并照。

民国七年阴历二月立合同议单

经理

议中

朱子良　押

朱锡齐　押

姚丙生　押

季鸣纪　押

陶馥堂　押

沈赞臣　押

莫雨辰　押

冯纪亮　押

马海门　押

陈元奎　押

朱绛轩　押①

　　商人个体的商贸行为形成了一种微观的商业秩序:卖出货物,就会收到货款;借出钱款,到期后会收到本金和利息;货物、货币生生不息地流转。但是,这种微观秩序并非固若金汤,货物、货币的周流常常被各种意外所打断。

　　比如商人卖出货物,可是有可能无法收回货款。清末绍兴商号元丰泰向虞元昌钉店卖出一批货物,可是虞元昌却躲避付出货款。② 有时商人借出钱款,可是借款者可能不会按时归还。陈合义铜号借给冯霞亭钱款,可到期后冯霞亭和其儿子却三番五次拒绝还款。③ 商人与他人合伙经营,有可能被合伙人坑骗。比如开设于绍兴安昌镇的乾泰米行,其经理由股东周锡龙兼任。周锡龙的经营水平很好,米行逐年获利。但是"周一味营私,行中伙友均系私人,其子炳炎又大权独揽",并且暗地里将"行中花地、市屋契据,及押

---

　　① 《裕生和记米行合股议单》,1918 年,《绍兴商会档案》,绍兴市柯桥区档案馆藏,140-4-380。

　　② 《元丰泰具说贴》,1910 年 6 月 29 日,《绍兴商会档案》,绍兴市柯桥区档案馆藏,141-1-50。

　　③ 《陈合义铜号具说贴》,1910 年 6 月 9 日,《绍兴商会档案》,绍兴市柯桥区档案馆藏,141-1-53。

款、首饰、绸匹等物"转移至自己家里,黑吞店产。另一股东孙廷秀久病在家,等回到店中,局面已无法挽回,被迫无奈,只得请安昌商务分所出面协调,商量散伙事宜。① 当这样的拖欠货款、钱债不还等事情发生的时候,正常的货币、货物流转就被中断,市场的微观秩序就遭到了破坏。

由此,我们可以知道市场的微观秩序是比较脆弱的,需要得到适当的维护。在清末民初的绍兴,商人在遇到微观秩序失范的时候,往往会向绍兴商会求助,请求商会从中协调,恢复秩序。

## 二、行业秩序

共同从事某一行业的工商业者,由于生产、经营着相同种类的商品,所以他们面对着的是相同的市场环境。在相同的外部压力下从事相同行业的工商业者,逐渐产生了一种共同接受的生存状态——行业秩序。这种行业秩序,有针对行业以外工商业者的部分,也有对行业内成员的约束。

经营相同种类商品、服务的工商业者,为了保证自身利益的最大化,防止本行业的蛋糕被太多的人分割,会限制外人进入自己的经营领域,从而建构起了行业内外差别的秩序。在清末民初的绍兴,能够证明这种"排外"秩序存在的事例有很多。比如绍兴油业就规定柏油只能由油业牙行收买,非牙行不得私买。"历年柏油登场,皆由诸邑枫桥邻近之何赵地方肩挑来行收买,分售予各烛店,永不紊乱。讵有不法市侩,冒充牙行,在娄宫中途私收。上年行等将私油扣留,禀请山邑尊饬差查禁,当蒙票饬禁止在案。"②

除了建构"排外"秩序,同业商人还对内建立了限制竞争的秩序。比如当时绍兴酒业不仅禁止外业商人销售绍兴黄酒,还要求酒店不能靠得太近,"查敝所前议定章,凡嗣后同业新设酒店,必须前后左右相离十间,方准开设,否则令其迁移"。③ 同业商人还须遵守议定的物价,不得紊乱物价。有的行业还对商品质量有严格的要求,比如棉业就禁止收买质量低劣的棉花,"从中裹心吊角、黄僵雨渍等货,一律禁止"。④

行业秩序还有优劣之分,良性的行业秩序有利于行业的发展,但是不良

---

① 《孙廷秀具说帖》,1915 年 5 月,《绍兴商会档案》,绍兴市柯桥区档案馆藏,140-4-350。

② 《油业董事具说帖》,1908 年 12 月,《绍兴商会档案》,绍兴市柯桥区档案馆藏,141-1-23(1)。

③ 《山会酒业公所具说帖》,1910 年 10 月 11 日,《绍兴商会档案》,绍兴市柯桥区档案馆藏,141-1-49。

④ 《同行公议行规续则》,1920 年,《绍兴商会档案》,绍兴市柯桥区档案馆藏,140-4-396。

的行业秩序,则会导致行业的萎缩。比如,当时绍兴茶业常用靛青等颜料给茶叶染色,扰乱茶业的生产秩序,败坏绍兴平水绿茶的名声,致使美国禁止进口染色茶,"今花旗关禁力拒染色"[①],损害了绍兴茶业商人的长远利益。

行业秩序规范着行业内部各种市场要素的流通、分配方式,影响着行业内商品、劳动力的交换,极为深刻地影响着市场交易。行业内的工商业者是行业秩序的直接相关者,是他们制定了各种各样的行业规则,也是他们最有动力去规定、改变、维护行业秩序。不过,由于工商业者自身的力量有限,无法阻止部分商人对行业秩序的践踏,无法有效地维护行业秩序的权威,所以他们时常寻求商会、官厅的帮助。

### 三、地方商业宏观秩序

除了微观秩序、行业秩序,绍兴商人还生活在地方商业的宏观秩序之中。这种宏观秩序包括足以影响商业全局运行的金融秩序,影响商人身家财产的治安环境,与商品运输相关的交通秩序等。

不言而喻,规定绍兴当地钱洋流通方式的金融秩序,与绍兴商业的宏观运行,必然有莫大的关系。20 世纪 10 年代中期,宁波、绍兴钱业商人把持垄断,高抬现水,炒高现洋价格,这种金融上的波动使绍兴的宏观经济受到了冲击,时人称为"为少数钱商谋利益,使多数商民受困苦"。当时有人呈请官厅减轻现水,以纾民困:

> 查光复以前,宁绍市面,本不如是,近来日益加甚,为少数钱商谋利益,使多数商民受困苦,殊非振兴商业,维持市面之道。用特呈请钧厅,恳予分令宁波商务总会暨绍兴商务分会,召集钱业董事,开会集议,将现水为之减轻,俾汇水得以松动,于商业前途,裨益良多。[②]

治安状况的好坏也与绍兴商人交易活动密切相关。只有治安状况较好,商人的财产安全有保障,商人才敢与他人交易,才敢拓展业务,市场才能够平稳运行。如果社会秩序混乱,那么棉花、丝绸这类长程贸易就无法进行,商人会收缩经营范围,商业就会陷入萧条。此外,不良的治安还会威胁商人的身家性命。所以,商人对社会秩序非常挂怀。

而清末民初的绍兴恰恰是社会治安存在很多隐患的地方。这既有外部

---

① 《会稽县照会绍兴商会》,1911 年 8 月 13 日,《绍兴商会档案》,绍兴市柯桥区档案馆藏,141-1-55。

② 《呈请维持宁绍金融市面》,《越铎日报》1918 年 3 月 4 日,第三版。

原因,也有内部因素。外部原因是清末民初动荡的政治局势下的兵匪横行,内部因素是绍兴粮食匮乏,以及绍兴城中有大量健壮的箔业工人。在这种环境下,绍兴商人对社会秩序格外敏感。1924年江浙战争爆发,浙江时局不靖,绍兴官厅向商人筹集资金以维护治安。当箔庄业两位董事向同业商人劝募时,各箔庄立即应允,"由胡董事代表及俞董事报告商会经过情形,及筹集垫款,维持地方治安,劝各同业每家认洋五十元,各箔庄以事关治安,故均允可"。①

经济体的生产、交换、分配、消费活动,都依赖交通的顺畅。如果交通孔道由于某种原因被阻碍,那么货殖四方的商人就会受到影响,商业体系的运行就会受到影响。1911年绍兴城西突然出现巡航,扣留商人货物,影响商业运输。商会在接到商人的反映后,立即致函官厅,要官府给出解释,"查郡城东西路巡船,业经裁撤,兹自何时重设,及经收何项捐款? 敝会无案可稽,用特附询,希一并赐示"。②

宏观秩序的好坏与商业的运行密切相关,如果宏观秩序紊乱,商人没有稳定的经商环境,地方商业就会受到影响。当整体秩序出现问题时,商会、官绅体系常常出面补救。

**四、政商秩序**

在商人的经贸活动中,商人与政府还有密切的互动。商人与政府互动形成的官商之间的共存状态就是政商秩序。政商秩序包括两个方面,一是由商人到政府的秩序,一是由政府到商人的秩序。

在经营活动中,商人有时会需要政府部门的帮助。商人个体可能会遭遇匪盗案件,需要向官府报案;商人个体还可能受到税吏的法外苛罚,这时商人个体需要向官厅疏通关系,争取大事化小、小事化了;商人个体还在许多方面需要得到官厅的审批,需要与官厅联系。

行业组织也会有事向官府求助。清末民初的米业商人常常遭遇外地官厅的运米禁令,在这种情况下,米商就不得不向官厅寻求帮助,请官厅给予援手。某行某业的工商业者还可能因不满意于行业的税收政策而有向官厅申诉的诉求。此外,绍兴商界在统捐局的设置问题上存在整体的一致性,都要求裁撤统捐局的一些卡口,因此商界有向官厅陈诉的愿望。

---

① 《箔业开会筹储款项》,《越铎日报》1924年8月26日,第六版。
② 《山会商务分会函绍兴府》,1911年,《绍兴商会档案》,绍兴市柯桥区档案馆藏,140-4-368。

　　政治社会与商民社会之间还存在着一种行政施为秩序,即国家通过一定的中介去作用于商民社会,这是政商秩序中的由政及商部分。政府需要对商人进行征税、发行债券等一系列的行政管理。在近世中国"皇权不下县"的权力秩序下,国家机器于县域之中除县官之外,并无太多分支机构,为使"皇命"泽及庶民,国家必须借助某种势力,才能施行教养之治,这样这种势力便位列权力秩序之"仙班"。对于清末民初的绍兴商民社群而言,国家机器需要借助商会去实施商业治理。在清末民初的绍兴,绍兴商会在政府的行政施行方面起到了辅助作用。

　　综上所述,市场的运转需要稳定的秩序作为制度保障。与商业相关的各层次的秩序,都有脆弱的方面,需要外部力量的扶助才能保持稳定。绍兴商会就是维持各种秩序稳定,为市场运转提供良好环境的重要力量。

# 第二章  绍兴商会的组织体系

商品经济是一种存在着诸多矛盾的经济体系,一旦矛盾爆发,绍兴的经济秩序就会发生局部或全局的失序。为了保证经济的平稳运行,需要协调矛盾,以维持秩序的基本稳定。现有史料可以证明,清末民初的绍兴商会是维护经济秩序的重要力量,并且还是绍兴政商秩序之运行的重要承担者。那么当时的绍兴商会为什么能够发挥维护秩序的作用,为什么能够在政商秩序之链中扮演中介角色呢?

笔者认为,绍兴商会之所以能够起到这样的作用,是因为它是一个精英组织,能够调动一批熟悉商界事务的商业精英去处理各种事情;而且它又是一个组织网络遍布绍兴商界的社会组织,能够进行组织、调查活动,具有一定的行动力;而且绍兴商会又属于法律有明文规定的法定团体,身份介于普通商人组织与国家机关之间,能够在政商秩序中扮演中介的角色。

虽然绍兴商会在日后的绍兴社会经济中起到了重要作用,但绍兴商会的建立并非水到渠成之事。事实上,绍兴商会并不是商人出于维护商业、联络商情的目标而自愿建立的,而是在绍兴官厅的强力推动下建立起来的。在绍兴商会的建立过程中,官厅干预的色彩异常浓重。

## 第一节  绍兴商会组织体系的初步建立

如第一章所述,清末绍兴府的山阴、会稽两县商务繁盛,这样的经济条件显然是有利于商人组织的建立的。在商品交易的过程中,拖欠货款是常有之事;在商号的合股经营中,股东、经理侵蚀公款而导致商号经营困难之事,亦比比皆是。按理说,绍兴(山会两县)的商人在得到官厅要求建立商会的命令后,应该会积极主动地去组织商会。但是从现存的史料来看,在绍兴商会(最初名称为"山会商务分会")的建立过程中,商人并不是特别积极。绍兴商会之所以能够成立,主要依靠官厅的推动。

## 一、绍兴商会本体组织的建立

### (一)山会商务分会的成立过程

绍兴商会的整个组织体系,按照其地域分布,可以分为两大部分。其一是位于绍兴城内的城会,这是绍兴商会的本体组织;其二是位于各乡镇的分所(清末称商务分所,民初称为"商会分事务所"),它们是绍兴商会的分支组织。这两部分的成立顺序是:城区的本体组织先成立,乡镇的各分所后成立。

绍兴商会最初的本体组织——山会商务分会的建立,主要是官厅推动的结果。义和团运动之后,清廷为自保计,不得不大力改革,谋求振兴。由于商业在国家强盛过程中的重要地位,加之当时朝野上下共同持有的商战理念,清政府开始讲求商务,奖励工商,并于1903年设立了商部。商部设立后不久,便下达了建立商会的命令:

> 商会者,所以通商情、得商利,有联络而无倾轧,有信义而无诈虞,各国之能孜孜讲求者,其商务之兴如操左券。现在体察情形,力除隔阂,必先使各商有整齐画一之规,而后臣部可以尽保护维持之力。则今日当务之急,非设立商会不为功。夫商会之要义有二端:一曰剔除内弊;一曰考察外情。[①]

浙江的地方官员在商部的命令下,要求各地建立商会组织。1905年4月,浙江省商务局派出专员到绍兴城,要求各业商人组织商会。绍兴城内各业的著名商号,应声集议公举总理、各业司董之事。"近因省垣商务局派有专员劝兴商会,故由各业著名行号集众,议设商业公会,公举总董并各业司董。"[②]不过,这次各商家的集议并未取得任何实质成果,实际上是不了了之。

1905年8月浙江官厅再次催促绍兴建立商会,"前月杭州商务局总办有

---

① 天津市档案馆等编:《天津商会档案汇编(1903—1911)》(上),天津:天津人民出版社,1989年版,第20页。

② 《组织商业公会》,《申报》1905年4月24日,第二版。

信到本府里,劝开商会"。① 面对上峰的压力,绍兴地方官员不得不有所行动。这里值得注意的是,绍兴官员们是与地方士绅商议成立商会事宜,而非与商人商议。绍兴知府熊再青与绍郡官员、士绅商议,"熊再青太守因与各官绅商酌,拟派张缪二绅为总董"。② 绍兴城内的山阴、会稽二位知县则在同善局设下酒席,邀请地方绅士商量办法。"现由山会两县,已在同善局里办酒,请绅士商量办法。"③ 显然,这次官厅筹备商会,主要依靠的是士绅的力量。

对于商人在筹办商会过程中的缺位,绍兴的地方报刊《绍兴白话报》给予了相当多的指摘。该报记者认为商会是商人的组织,商人应出面组织。"可惜绍兴明白的商人太少,全靠绅士出场,恐怕兴起来,也不过像箔业董事、米业董事,大家钻谋几个铜钱。这商会那里会有实效呢?"④ 商人被排除在组织商会的过程之外,商人并不知道商会组建的情况如何,这使借商会名义敛财成为可能。当时绍兴出现了打着商会旗号向商人募钱的人。"一个谋充土业董事的,并未得到官的照会,也没有商人公举,竟先到各土店去捐钱,做自己薪水。"《绍兴白话报》大声疾呼,"商人赶紧出来会议,会议商个办法,免得将来权落他人之手,反要生得多阻碍,有害商务"。⑤

诚如绍兴当地报刊所言,商人在筹建商会过程中的缺位,是绍兴商人见识浅陋的表现。"绍兴的商家真正太驽下了。到这个时候,还有这个机会,还不肯用点心,把商会立起来。"虽然后来,商人终于出面商议,筹办商会,可是这批商人对筹办商会之事一窍不通,"一班商家日里都说要开商会,无如他们,商会如何章程,如何开法,却是一毫不懂,真真可怜可笑"。⑥

1905 年 12 月,绍兴商会(山会商务分会)终于成立了,不过这个商会显然是在山阴、会稽两位知县的主导下,联合两县士绅组织成立的,"越郡前由山会二县主遵奉宪札,会绅设立商会,选定各业商董,公举总董,先就大善寺集议开办,详报立案"。⑦

由上可见,绍兴商会的前身山会商务分会的成立,是绍兴知府与山阴、会稽知县联合地方士绅,执行上峰组建商会的命令的产物。绍兴商人虽然

① 《议开商会》,《绍兴白话报》第 68 期。

② 《遵札议设商会》,《申报》1905 年 8 月 12 日,第九版。

③ 《议开商会》,《绍兴白话报》第 68 期。

④ 《议开商会》,《绍兴白话报》第 68 期。

⑤ 《商会可虑》,《绍兴白话报》第 71 期。

⑥ 《商家太驽下》,《绍兴白话报》第 75 期。

⑦ 《专员驻办商务》,《申报》1905 年 12 月 2 日,第九版。

曾一度集议,讨论组建商会,但他们见识驽下,能力不足,对制定章程等事丝毫不懂。他们在山会商务分会的建立过程中,起的作用微不足道。

(二)试办章程

山会商务分会在成立的过程中拟定了两份章程——《山会商务分会试办章程》和《山会商务分会续拟试办章程》(以下简称《试办章程》《续拟试办章程》),后者稍迟于前者。① 值得一提的是,与《苏商总会试办章程》《上海商务总会暂行试办详细章程》相比,山会商务分会的《试办章程》及《续拟试办章程》要简单得多。《苏商总会试办章程》分十一章,共有八十条,②《上海商务总会暂行试办详细章程》分为十三章,共有七十三条,③而山会商务分会的《试办章程》与《续拟试办章程》却均只有区区十条。

综合来看,山会商务分会的两份试办章程的主要内容,是对山会商务分会宗旨、内部分工、经费、会议规则及办理事项的简单规定。

对于山会商务分会的宗旨,《试办章程》主要是从便利商民的角度来书写,将商会的宗旨归为联络商情,"开通商知,保全商利,排解商衅,扩充商力"。④ 而略迟的《续拟试办章程》则将商会与国家的富强联系在一起,强调商会对于国家的巨大意义,称商会之设,"实为富强之基"。⑤

对于山会商务分会的内部分工,两份章程的规定大体相同:总理一人,由公举产生;各业业董一人或数人,由各业公举;⑥干事员四人,负责文案、司账、书启、度支等事务;商会中设伙夫、听差、把门、茶房各一人。抛开商会公举的总理、业董等职来看,绍兴商会的专职职员是比较少的,一共只有八人。⑦

商会的经费:组建商会所花的费用,由各位会董暂时垫付。各业入会后,按年缴纳会费,会费存放于殷实钱庄。每年商会的开支,在次年正月会

① 《山会商务分会试办章程》,汪林茂辑:《浙江辛亥革命史料集》第一卷,杭州:浙江古籍出版社,2011年版,第187页。
② 《苏商总会试办章程》,章开沅、刘望龄、叶万忠主编:《苏州商会档案丛编》第一辑,武汉:华中师范大学出版社,1991年版,第17—31页。
③ 《上海商务总会暂行试办详细章程》,天津市档案馆等编:《天津商会档案汇编(1903—1911)》(上),第5—19页。
④ 《山会商务分会试办章程》,汪林茂辑:《浙江辛亥革命史料集》第一卷,第186页。
⑤ 《山会商务分会续拟试办章程》,汪林茂辑:《浙江辛亥革命史料集》第一卷,第187页。
⑥ 《山会商务分会试办章程》,汪林茂辑:《浙江辛亥革命史料集》第一卷,第186页。
⑦ 《山会商务分会续拟试办章程》,汪林茂辑:《浙江辛亥革命史料集》第一卷,第188页。

董开会时当众宣告,以昭信实。① 商会所需会费,由各业"视生意之巨细,酌量岁认经费,定期收缴"。②

会议:山会商务分会的会议分为"期会""特会""年会"三种。"期会"在《试办章程》中又被称作"常会",于每个月的初八、廿三召开,会上讨论整理、疏通市面之事。"特会"是为了调解商业纠纷而特别召开的会议。商号遇有纠纷,先向商会呈递说帖,"由总理请该会业董,并一面传集两造,或邀集同业,秉公理断"。若是商会无法理处,便提交官厅办理。若是事关重大,则禀请省宪、商部。③ "年会"于每年正月召开,参会者为总理及会董,会上宣布上年商会的开支,并盘点上年各业商情。④

会务:从两份章程来看,山会商务分会的会务主要被设定为调解商业纠纷、调查商情、维护行规三项。商业纠纷的调解在特会上进行。如果是华洋纠纷,华商受洋商欺凌,山会商务分会要"禀请洋务局照会领事据理力争,以资保护"。⑤ 值得注意的是,《续拟试办章程》中规定商人不得以"琐屑细故,呈会申理",更不得"因挟嫌隙,思假公会以报私仇"。笔者推测这应与当时绍兴的健讼风气有关。⑥

《试办章程》将调查商情规定为会务。绍兴的商业状况,各项土产产量的升降,以及新出现的商品,"均应随时调查列表,以备查考"。此外,商会还要将会中各商家的信息编订成册,以便整顿、提倡地方商务。⑦

《试办章程》还将维护行规作为商会的职责。如果绍兴商业中有"不遵行规,违碍大局",以及将民生日用各物无故抬价之事,商会总理应会同会董,"随时稽查,邀集该商,晓以大义"。如果该商不听理喻,商会有禀请官厅惩治之权。⑧

(三)商业精英的商会组织形式

清末绍兴商会(山会商务分会)本体组织成立的最直接作用,便是把散

① 《山会商务分会续拟试办章程》,汪林茂辑:《浙江辛亥革命史料集》第一卷,第187页。
② 《山会商务分会试办章程》,汪林茂辑:《浙江辛亥革命史料集》第一卷,第186页。
③ 《山会商务分会试办章程》,汪林茂辑:《浙江辛亥革命史料集》第一卷,第186页。
④ 《山会商务分会续拟试办章程》,汪林茂辑:《浙江辛亥革命史料集》第一卷,第187页。
⑤ 《山会商务分会续拟试办章程》,汪林茂辑:《浙江辛亥革命史料集》第一卷,第187页。
⑥ 《山会商务分会续拟试办章程》,汪林茂辑:《浙江辛亥革命史料集》第一卷,第187页。
⑦ 《山会商务分会试办章程》,汪林茂辑:《浙江辛亥革命史料集》第一卷,第186—187页。
⑧ 《山会商务分会试办章程》,汪林茂辑:《浙江辛亥革命史料集》第一卷,第187页。

居商界各处的商业精英们筛选并组织起来,使商业精英拥有一套堪以应付商业事务的组织结构。绍兴县商会的前身——山会商务分会初建时,商会的组织结构有四层:入会商家、业董、会董、总理。其中,"入会商家"指的是加入商会的普通商人,而业董、会董、总理则是从商人中遴选出来的商业精英的三个层次。

山会商务分会作为商务分会,其组织结构与商务总会还是有差别的。天津商会在刚刚建立时,其组织分为三个层次,即总理、会董、会员。总理是商会领袖,会董承上启下,会员是自愿入会,每年交纳四元以上会费的商家。[①] 天津商务总会的"会员"相当于山会商务分会的"入会商家",与山会商务分会相比,天津商务总会的组织结构中缺少"业董"这一名目。

山会商务分会成立之后,绍兴的各业商人便纷纷入会,这些入会商人是绍兴商会的组织基础。根据现有材料来看,当时绍兴城的商人是以旧行业组织为基础,整体地加入商会的。山会洋药公所记述当时入会情形时说:"敝业向来俸请杜绅一人为董事,自贵会成立后,虽曾随众入会,分认经费。"[②]从这句文字中可以看见,绍兴商会刚刚成立时,山会洋药业众商是以行业为单位,随其他行业加入商会的。

加入商会的商号,要交纳会费。由于绍兴城中各商号是以行业为单位,整体地加入商会的,所以商会会费的缴纳,也是以行业为单位进行的。商会的会费,被商人称为"商会捐","视业之大小,认股之多寡,每业自二十股至一二股不等,按年清缴"。[③] 由于各业的会费,是由各业整体解缴,所以会出现某业虽然缴足了商会会费,但该业中的某些入会商家未缴纳会费的现象。绍兴城内的茶漆业便出现了这种情况,该业商人分为徽绍二帮,"其系吾徽入会有十三家,绍店入会只得七家。其于七家之中尚有二家,至今春被汪君查出,始再派钱。旧前二年,竟有入会而不派费之弊"。[④]

由于相关史料的缺乏,绍兴商会成立时,到底哪些行业加入了商会,现在已经无从得知。表2.1是笔者从绍兴商会档案的1912年之前文件中整

———————

① 应莉雅:《天津商会组织网络研究(1903—1928)》,第50—51页。

② 《山会全体洋药业说帖》,1910年11月26日,《绍兴商会档案》,绍兴市柯桥区档案馆藏,141-1-50。

③ 《会稽劝业所报告册》,汪林茂辑:《浙江辛亥革命史料集》第一卷,第35页。

④ 《徽商茶漆业说帖》,1908年4月,《绍兴商会档案》,绍兴市柯桥区档案馆藏,141-1-23(1)。

理的明确隶属山会商务分会(绍兴商会)的各行业的名单。

表 2.1  1912 年之前山会商务分会行业名单

| 箔业 | 南货业 | 油业 | 绸业 | 钱业 | 铜锡业 |
|------|--------|------|------|------|--------|
| 药业 | 鞋业 | 参药业 | 菜蔬 | 烟业 | 洋广货业 |
| 染业 | 首饰业 | 木业 | 米业 | 布业 | 典当业 |
| 花行 | 丝业 | 杂货店业 | 衣业 | 线业 | 酒业 |
| 茶业 | 油烛业 | 铜业 | 靛业 | 磁业 | 花炮业 |
| 纸锡业 | 煤炭业 | 肉业 | 洋药业 | 扇业 | 酱业 |

在山会商务分会的组织层次中,入会商家之上的是业董阶层。业董这一名目,在绍兴商会成立之前便已经存在。业董一般由缙绅充任,由于有士绅的身份,他们有权和地方官员晤谈,而作为行会的代表,则具有认可的职员身份,他们沟通上下,捉刀代笔,领取薪俸。[1] 由于业董可以从办理行业公务中获得收入,他们成了行会体制的既得利益阶层。《绍兴白话报》在绍兴商会成立之前,曾嘲笑箔业董事、米业董事以追营金钱为目的,"像箔业董事、米业董事,大家钻谋几个铜钱"。[2]

山会商务分会的业董由各业商家投票选举产生。这一点可以从茶漆业商人的说帖中得到应证:"商会此次照例选举业董,既已早凭投票矣。"[3]在选举业董时,山会商务分会要向各业商人分发选票和投筒,选举结束后,商人要"遵章呈交选票、投筒"。[4] 山会商务分会推行的业董选举制度,使部分行业的原有业董无法继续担任业董一职,丧失营利渠道,从而与原有的业董体制发生冲突。

洋药业业董杜鋆"捺票享利"的案例,清晰地展示了这种冲突。洋药业商号"向来俸请杜绅一人为董",加入商会后,各商家只是承担会费,"因陋就简,讫未更章,故不知选举业董为何事"。直到 1910 年,"方知历年奉发选举

① 彭南生:《行会制度的近代命运》,北京:人民出版社,2003 年版,第 39 页。

② 《议开商会》,《绍兴白话报》第 68 期。

③ 《徽商茶漆业说帖》,1908 年 4 月,《绍兴商会档案》,绍兴市柯桥区档案馆藏,141-1-23(1)。

④ 《恒丰等土店说帖》,1910 年 11 月 30 日,《绍兴商会档案》,绍兴市柯桥区档案馆藏,141-1-50。

票均被前董捺留"。于是该业商人遂另举他人，不再承认杜銮为业董。①

商会的业董负有交通官场，连联上下，办理官厅差务的责任，"吾业之有董事者，所以上达官场，下接商界，上下交通，庶无隔阂，所以吾业收缴各款，及按月册报各项，公事冗繁，均由官长移文责成董事办理"。② 此外，业董还有在商家发生纠纷时，负责调解纠纷，向商会代递说帖的职责。如 1910 年染业业董徐桂山认为调处纠纷是业董的职责，"其所以理处，系业董应尽之义务"。③现存的绍兴商会档案中的不少说帖就是业董代递的，如 1910 年一份绸业纠纷的说帖，便是业董代递的，"后街绸业董□子景君递来说帖一扣"。④

加入商会的每个行业均举有业董，这使得绍兴商会（山会商务分会）在各行各业都有了能打探消息、传递讯息的网络。业董群体的存在，使绍兴商会有一定的能力在商会社会的各个行业中进行"商业行政"，使商会有一定的能力去维护商民社会的基层秩序。不过，需要强调的是，当时的大部分行业均没有设立同业公会式的组织严密的行业组织，而且业董只有区区数名，所以绍兴商会在行业事务方面的行动力是有限的。

会董与总理属于山会商务分会的领导层，均由业董选举产生。会董在绍兴商会档案中又被称为"与议董事""议董"。商会在选举领导层时，先由业董选举会董，会董选出后，业董们再投票从会董中选举总理。1910 年旧历十一月的商会选举，即是遵行这一流程："提前于十一月初八日开会，先投票公举与议董事十三员，复于初八日开会，即与议董事十三员中公举总理。"⑤

商会总理自然是总理商会所有会务，由于会务繁重，且总理可能有其他职务，所以有时山会商务分会有"代办总理"一职。根据现有史料，1909 年、1910 年山会商务分会曾设置过"代办总理"，当时由会董陈维明担任。这是因为当时的总理钱静斋"系咨议局议员，逢开会时，必须赴局，恐于总理有旷

① 《山会全体洋药业说帖》，1910 年 11 月 26 日，《绍兴商会档案》，绍兴市柯桥区档案馆藏，141-1-50。

② 《山会全体洋药业说帖》，1910 年 11 月 26 日，《绍兴商会档案》，绍兴市柯桥区档案馆藏，141-1-50。

③ 《染业业董徐桂山说帖》，1910 年，《绍兴商会档案》，绍兴市柯桥区档案馆藏，141-1-50。

④ 《许克棠具说帖》，1910 年 12 月 16 日，《绍兴商会档案》，绍兴市柯桥区档案馆藏，141-1-53。

⑤ 《为递回总理会业清册三本》，1911 年 1 月 8 日，《绍兴商会档案》，绍兴市柯桥区档案馆藏，141-1-52。

职任",所以推举陈维明为代办总理,以维持会务。①

会董或者说议董的职务有二:一是参加年会,听取关于商会上年度开支的报告。这一点可以从上文提及的《试办章程》得到证明。二是参加特会,与总理及当事行业的业董一起调解商业纠纷。绍兴商会档案中保存的巨量说帖可为证据,很多说帖在结尾时,指明说帖是交给总理、会董(议董)的。"仰祈贵会总董大人暨诸议董大人主裁牒覆,照说存案。谨具说帖。"②"为此陈请总董大人暨诸议董大人,迅速察核,传令归给。"③

从表2.2中可以看出,在1909年选举出的商会领导层,总理与公董(议董)一共11人,均有功名在身,其中执业钱庄者最多,共有三人,执业布庄者次之,共有两人,其余茶栈、铜店、提庄等业,均只有一人。钱业议董人数最多这一情况,与绍兴钱业的发达相一致。

表 2.2　1909 年山会商务分会当选总理、议董名单④

| 职务 | 姓名 | 字号 | 籍贯 | 年岁 | 职衔 | 执业 | 住址 |
|---|---|---|---|---|---|---|---|
| 总理 | 钱允康 | 静斋 | 山阴县 | 62 | 五品封职 | 悦名茶栈 | 万安坊 |
| 议董代办总理 | 陈维明 | 和甫 | 山阴县 | 42 | 四品封职 | 陈裕昌铜店 | 朝京坊 |
| 议董 | 高鹏 | 云卿 | 山阴县 | 52 | 从九 | 保昌钱庄 | 九严西高 |
| 议董 | 郦銮 | 春融 | 山阴县 | 51 | 五品顶戴 | 天福丰布庄 | 昌安坊 |
| 议董 | 谢师锡 | 幼闺 | 山阴县 | 45 | 监生 | 易成银楼 | 菖蒲溇 |
| 议董 | 袁桢 | 瑞生 | 山阴县 | 42 | 监生 | 恒裕隆杂货栈 | 东光坊 |
| 议董 | 冯锺淇 | 纪亮 | 山阴县 | 39 | 布政使经历衔 | 开源钱庄 | 东浦 |

① 《为递回总理会业清册三本》,1911年1月8日,《绍兴商会档案》,绍兴市柯桥区档案馆藏,141-1-52。
② 《公信安等官炉说帖》,1910年11月10日,《绍兴商会档案》,绍兴市柯桥区档案馆藏,141-1-52。
③ 《陶逸诗具说帖》,1910年10月28日,《绍兴商会档案》,绍兴市柯桥区档案馆藏,141-1-53。
④ 《浙江绍兴府山会商务分会己酉年总理议董表》,《华商联合报》1909年第16期。

| 职务 | 姓名 | 字号 | 籍贯 | 年岁 | 职衔 | 执业 | 住址 |
|------|------|------|------|------|------|------|------|
| 议董 | 胡毓骏 | 秋田 | 山阴县 | 38 | 花翎五品衔<br>两淮盐大使 | 至善祥<br>提庄 | 万安坊 |
| 议董 | 陶恩沛 | 荫轩 | 会稽县 | 42 | 同知衔 | 陶泰生<br>布庄 | 西咸欢河 |
| 议董 | 马尔康 | 凤藻 | 会稽县 | 39 | 县丞职衔 | 泰安当 | 中望坊 |
| 议董 | 陈宰埏 | 秉衡 | 会稽县 | 34 | 五品衔<br>候选盐大使 | 乾泰钱庄 | 啸唫 |

毫无疑问,总理、会董、业董都是绍兴商界的精英分子。绍兴商会通过总理—会董—业董—入会商家这一结构,把商业精英从商界的各种角落筛选并组织起来,使这些商业精英具有了行动力。特别是通过商会内部的业董一职,绍兴商会基本上与绍兴城内的各行各业建立了联系。通过这一联系,一方面各业商人可将遇到的问题向绍兴商会反映,另一方面绍兴商会在遇到要事时,也可通过这一联系寻求各业商人的协作。

**二、清末市镇商务分所的建立**

绍兴商会在绍兴城中的组织体系的建成,使绍兴商会与城中各业商人声气相通,呼吸相应。但是,此时绍兴商会在各乡镇仍然没有建立分支体系,无法与乡镇中的各业商人建立便捷的联系。在绍兴商会的本体组织成立三年后,绍兴商会的乡镇分支组织——商务分所开始出现。乡镇商务分所的建立,使绍兴商会得以将乡镇商务精英网罗"入吾彀中",并将其触角伸向乡镇。

（一）乡镇分所的成立

绍兴商会的主体——位于绍兴城区的山会商务分会于1905年成立后,作为其分支机构的各乡镇商务分所,从1908年开始在各市镇陆续成立。首先申请建立的是位于安昌镇的安昌商务分所。

安昌商务分所的设立,与绍兴商会的推动有关。1908年4月22日,山会商务分会照会安昌镇商人,传达商部要求成立商务分所的政令。商部认为,一县之内仅仅设立一所商务分会,对推动商务发展,作用恐怕有限,要求各商务繁盛的乡镇设立商务分所。"奉商部札开……商会之设,所以联络商情,一县之大,地方辽阔,仅设一会,耳目难周,拟就各乡镇凡有商铺会聚之处……一体设立商务分所等情。"①

山会商务分会在照会中鼓励安昌镇商人建立商务分所,请他们开具分所领导人物"衔名、年籍、营业,并开办日期,送呈转报立案"。安昌商人接到照会后,便遵照要求,"选举各业董事",公举议董八名,举会董一人主持会务。安昌商务分所的筹备工作进展迅速,5 月 10 日安昌分所便把"所有各董衔名、年籍、营业,并现已入会各铺字号"缮就清册两本,送请山会商务分会转报立案。②

在安昌商务分所之后相继成立了孙端、长塘和斗门三个商务分所。孙端分所成立于 1909 年 5 月 30 日。孙端众商的呈文有这样一句话,"现遵奉设立商务分所,借以联络商情"。③ 由此句话,可以知晓这个分所是响应官厅政令成立的。长塘分所于 1909 年 9 月 29 日选举会董,正式成立于 1909 年 10 月 29 日。④ 斗门分所于 1909 年旧历三月公举会董,照章设立。⑤ 1910 年秋,伧塘、马山、柯桥三镇的商务分所成立。⑥

这些商务分所的成立,使绍兴商会形成了商务分会—商务分所两级系统,使绍兴城中的商务分会在离绍兴城较远的各市镇上有了可通声气的分支机构,使绍兴商会具备了一个覆盖绍兴县域的行动网络。

(二)商务分所的章程

这些清末建立的商务分所的章程,绝大多数都没能保存下来。在今天的绍兴商会档案中,只存有一份利用《柯桥商务分所公议试办章程》涂改而成的《陡亹商务分所简章》。⑦ 这份《陡亹商务分所章程》并不是斗门分所成

---

① 《安昌镇各业商人说帖》,1908 年 4 月 23 日,《绍兴商会档案》,绍兴市柯桥区档案馆藏,141-1-24。

② 《安昌商务分所报请立案》,1908 年 5 月 10 日,《绍兴商会档案》,绍兴市柯桥区档案馆藏,141-1-24。

③ 《山会商务分所牒请立案事》,1909 年,《绍兴商会档案》,绍兴市柯桥区档案馆藏,141-1-52。

④ 《会稽长塘商务分所为呈请事》,1910 年 10 月 20 日,《绍兴商会档案》,绍兴市柯桥区档案馆藏,141-1-52。

⑤ 《山会商务分会照会俞昭堂君》,1919 年 5 月 9 日,《绍兴商会档案》,绍兴市柯桥区档案馆藏,141-1-52。

⑥ 《绍属镇商会纷纷成立》,《申报》1911 年 2 月 9 日,第一张后幅第四版。

⑦ 《柯桥商务分所公议试办章程》,晚清,《绍兴商会档案》,绍兴市柯桥区档案馆藏,140-4-315。

立时拟定的章程,斗门分所成立于 1909 年,而柯桥分所成立于 1910 年秋,斗门分所的简章是绝对不可能根据柯桥分所的试办章程涂改而成的。这份斗门分所章程是 1912 年 1 月绍兴商会转报斗门分所人员更替情况时制作的。当时绍兴商会向上峰报告斗门分所人员更替情况,因为浙江官厅的前清档案在革命中损失殆尽,"省都督府无案可稽",无法完成既定手续,故而绍兴商会以柯桥分所的试办章程为底本,编造斗门分所章程一份,以便官厅备案。①

简章的底本《柯桥商务分所公议试办章程》虽被涂改,但是除个别字词因被墨水涂黑无法识别外,其内容基本上可以识别。该章程分为十章,共有二十九条。章程的前三章是关于名称、所址、会费的规定,不甚重要。后七章主要是关于各员职责、领导层选举、议事规则、调解商事纠纷等方面的规定。

各员职责:根据试办章程的规定,柯桥分所的领导层由"总董"和"与议董事"构成,两者之下是各业业董,此外分所还设有书记和司计。总董是"众商代表,领袖各员"。与议董事有提议、驳议之权,在商人之间发生冲突时"有临时调和之责"。业董有参加分所举办会议的权利,有向分所报告商情的义务。书记主管文牍,司计负责账目。②

选举:章程中规定,柯桥分所的总董和与议董事通过选举产生。"由全体商家投票公举总董一员",各与议董事"均于各业中秉公选举"。各董任期一年,"每年于正月大会更举一次"。如果与议董事产生缺额,那么便由得票"次多数者补之"。③

议事规则:柯桥分所的会议分为三种,即"常会""年会""临时会"。"常会"于每月旧历初二、二十六举行,会上主要讨论整顿商务之事。"年会"于每年正月举行,会议内容为清查上年账目,拟定当年预算表。"临时会"用于处理紧要事件或商业冲突。"常会""临时会"应提前三天通知各与议董事,"以免茫无头绪"。④

---

① 《绍兴山会商务分会为牒请事》,1912 年 1 月 23 日,《绍兴商会档案》,绍兴市柯桥区档案馆藏,140-4-315。

② 《柯桥商务分所公议试办章程》,晚清,《绍兴商会档案》,绍兴市柯桥区档案馆藏,140-4-315。

③ 《柯桥商务分所公议试办章程》,晚清,《绍兴商会档案》,绍兴市柯桥区档案馆藏,140-4-315。

④ 《柯桥商务分所公议试办章程》,晚清,《绍兴商会档案》,绍兴市柯桥区档案馆藏,140-4-315。

开会议事,须有一半以上的与议董事到场,方可开议。议事时,各董事不得依违两可,不得牵涉他事。如果对所议之事,会中各董"难以明言",便使用"机密投筒法"确定,准备黑白子两匣,由各位董事"各取一子投筒内,可者取白子,否者取黑子,投毕由首座取出,以多数决之"。如果对所议之事,各董事意见分歧较大,"竟有数议不决者",那么便先从多方案中选出两个,改日再开临时会议决。一些重大事项,需要得到三分之二以上的与议董事的同意,才能实行。这些重大事项有三类:甲,动用巨款;乙,谋退任义务各员;丙,更订本所章程。①

纠纷调解:与山会商务分会试办章程类似,柯桥分所的试办章程也规定,"不许以琐屑细故,遽请开会"。商人如欲分所理处纠纷,要先向总董递交说帖。如果总董同意理处,则邀集与议董事开会。如果是已经涉讼的纠纷,后来被分所理结的,柯桥分所即"函咨郡会,牒请销案"。如果纠纷为柯桥分所无法理处,须要官厅讯断的,那么就"转咨郡会,牒请核办"。除私人间的纠纷外,吵盘、紊乱行规之事,亦属于分所应该理处的范围。②

总的来看,柯桥商务分所的试办章程与山会商务分会的试办章程,基本上大同小异。

（三）乡镇商业精英的商会组织形式

各乡镇商务分所的组织结构,与绍兴城中商务分会的组织结构基本类似,只是职员称谓略有不同。山阴、会稽两县各商务分所的结构普遍是四级制,即入会商人、业董、议董、会董。虽然有一些分所在某一时期,不称其领袖为会董,而称总董、总理(比如,1911年的斗门、柯桥商务分所),但这种情况比较少,只可视为特例。以下为1908年安昌商务分所职员名单。

> 会董一员:
> 季爵乡　同知衔　年六十一岁　德昌钱庄股东
> 议董八员:
> 魏文选　同知衔　年五十岁　　恒孚钱庄股东
> 杨光照　同知衔　年五十岁　　益泰布庄股东

---

① 《柯桥商务分所公议试办章程》,晚清,《绍兴商会档案》,绍兴市柯桥区档案馆藏,140-4-315。

② 《柯桥商务分所公议试办章程》,晚清,《绍兴商会档案》,绍兴市柯桥区档案馆藏,140-4-315。

莫如澄　五品候选县丞　年三十五岁　利泉钱庄股东

姚养根　州同衔　年四十五岁　庆丰花行经理

谢世相　州同衔　年四十岁　正大米行股东

范景先　监生　年四十二岁　谦泰钱庄协理

俞文照　监生　年三十七岁　和成米行股东

关元渭　监生　年三十七岁　升源钱庄经理

业董十六员

钱业：

孟静波　德昌庄经理

宣子芳　谦泰庄经理

米业：

俞兰九　万泰行股东

施仁山　德盛行经理

花业：

倪绍渠　通裕行经理

郁佐泉　大隆股东

南货业：

邵溶川　汇昌股东

周维新　信昌股东

当业：

何敏华　义和经理

布业：

朱益堂　长升股东

油烛业：

章成福　老天泰经理

杂货业：

朱春林　源兴经理

绸业（附铜锡业）：

沈杏春　瑞元祥经理

茶漆业：

黄炳耀　亿隆股东

烟业：

徐仁齐　凤来昇股东

油车业：

徐敬之　福泰经理①

从安昌商务分所各董名单可知，安昌商务分所内部各董分为三个类型：会董、议董、业董。由上文的柯桥商务分所试办章程可知，柯桥分所内部董事亦分三个类型：总董、与议董事、业董。虽然名称不同，但是他们的结构是一致的。表 2.3 是 1910 年 10 月 18 日选举出的长塘商务分所职员的名单，这份名单中虽然只记录了会董和与议董事，但显然可以推测出，该分所的结构也应为会董、与议董事、业董、入会商人。

表 2.3　1910 年 10 月 18 日选举出的会稽县长塘商务分所职员一览②

| 姓名 | 年岁 | 籍贯 | 职衔/营业 | 字号 | 公选责任 |
|------|------|------|-----------|------|----------|
| 杜炎孙 | 35 | 会稽 | 同知职衔 | | 会董 |
| 宓德镖 | 66 | 会稽 | 药材 | 泰生 | 与议董事 |
| 樊光琳 | 55 | 会稽 | 南货 | 元昌 | 与议董事 |
| 张子臣 | 44 | 会稽 | 油烛 | 三阳 | 与议董事 |
| 郑藩 | 41 | 会稽 | 盐业 | 恒号 | 与议董事 |
| 屠田 | 38 | 会稽 | 烟业 | 仁和 | 与议董事 |
| 郑溥 | 38 | 会稽 | 酒酱 | 协盛昌 | 与议董事 |
| 罗云飞 | 34 | 会稽 | 米业 | 晋泰 | 与议董事 |
| 金体仁 | 31 | 会稽 | 米业 | 协兴 | 与议董事 |

绍兴城中商务分会的总董、议董、业董是城中商界的商业精英，乡镇分所中的会董、议董、业董则是乡镇商界的商业精英。乡镇各分所的建立，使城乡商业精英可以借商会的组织形式而组织起来，共同应付商业风潮，维护商业秩序。乡镇商业精英的组织化，使商业精英们有能力维护乡镇商界的经济环境，对经济生态的改善有一定的作用。乡镇分所的成立，扩大了绍兴商会的耳目，使绍兴商会可以将其触角伸向乡镇各业。

---

① 《安昌商务分所报告其各董衔名年籍营业》，1908 年 5 月 10 日，《绍兴商会档案》，绍兴市柯桥区档案馆藏，141-1-24。
② 《会稽县长塘商务分所职员一览表》，1910 年 10 月 18 日，《绍兴商会档案》，绍兴市柯桥区档案馆藏，141-1-52。

## 第二节　民初绍兴商会组织体系的发展

清末绍兴商会跨越城乡的组织体系建成后,绍兴商会的组织体系便基本定型,商会—行业的架构基本稳定。当然,基本稳定并不是说绍兴商会的组织体系无丝毫变动。事实上,进入民国之后,无论是城区商会本体组织,还是乡镇分支组织,均有变动。

**一、绍兴商会本体组织的变迁**

绍兴商会的名称进入民国后,先由"山会商务分会"变成"绍兴商务分会",后又变为"绍兴县商会"。其中的第一次变化,纯粹是名称的变化,第二次变化,则是绍兴商会按照官厅意志进行改组的结果。

在现存的绍兴商会档案中,绍兴商会直到 1912 年 3 月仍然在使用"山会商务分会"这一名称。3 月 27 日,杭州商务总会照会绍兴商会,要求将名称从"山会商务分会"更改为"绍兴商务分会","查公布官制施行法案,山阴、会稽并称绍兴县,请烦转饬各该分会遵照办理,以符法案"。[①] 在 1912 年 4 月之后的文件中,"山会商务分会"这一名称便再未出现。

官厅要求"绍兴商务分会"改组的命令,即"准农商部电开,《商会法》及《施行细则》经先后奉令公布,请饬各县分会一律依法遵限改组"云云,虽然于 1914 年 12 月即由绍兴县公署传达给绍兴商会,[②]但是绍兴商会是直到 1917 年的春天才完成改组。这次改组,使绍兴商会的名称由"绍兴商务分会"变成"绍兴县商会"。这一点,1918 年 7 月绍兴县商会呈报的商会会长高鹏的履历,可以为证:高鹏"民国三年春,因钱前总理病故,代理绍兴县商务分会总理。是年七月,被选为总理,复于六年春,遵章改组,续被选为绍兴县商会会长"。[③] 经过此次非正式的改组,实施总理制的"商务分会"变为实施正副会长制的"县商会"。

---

① 《杭总会转发斗门分所郭森美委任状》,1912 年 3 月 27 日,《绍兴商会档案》,绍兴市柯桥区档案馆藏,140-4-315。

② 《商会亟应改组》,《越铎日报》1915 年 1 月 3 日,第三版。

③ 《绍兴县商会呈送履历事》,1918 年 7 月,《绍兴商会档案》,绍兴市柯桥区档案馆藏,140-4-366。

　　1918 年 10 月,绍兴商会由高鹏、杨祚厚等 36 人再次发起改组,①组织选举会董、正副会长。1918 年 11 月 2 日,绍兴商会正式向绍兴县公署汇报改组情况。"前农商部咨行修正《商会法》及《施行细则》奉饬转行到会,遵经高鹏等发起,拟具章程,依法改组。"按绍兴商会的说法,这次改组本应早些进行,但是因为"柯桥与东关两处,争立商会,协议未能解决,致敝会亦延未呈报"。②

　　从现有的史料来看,绍兴商会本体组织与原各商务分所改组时间并不一致。在城区商会改组之前,东关镇商务分所便已经进行了改组。东关商务分所于 1916 年 6 月改组为"镇商会",此后多次与绍兴商会交涉划区而治。"窃敝会自五年六月依法改组一案曾荷转详,奉部核准,遵章部令,与城会协议区域。城会初则误会部文,答非所问,终则固执己见,不与妥商。"③柯桥改组较迟,直到 1919 年 8 月,即绍兴商会正式改组十个月后,才遵章改组。④

　　民国初年的改组,使绍兴商会在组织形式上面略微发生了一些变化。下列名单是 1918 年 10 月绍兴商会的选举结果。

　　　　会长一人:

　　　　冯锺淇,年四十九岁,绍兴县人,经理开源钱庄,前东合乡议事会会长;

　　　　副会长一人:

　　　　陈钧,年五十二岁,绍兴县人,酱业董事,开设豫泰酒栈,前清水乡议事会会长。


　　　　会董二十人:

　　　　冯敬纶,年四十五岁,绍兴县人,经理承源钱庄,前城议事会议员;

　　　　沈元麟,年四十三岁,绍兴县人,开设沈永和酒栈;

　　　　陶嘉舜,年四十七岁,绍兴县人,经理陈泰来布庄;

　　　　郦　均,年五十九岁,绍兴县人,经理天福丰布庄;

----

① 《绍兴县商会改组商会职员清册》,1918 年 11 月 2 日,《绍兴商会档案》,绍兴市柯桥区档案馆藏,140-2-733。

② 《绍兴商会公函商字第十五号》,1918 年 11 月 2 日,《绍兴商会档案》,绍兴市柯桥区档案馆藏,140-2-733。

③ 《函催商会速改组》,《越铎日报》1917 年 12 月 22 日,第三版。

④ 《柯镇商会成立记》,《越铎日报》1919 年 8 月 21 日,第三版。

丁列辰,年五十二岁,绍兴县人,开设丁裕昌扇庄;

莫应辰,年五十一岁,绍兴县人,经理同吉钱庄;

章　□,年四十八岁,绍兴县人,经理荣德典当;

袁　荃,年四十七岁,绍兴县人,经理同泰钱庄;

杨祚厚,年四十四岁,绍兴县人,开设元泰纸号;

钟敬祺,年四十六岁,绍兴县人,经理泰和升布庄;

金维翰,年四十八岁,绍兴县人,经理永兴顺煤油行;

余□元,年四十七岁,绍兴县人,经理□泰典当,前系□瑞乡议事会议员;

钱　霖,年四十六岁,绍兴县人,经理衍庆典当;

冯受谦,年三十五岁,绍兴县人,经理怡丰钱庄,商学毕业;

高增龄,年五十五岁,绍兴县人,经理源生茶漆号,孙端分事务所董事;

郭森美,年五十一岁,绍兴县人,经理福号昌南货号,斗门分事务所董事;

封祝尧,年四十八岁,绍兴县人,开设封禾记米行,马山分事务所董事;

韩懋文,年六十二岁,绍兴县人,开设承余绸庄,下方桥分事务所董事;

郑　垓,年五十二岁,绍兴县人,开设济和药号,伧塘分事务所董事;

陶冠经,年四十岁,绍兴县人,开设吉昌茶栈,汤浦分事务所董事。

特别会董四人:

高鹏,年六十一岁,绍兴县人,保昌钱庄股东、经理,前商会会长;

蔡元圣,年五十岁,绍兴县人,鲍景泰钱庄经理,前商会副会长;

陈宰埏,年四十三岁,绍兴县人,乾泰钱庄股东、经理,本届省议会议员;

陶传禔,年三十一岁,绍兴县人,陶泰生布庄东。

上述清册,列出了正副会长、会董、特别会董。除他们外,绍兴商会还包括各业会员和入会的各业商人。他们共同构成了绍兴商会的组织体系。如图 2.1 所示。

| 正、副会长 |
| 会董、特别会董 |
| 会员 |
| 入会商人 |

**图 2.1 绍兴商会组织体系**

这一组织体系,由四部分构成,即正、副会长、诸类会董、会员、入会商人。其产生次序是,商会向各业商人发放选举票,各行业选出各自的会员,会员再选举会董,再由会董选举正副会长。"上午九时召集全体新会员选举会董,下午一时由会董互选正、副会长。"①最后由诸位会董选举产生特别会董。②

在这一结构中,最特殊的是会董这一阶层,会董分为普通会董与特别会董,普通会董分为"城区会董"和"乡会董"。城区会董由城区各业会员选举产生。"乡会董"由各分事务所董事长充任,"乡镇分事务所董事长,即本会会董"。③ 1918 年选举时,县商会共有六个分事务所,共有六名乡会董。此时柯桥分事务所因为尚未正式改组,所以乡会董中无柯桥商业领袖。1920年 10 月绍兴商会再次选举时,沈赞臣作为 1919 年成立的柯桥分所的董事长,便担任了绍兴商会的乡会董职务。④ 通过将这些分事务所的董事长吸纳为会董,绍兴商会试图与各分事务所建立更为紧密的组织联系。

"特别会董"由会董选举产生,1918 年选举产生的四位特别会董:高鹏、蔡元圣、陈宰埏、陶传缇,他们"主持会务,已历有年,众望式孚,群情咸仰"。高鹏是前任会长,蔡元圣是前任副会长。特别会董扮演的是顾问的角色,"终始匡扶",使绍兴商会"凡遇事,有所遵循进行"。⑤

由于组织类档案的缺失,关于民国后绍兴商会下辖行业种类、数量的准确信息,现在已经不得而知了。表 2.4 中的名单,是笔者根据绍兴商会一次摊派公债的文件整理而成的,从中可以大概看出民国时期的绍兴商会到底下辖哪些行业。

---

① 《绍商会选举会长》,《越铎日报》1918 年 10 月 17 日,第三版。
② 《商会改选后之第一次职员会》,《越铎日报》1918 年 11 月 2 日,第三版。
③ 《商会会员新题名》,《越铎日报》1920 年 10 月 19 日,第三版。
④ 《商会会员新题名》,《越铎日报》1920 年 10 月 19 日,第三版。
⑤ 《绍兴商会公函商字第十三二四号》,1918 年 10 月 31 日,《绍兴商会档案》,绍兴市柯桥区档案馆藏,140-2-733。

表 2.4　民国时绍兴商会下辖行业

| 钱业 | 当业 | 布业 | 铜锡业 | 东山纸业 |
|------|------|------|--------|----------|
| 绸业 | 水果业 | 箔庄业 | 丝业 | 提庄业 |
| 油烛业 | 鞋业 | 镬厂业 | 木业 | 米业 |
| 纸业 | 烟业 | 线业 | 油行业 | 参业 |
| 药业 | 杂货业 | 酱园业 | 衣店业 | 条铁业 |
| 广货业 | 箔铺业 | 茶食业 | 酒业 | 华舍绸业 |
| 轮船公司 | 电话公司 | 电灯公司 | 嫁妆业 | 茶漆业 |
| 花炮业 | 瓷器业 | 南货店业 | 南货栈业 | 首饰业 |
| 坛业 | | | | |

民国初年绍兴商会的改组,对商会的组织结构只是进行了极细微的调整(增加了特别会董),商会与行业的联系、沟通仍然只是依靠区区数名业董去推动行业事务的进行。商会介入行业性事务的能力仍然薄弱。由于业董往往无力应对行业事务,所以当时出现了被举业董避不就位的现象。绍兴箔庄业事务繁多,选举业董,被举者总是推诿逃避。"箔庄业事务繁多,交涉迭出,故该业对于业董一席,无不推诿。本届商会改选,各箔庄接到选举票后,因时局多故,办理更难,故尤为冷淡。"①

**二、绍兴商会各分所的发展**

**(一)旧分支机构的盛衰及新分支的建立**

那些建立于清末时期的各市镇商务分所,到了民国初年,有的趋于衰落,甚至停办;有的虽一度衰落,但又复振,以绍兴商会分事务所的名义,继续开办;有的商务分所,则升级成了独立的"镇商会",与绍兴县商会划区而治,平起平坐。同时,在绍兴县域内,仍有新的商会分支机构在市镇上建立。

到了民国初年,那些设立于清末时期的市镇商务分所,很多走向衰落。设立于 1909 年的长塘商务分所,一直面对着经费不足的问题。各店对于应交会费,"初尚托故拖延,继而群起效尤,以致经费无着"。1920 年该机构被"就地朱某无端将会中器具、陈式捣毁一空",最终宣告停办。②

比起长塘分所,设立于 1908 年的安昌商务分所的境遇要悲惨得多。该

---

① 《箔庄业孕育新董事》,《越铎日报》1924 年 10 月 7 日,第六版。
② 《长松乡近事一束》,《越铎日报》1922 年 3 月 1 日,第三版。

分所进入民国之后,竟然从来没有运行过。虽然曾有商人于1919年谋划重新组织,但因油业代表和前分所会董徐某的反对而失败。而徐某之所以反对重新组织,是因为安昌分所有三百余十元丈洋存放在他的手中,他担心一旦安昌分所复立,分所便会向其索款。①

斗门和柯桥两个商务分所属于先衰弱、后振兴的典型。斗门商务分所在郭森美掌事时一度形同虚设。郭森美沉溺赌色,不管理商务,"凡遇商界有事,或在私邸评议,类皆无效",以致该镇分会"虽有若无,形同虚设"。② 后来该会于1923年重新选举,选举陈曰沅为领袖。陈曰沅对"该镇商务及地方公益,热心整顿,不遗余力"。③ 一年之后,斗门分所的会务便焕然一新,"绍兴斗门镇商会,自改选陈曰沅氏为董事长以来,积极进行,办事井井有条,毫不紊乱"。④

柯桥商务分所进入民国后,曾经一度停办,"柯镇商务殷繁,地方辽阔,原有商务分所,自奉部令改组,停顿至今"。⑤ 其实柯桥分所的停顿,不仅与改组有关,还与柯桥时任会董蒋介臣有关,"柯镇商会,自蒋介臣接任会董后,对于公务,不加问闻,所收商会及冬防等费,又称作别用。而各商铺,均不服于心,烦言啧啧"。⑥ 后来蒋介臣一命鸣呼,众商推举绅商沈赞臣为会董,并遵章于1919年改组为分事务所,柯桥商会才重新振作,"绍属柯桥商会自改组以来,经会长、会员等悉心整顿,各业之款项纠葛者,力主和平解决,□誉卓著,有口皆碑。是以旧岁加入该会者,有酱园、锡箔、水果等计,共三十一业"。⑦

---

① 《安昌镇商会尚虚》,《越铎日报》1920年5月29日,第四版。

② 《陡亹商会之黑幕》,《越铎日报》1920年7月24日,第四版。

③ 《斗门商会之近讯》,《越铎日报》1923年4月3日,第三版。

④ 《斗门商会改选记》,《越铎日报》1924年10月18日,第六版。要注意的是,此时的斗门商务分所已经改组为分事务所,这则新闻中"斗门镇商会"的提法,实际上是对"绍兴县商会斗门分事务所"的非正式称谓,意思是设在镇上的商会。在正式的文书中,"镇商会"是高于分事务所的、与县商会平起平坐的商人组织,即如下文中的与绍兴县商会划疆而治的"东关镇商会"。

⑤ 《柯桥镇分事务所呈送名册》,1919年12月2日,《绍兴商会档案》,绍兴市柯桥区档案馆藏,140-4-374。

⑥ 《新选柯镇商会董》,《越铎日报》1920年12月22日,第三版。

⑦ 《柯桥商会新年会》,《越铎日报》1922年2月21日,第三版。《越铎日报》在这里指称的"会长",是当时绍兴民众对分事务所董事长的一种通俗称呼。当时绍兴商会各分事务所的领袖,在正式公文中,均被称作"董事长"。

这一时期,东关商务分所由绍兴商会下辖的商务分所,升级成了与绍兴商会并势而立的"镇商会"。① 东关分所之所以能升级成"镇商会",固然与其商务繁荣有关,但实际上在其中起决定性作用的是行政长官的意志。

东关镇的市面虽然繁荣,但较当时被称为绍兴商务首镇的柯桥镇仍略逊一筹,"柯镇市场之繁盛,实为全县各镇之冠"。② 当地的谚语"金柯桥,银东关",③生动地说明了这一点。当 1914 年 12 月末绍兴官厅命绍兴商会依照新公布的《商会法》和《商会法施行细则》进行改组后,主要就是柯桥与东关争立"镇商会"。④ 按照商务之兴繁,柯桥分所升级为"镇商会"的可能性更大。但是因为当时的县知事宋承家,在绍兴商会内部就改组事宜尚未取得一致意见的情况下,径直报告上级官厅东关商会将改组为"镇商会","既未待城会改组,又不令其先事协商,遽为呈转",使柯桥商会无法再争设"镇商会"。⑤ 显然,使东关商会由"分所"升级为"镇商会"的决定性因素,是时任知事的宋承家的个人意志。

东关商会升级为"镇商会"后,便与绍兴商会平起平坐,划疆而治,并在各种商务上与绍兴商会切割。经过协商,绍兴商会同意,将"啸唫、道墟、富盛、陶堰、曹娥五区划出",隶属于东关镇商会。⑥ 绍兴商会与东关镇商会在商务上的切割,不妨以印花税的征管来做说明。当时绍兴商会每年向县公署认销一定数额的印花税票,东关分所升级成镇商会后,绍兴商会便要求东关镇商会分担一部分认额,"缘东关已成立商会,曾称商务繁盛,自应于划定

---

① 在当地报刊史料中,"商会"是对商务分会、商务分所、县商会、县商会分事务所、镇商会这些商人组织的笼统称呼。柯桥商务分所或者柯桥分事务所,在报刊中均有被称作"柯桥商会""柯桥镇商会"的情况。在法律层面,柯桥的商人组织并非"镇商会",只是绍兴县商会下辖的一个分事务所。

② 《绍兴县商会关于设立镇商会的复函》,1919 年 4 月 16 日,《绍兴商会档案》,绍兴市柯桥区档案馆藏,140-4-374。

③ 傅建祥:《人文旅游研究》,北京:中国旅游出版社,2010 年版,第 225 页。完整的谚语是"金柯桥,银东关,铜安昌",柯桥、东关、安昌三镇,为旧绍兴县的三大市镇。

④ 《商会亟应改组》,《越铎日报》1915 年 1 月 3 日,第三版。

⑤ 《绍兴县商会关于设立镇商会的复函》,1919 年 4 月 16 日,《绍兴商会档案》,绍兴市柯桥区档案馆藏,140-4-374。

⑥ 《绍兴县商会关于设立镇商会的复函》,1919 年 4 月 16 日,《绍兴商会档案》,绍兴市柯桥区档案馆藏,140-4-374。

区域,与城会分成认购"。①

而在旧分所或浮或沉的同时,在绍兴县域内,建立市镇商会的行动仍在继续。1919年绍兴的一处名为阳嘉龙的市镇筹设商会。同年,绍兴商会会董施枚臣在姚家埭邀集各商铺筹设商会组织,②最后建立了绍兴商会姚家埭分事务所。1915年绍兴盛产丝绸的齐贤乡下方桥也成立了分所,不过该分所直到1918年才宣布正式成立并运行。"绍属齐贤乡下方桥商务分会自创设以来,三载于兹,虚名徒拥,成绩毫无。兹有胡士雄、叶秋田、沈秋荣、鲁幼忠发起,于七月一日改设西院梅花间为事务所开正式成立会。"③

进入民国后,绍兴商会原有的各商务分所,有的衰弱停办;有的作为绍兴商会的分事务所,继续存在;有的升级为镇商会,取得与绍兴商会平起平坐的地位。同时,新的分支机构也在市镇上建立。总的来说,绍兴商会的分支机构还是呈增加趋势的,这无疑进一步扩大了绍兴商会的耳目。

(二)分事务所的组织结构

经过民国初年的改组,绍兴商会下属的市镇分支机构以"分事务所"的形式存在,比如原柯桥商务分所此时的正式称呼为"绍兴县商会柯桥镇分事务所"。那么,各分事务所的组织结构如何呢?从史料来看,民初的分事务所的组织结构与清末的商务分所的结构类似,也是四级结构:入会商家、业务会员、评议会员、会董和董事长。

| (晚清)商务分所组织结构 | (民初)分事务所组织结构 |
| --- | --- |
| 会董 | 董事长、会董(副董事长) |
| 议董(与议董事) | 评议会员 |
| 业董 | 业务会员 |
| 入会商家 | 入会商家 |

**图2.2 (晚清)商务分所与(民初)分事务所组织结构对比**

① 《绍兴商会公函商字第二十九号》,1919年5月15日,《绍兴商会档案》,绍兴市柯桥区档案馆藏,140-4-380。
② 《商务分所开会记》,《越铎日报》1919年12月24日,第三版。
③ 《下方桥商会成立》,《越铎日报》1919年7月3日,第四版。

## 1919 年绍兴县商会柯桥分事务所职员名册①

董事长一人:沈傅贻,年四十五岁,绍兴县人,经理恒和米行;

会董一人:王泗磬,年三十二岁,绍兴县人,经理永康钱庄。

评议会员十二人:

俞衡甫,年五十五岁,绍兴县人,柯镇商务所议员、开泰乡议会议长;

朱绎轩,年三十岁,绍兴县人,经理永源钱庄;

冯子仪,年四十岁,绍兴县人,开松堂药号;

裘星联,年三十九岁,绍兴县人,裘正昌烛号;

谢容甫,年三十八岁,绍兴县人,经理长源泰米行;

柳霭轩,年四十七岁,绍兴县人,开正泰杂货号;

曹久峯,年三十一岁,绍兴县人,经理元隆成南货号;

沈耀庭,年四十一岁,绍兴县人,经理大丰米行;

高荣甫,年五十岁,绍兴县人,经理德茂当;

吴炜庭,年四十九岁,绍兴县人,经理万通米行;

季如鹤,年四十八岁,绍兴县人,开季宏兴花布行;

茅百成,年三十九岁,绍兴县人,经理协成烧酒行。

钱业会员一人:阮元奎,年六十八岁,绍兴县人,经理成泰钱庄;

典业会员一人:陈明德,年四十岁,绍兴县人,经理德余当;

西路米业会员一人:吴炜庭,年四十九岁,绍兴县人,经理万通米行;

乡货业会员一人:周泗锦,年五十岁,绍兴县人,经理源裕米行;

白米业会员一人:冯瑞庭,年四十七岁,绍兴县人,开万成米行;

赍袋业会员一人:黄燮堂,年四十二岁,绍兴县人,开万和袋店;

杂货会员一人:谢顺斋,年五十四岁,绍兴县人,开大昌杂货号;

肉业会员一人:胡锦堂,年五十四岁,绍兴县人,开新源茂肉店;

木业会员一人:沈尧臣,年五十岁,绍兴县人,经理震济木行;

花布业会员一人:陶馥堂,年三十七岁,绍兴县人,开陶万丰花

①　《柯桥分事务所呈具清册》,1919 年 8 月,《绍兴商会档案》,绍兴市柯桥区档案馆藏,140-4-795。

布行；

　　油烛业会员一人：谢宝裕，年四十八岁，绍兴县人，经理戴宏昌烛号；

　　首饰业会员一人：陈连生，年四十岁，绍兴县人，经理三多银楼；

　　药业会员一人：孙宪章，年五十六岁，余姚县人，经理松年堂药号；

　　茶漆业会员一人：黄元耀，年四十八岁，绍兴县人，开德茶漆号；

　　碾米业会员一人：叶锦福，年三十岁，绍兴县人，经理顺发厂；

　　茶食业会员一人：杨吉云，年五十二岁，绍兴县人，开杨乾珍茶食号；

　　烧酒业会员一人：杨介甫，年五十九岁，绍兴县人，开裕昌烧酒行；

　　染业会员一人：罗璋瑞，年四十一岁，绍兴县人，经理胡德懋染坊；

　　五金业会员一人：盛邦佐，年五十岁，绍兴县人，经理一新五金店；

　　油车业会员一人：王楚生，年四十九岁，绍兴县人，经理振源油车；

　　纸业会员一人：潘德懋，年三十七岁，绍兴县人，经理裕泰昌纸店；

　　南货业会员一人：曹久筝，年三十一岁，绍兴县人，经理元隆成南货号；

　　冶业会员一人：李保卿，年四十八岁，绍兴县人，经理恒增镀厂；

　　磨坊业会员一人：章益堂，年四十九岁，绍兴县人，经理元润昌磨坊。

在上述名单中，有董事长一人，会董一人，评议会员十二人，钱业、典业等会员二十四人。绍兴商会档案中保留的这份名单的不足之处，是没有说明这二十四名各业会员的正式称谓。这一缺憾，可由《越铎日报》1924 年 10 月 12 日对柯桥分所改选所做的新闻报道来弥补。这篇报道中有这样一句话："兹将当选各业业务会员姓名抄录于下。"可见，"各业会员"的正式称谓应该是"业务会员"。① 柯桥分所这份名单中的"会董"一职，姚家埭分事务所称之为"副董事长"，②其实名异实同。分事务所领导层的选举，是先由各业商家选举各业的业务会员，然后由各业的业务会员选举评议会员，再由评议会员选举董事长和会董。③

_____

① 《柯桥商会选举职员记》，《越铎日报》1924 年 10 月 12 日，第六版。
② 《商务分所开会记》，《越铎日报》1919 年 12 月 24 日，第三版。
③ 《柯桥商会选举职员记》，《越铎日报》1924 年 10 月 12 日，第六版。

### (三)乡镇分事务所与县商会的关系

从柯桥分事务所的结构可以看出,这个分所的结构相当完备,似乎可以自成一体。那么这里便有一个问题,分事务所与县商会之间的关系是怎样的呢?对这个问题,笔者是从组织与业务两方面来进行考察的。

#### 1.组织关系

各分事务所作为绍兴县商会的分支机构,要向县商会交纳一定的会费。1920年的姚家埭分事务所预算案中有"城商会津贴四十五元"名目,[①]这笔支出即是姚家埭分所向绍兴商会交纳的会费。

各分事务所的选举,受到绍兴县商会的制约,无法任意举行。未能争到设立"镇商会"资格的柯桥分事务所,因为隶属绍兴商会,所以其选举要按照绍兴商会章程进行。"我柯镇,上年不能如东关之捷足,立为分会,致□属于绍商会为分所。举凡内部组织,当根据该会法规以行之。"[②]具体来说,绍兴县商会对分事务所选举的制约,第一体现在选票上,第二体现在选举日期上。

分事务所无自制选票之权,须向绍兴县商会请领。当柯桥分事务所董事长沈赞臣以两年任期已满,要求改选时,他是请求绍兴县商会发给选举票,而不是由柯桥分所自制选票。"柯镇商务分所,自八年秋改组以来……应行改选,送请城商会发给选举票。"[③]

分事务所无自由选择选举时期之权,其选举须与县商会改选同步进行。1921年7月,柯桥分所董事长沈赞臣请求绍兴县商会下发选票以便改选时,绍兴县商会复函,"各分所职员任满,应与本会职员任期一致",[④]其改选应"依法须明年旧历八月,与城会一律改选"。[⑤] 此外,如果分事务所职员更替,其更替情况由绍兴商会转呈绍兴县公署。[⑥]

#### 2.业务关系

各隶属于绍兴商会的市镇分事务所,与城区绍兴商会的本体,作为一个

---

① 《商务分所常会记》,《越铎日报》1920年1月21日,第三版。
② 《乡商会挽留会董》,《越铎日报》1921年8月19日,第三版。
③ 《商会董任满辞职》,《越铎日报》1921年7月31日,第三版。
④ 《乡商会挽留会董》,《越铎日报》1921年8月19日,第三版。
⑤ 《商会董任满辞职》,《越铎日报》1921年7月31日,第三版。
⑥ 《绍兴商会公函商字第一一〇号》,1920年1月6日,《绍兴商会档案》,绍兴市柯桥区档案馆藏,140-4-384。

整体,共同完成商事活动。比如,在印花税征管中,各分事务所就作为绍兴商会的一部分,从县商会的认额中分认一部分作为自己的认额。即如柯桥分事务所自称的,"敝分所为合镇商铺所组织,附属贵会,则凡商铺应用之印花,自应由贵会派销"。①

各分事务所还是县商会分摊政府公债的对象。1920年8月,绍兴商会被县公署派摊有奖实业债券125张。县商会拿到摊派的公债后,转手再将债券分摊给柯桥分所,"贵镇商业繁盛,□承大力提倡,销数必有可观,用特寄奉债券十张,计额面银一百元"。②

### 三、绍兴商会的外联

与天津商会等一样,绍兴商会并非孤立的组织,它有一个外联网络。当然,这个外联网络的范围殊难判断,笔者根据1920年绍兴县商会启用新钤记时绍兴商会通知的对象,来判断外联网络的大体范围。③ 如表2.5所示。

表 2.5　绍兴商会外联范围

| 全国 | 全国商会联合会 |
|---|---|
| 总商会 | 上海、宁波、杭州、吉林总商会 |
| 县商会 | 上海、建德、兰溪、丹阳、平湖、金华、诸暨、上虞、於潜、常山、分水、海盐、桐庐、萧山、余姚、新昌、嵊县、无锡县商会 |
| 镇商会(省外) | 江苏奉贤县庄行镇商会、吉林吉林县乌拉镇商会 |
| 镇商会(省内) | 杭余两县瓶窑镇商会、海盐县沈荡镇商会、象山县石浦镇商会、定海县沈家门镇商会、诸暨县枫桥镇商会、萧山县义桥镇商会、萧山县瓜沥镇商会、上虞县百官镇商会、绍萧临浦镇商会 |
| 官员 | 绍兴县知事;统捐、电报、酒捐、缉私、督销、硝矿局局长;水上警察队长;警察所所长 |

表2.5中列出的是与绍兴商会有较密切关系的正式组织,其实在绍兴商会运作过程中,绍兴商会还常常通过非正式的人际关系网络来达成其目标。1915年在钱江义渡经费七千元生息一案中,财政厅将钱江义渡局公款

---

① 《柯桥分所关于警所派销印花函》,1920年5月22日,《绍兴商会档案》,绍兴市柯桥区档案馆藏,140-4-391。

② 《绍兴商会送柯桥实业债券函》,1920年8月24日,《绍兴商会档案》,绍兴市柯桥区档案馆藏,140-4-392。

③ 参见:《绍兴商会公函》第九至五十八号,《绍兴商会档案》,绍兴市柯桥区档案馆藏,140-4-384。

七千元交予绍兴典当业,要求以八厘利率生息。因为绍兴典当业取息"较他处为微,除去开支,实无八厘之息可计",所以各典当均不愿领存。当时的绍兴商会会长高鹏便通过私人关系,请一位友人游说财政厅长,"于谒见厅长时,婉达下情"。①

绍兴商会通过这一外联网络,来完成其既定的目标。首先,绍兴商会通过外联网络与其他商会相互联系,来处理跨地区商业纠纷。绍兴祥顺生铁号在上虞百官镇设立分号经营煤油、洋铁等物,1915年上虞公署误以为绍兴祥顺生铁号是牙行,要求其百官分号领取牙帖,缴纳税款。绍兴祥顺生铁号便通过绍兴商会,将其并非牙行,并不领取牙帖的事实告之官厅。

其次,绍兴商会通过外联网络与各级官厅取得联系,争取官厅在某些事情上的扶助。比如在绍兴米商购运米粮的过程中,绍兴米商常常通过绍兴商会向官厅求助。1910年一些商人集资到江西买米,然后贩往绍兴,担心途中遭遇各地方官员扣押,便通过绍兴商会将情况禀明浙江抚、藩二宪,请求发给护照,以资保护。浙江巡抚接到禀词后,"分札布政司、劝业道,转饬杭嘉湖金衢严等府遵照,凡遇米商运济本省,勿复禁阻"。② 可以说,到江西办米这件事能够办妥,绍兴商会的外联网络起到了重要作用。

再次,绍兴商会还通过这一外联网络,与外地工商团体,就一些互相关心的政策问题交换意见。1917年旧绍兴府属八县商会,就牒文上须贴印花一事,相互联络,召开八邑联合讨论大会,"以便对付而利推行"。③

此外,绍兴商会常常通过外联网络(特别是绍兴在外地的同乡组织),来争取绍兴的地方公共利益。1922年绍兴遭遇重大水灾,"被灾之广,损失之大,实驾他县全邑之上"。绍兴商会与绍兴县知事便电请上海绍兴同乡会援助,"乞顾念桑梓,迅筹接济,仁盼鸿慈"。④ 1922年绍兴面临军队过境,人心惶惶,绍兴商会便请求上海绍兴同乡会施以援手。后来,在绍兴同乡会的干预下,官兵秩序平稳,绍兴商民未受惊扰,绍兴商会特地致电同乡会表示感谢:

---

① 《高鹏函》,1915年11月,《绍兴商会档案》,绍兴市柯桥区档案馆藏,140-4-358。
② 《为各处采办米石即准就近禀府填给护照由》,1910年4月8日,《绍兴商会档案》,绍兴市柯桥区档案馆藏,无编号。
③ 《诸暨商会致山会商会函》,1917年12月12日,《绍兴商会档案》,绍兴市柯桥区档案馆藏,140-4-364。
④ 《绍属各县电告灾情》,《申报》1922年9月5日,第四张(十三)。

　　绍兴旅沪同乡鉴：

　　潘师回防过绍,经军政机关遵照省令派员沿途照料,秩序整齐。昨由田陈二代表晋省接洽,结果圆满,饷项照发,地方安谧。谨电告慰,并告宁波同乡会为感。

绍兴商会。沁。①

　　显然,商会外联网络的存在,使绍兴的商业精英能够利用外界的资源来实行自己的"商业行政",扩大了绍兴商会的行动能力。

### 四、绍兴商会的官商中介性

　　现有史料表明,清末民初的绍兴商会,在政商秩序中扮演了一个很重要的中介角色:商会把官厅(政治社会)的指令向商民社会传达,甚至有的时候还会承担官厅命令的执行工作;在下达官厅命令的同时,绍兴商会还把商民的意见向官厅转达。

　　绍兴商会之所以能够起到通官商之邮的作用,能够成为政商秩序的重要基础,这首先是因为绍兴商会领导层的绅商性质。如本章第一节所列1909年山会商务分会当选总理议董名单中可知,当时绍兴商会的领导成员多有功名在身。这些有功名的商人,具有亦商亦绅的身份。士绅的身份使他们能够与官亲近,商人的身份又使他们熟悉商情。这样绅商领导下的绍兴商会,便能够在官商之间起到桥梁作用。

　　另一个使绍兴商会能够游走于官商之间的因素,是商会的法定团体身份。从目前的史料来看,绍兴商会最为显著的组织属性是它的法定团体的身份。在现存的史料中,商会往往被称作法团,即如《越铎日报》的如下报道:"昨绍兴县知事函知绍兴县教育会、商会、农会开联合会,各法团遂于昨日午前各推出代表八人,假座县自治办公处开联合会。"②在这则新闻中,商会、教育会、农会都被称作"法团"。这个"法团"是"法定团体"的简称,时人有时也会用"法定团体"来称呼绍兴商会:"惟案关国家国法,商会为法定团体,理应开会集议,呈请官厅核办云。"③

　　表面上看,法定团体的身份平淡无奇,但这是绍兴商会与越社这样的地方团体的最显著区别。越社是绍兴地方人士组织的社团,有自己的章程,有

---

①　《关于浙局之昨讯》,《申报》1922年9月30日,第三张(十)。

②　《绍兴各法团覆卢督军电》,《越铎日报》1921年8月1日,第三版。

③　《商会集议限制铜元办法》,《越铎日报》1922年8月4日,第三版。

正副社长、评议员等一系列职员。① 但是越社不是法定团体,越社成员曾清楚地说明越社不具备法团身份:"越社为地方绅商组合,原非正式法团。现在改革以后,地方事务均有法团负责办理,本社似无存在必要。"②

具备法定团体身份的,除了商会外,还有教育会、农会、议会、参事会。以下是1924年《越铎日报》对萧山各法定团体的调查。

> 兹将各法团现状汇录如下:
>
> 县议会:本年开会,虽有常会暨临时会等名目,而到会议员,往往不足法定人数,盖以东南两乡议员,各挟私见,竟无全体出席之日,是以对于地方兴革事宜,殊鲜建树之议,而所议各案,亦多悬而不决,如此代表人民,恐非人民所能满意者也。
>
> 县参事会:参事会经任满,县会改选,竟无产出,以致该会有名无实,而教育局董事,亦因之而搁置。
>
> 县教育会:教育会自去冬争长风潮演成武剧后,迄今绝无解决方法,竟成停顿,亦无开会提议教育上进行之举矣。
>
> 县商会:该会于去秋亦以陈汤两派争选会长之事发生,未曾改选。现在旧会长陈葆孚虽表示辞职,各业董纷纷挽留,从中又有陈湘帆、张敬修呼声极高之改选,恐亦难成事实。
>
> 县农会:该会自三年前改选周铭慎充会长后,不闻有建设农务及开会研究之举,殊属有名无实。③

在这则报道中,不仅是商会、教育会、农会被称作法定团体,县议会、县参事会这样的具有一定统治色彩的政治机构也被称作法定团体。之所以如此,这是因为商会、议会、参事会这些"团体"都是依据国家的专门法律而设定的。像绍兴县参事会,就是根据1919年公布的《县自治法》及《县自治法施行细则》而设立的。《绍兴县参事会办事规则》明文专定:"本规则依县自治法第四十六条之规定定之。"④而绍兴商会存在的依据则是清末民初国家颁布的《商会简明章程》《商会法》之类的专门法规。

除了依据专门法规设立之外,绍兴商会作为法定团体,其内部的组织变

---

① 《越社简章》,时间不详,《绍兴商会档案》,绍兴市柯桥区档案馆藏,140-4-287。
② 《越社会议记录》,1927年,《绍兴商会档案》,绍兴市柯桥区档案馆藏,140-4-287。
③ 《各法团现状调查》,《越铎日报》1924年9月1日,第七版。
④ 《绍兴县参事会办事规则》,《越铎日报》1922年6月26日,第三版。

动也要依照《商会法》而进行。绍兴商会的会员一定要是商号的股东或经理,这便是根据《商会法》而实施的。1920年绍兴商会理处恒豫泰经理、司账舞弊案,经理赵恒甫矢口否认其为恒豫泰经理,商会会长冯纪亮以《商会法》诘问,"冯会长诘以依照《商会法》第六条,关□会员之资格,以公司商店股东或经理人为限,尔(指赵恒甫,下同)果非经理,何以七年改选时,该业公举尔为商会会员?赵恒甫俯首无词"。裁定赵恒甫舞弊后,绍兴商会又依据《商会法》裁定赵恒甫已经丧失会员资格,"冯会长以赵恒甫前既由该业公举为会员,按照《商会法》第七条,该会员已丧失赀格,应否即时除名,抑召集全体会员开会后,再行宣告除名。赞同后说者居多数"。①

绍兴商会作为法团,依法设立,依法运行,其存在和运作都强烈依赖国家,显然绍兴商会与国家之间先天地具有一种密切关系。这使绍兴商会天然地要去维护国家的利益,要为国家说话,执行国家的政令。而绍兴商会这个法团,又是绍兴商人的法定团体,是商人的社团组织,代表着商人的利益。这样,法定团体的身份,使绍兴商会与官与商都有密切联系,使商会较容易地扮演通官商之邮的角色。

综上所述,创立于清末的绍兴商会,将绍兴商界精英筛选、组织起来,使商业精英们具有了一定的行动能力。通过城区的业董,绍兴商会与城区各业建立了联系。通过乡镇分所,绍兴商会与乡镇商界建立了联系。绍兴商会还具有一个庞大的外联网络。这些都极大地增强了绍兴商会的治理能力。

---

① 《绍兴商会临时会记事》,《越铎日报》1920年4月27日,第三版。

# 第三章　绍兴商会与微观经济秩序

绍兴商会(山会商务分会)的建立,使绍兴的商业精英获得了较为严密的组织形式,使他们具有一定的行动力,堪以应商人之请而奔走。"商人重利轻别离",利益永远是商人的第一推动力。商人向绍兴商会求助,都是因为利益:或者是自身利益受到了损害,请求商会出面维持;或者是自己在追求利益扩张的过程中遇到了阻碍,请求商会帮忙排除阻力。

对绍兴商会而言,它帮助商人解决利益问题,并不是去直接介入商人的经营活动,更不是去越俎代庖地帮助商人管理商铺,而是为商人提供秩序服务——为商人提供良好的经济秩序和优良的市场环境。

商界由商人个体组成,这些个体在他们的经营领域从事货殖、借贷活动:卖出货物,收回货款;借出钱款,收到利息和本金。在理想的经济秩序中,货物与钱款顺畅地流转,不会发生卖出货物却收不到货款的情况。然而,现实的情况往往不尽如人意。商人的货款很可能会遭到恶意拖欠,贸易过程很可能会被各种天灾人祸打断,借出去的钱款有可能无法收回。当这些事项发生时,我们说微观的经济秩序出现了问题。

当微观经济秩序由于钱债纠纷而被破坏时,需要有人出面对钱债纠纷进行调处,促使纠纷双方达成和解,恢复货物、钱款的顺畅周转。当时的绍兴商会正是调解钱债纠纷、恢复经济秩序的重要力量。

## 第一节　调解纠纷的组织分工

调处、解决钱债纠纷,是设立绍兴商会的目的之一。1905 年绍兴官绅筹设商会的时候,绍兴地方人士就把调解钱债纠纷作为即将成立的商会的职责。当时《绍兴白话报》的记者写道:

> 我只听得这边讲到账,那边吃官司,这边敲竹杠,那边托教民,闹个不了,闹得一场糊涂账。到底是赔铜钱,明亏不受,也受暗亏。倘把商会立起来,那里还会有这种事呢?①

绍兴商会(山会商务分会)成立后,在其章程中明确将调解商业纠纷作为职事。《试办章程》规定,如果商人交易发生纠葛,商人可以随时向商会呈递说帖,"由总董请该会业董,并一面传集两造,或邀集同业,秉公理断"。如果案件先已涉讼,后由商会理结,商会即移咨地方官销案。商会"议理不决,须地方官讯断者,即咨请地方官核办"。后来,绍兴商会在《续拟试办章程》中对"理案"职能作了一定的扩充,主要是增加了直接牒官的规定。"凡合股经营商业,或借人资本,如有暗蚀资财,私携银钱货物,托名亏折倒闭,一经被累人控诉,即请移县勒限提追。""或避不到案,即请查封家产备抵,一律公摊,至负欠钱财货债为数甚巨者,比照此条酌核办理。"②

绍兴商会作为法定团体,有一套组织体系。绍兴商会依靠其自身的组织体系,有分工、有组织地应付绍兴商界的各种钱债纠纷的。一方面绍兴商会设立了理案员与调查员这样的专职理案人员,另一方面商会的会董、业董等成员也参与解决纠纷。

### 一、理案员、调查员与商事公断处

根据档案材料可以知道,起初绍兴商会是通过设置"理案员"与"调查员"去处理商业纠纷的。表 3.1 是笔者整理的一些纠纷的专职理案员、调查员名单。

---

① 《商家太驽下》,《绍兴白话报》第 75 期。
② 《山会商务分会续拟试办章程》,汪林茂辑:《浙江辛亥革命史料集》(第一卷),第 188 页。

表 3.1  理案员、调查员名单

| 案件 | 档案号 | 理案员 | 调查员 |
| --- | --- | --- | --- |
| 顾培恒与孙祥泰纠纷案 | 141-1-42 | 张芝帆 | 胡秋田 |
| 申屠芝兰欠债案 | 141-1-23(1) | 陈顺斋 | 袁瑞生 |
| 控骗仁泰南货栈案 | 141-1-23(1) | 平永生 | 冯德斋 |
| 沈谢氏控谢燕祥案 | 141-1-23(1) | 胡秋田 | 高云卿 |
| 喻春荣控郎小槎案 | 141-1-23(1) | 朱理声 | 陈秉衡 |
| 泰孚栈被周国芳负欠案 | 141-1-24 | 朱理声 | 陈秉衡 |
| 王奎林吞珠花案 | 141-1-24 | 袁瑞生 | 陈顺斋 |
| 华章与单雨田担保货款事 | 141-1-24 | 谢幼甫 | 陈和甫 |
| 华章与单雨田担保货款事 | 141-1-24 | 胡秋田 | 高云卿 |
| 地棍冯玉爱扰乱经营案 | 141-1-23(1) | 平永生 | 冯德斋 |
| 徐文瑞与王永潮纠纷事 | 141-1-42 | 马凤藻 | 袁瑞生 |
| 衍庆当控傅子庚兄弟盗取当物案 | 141-1-42 | 高云卿 | 陈和甫 |
| 徐桂芬控汪阿昌案 | 141-1-51 | 谢□兰 | 袁瑞生 |
| 汪竹香追李如瑞票款案(1910年) | 141-1-51 | 冯纪亮 | 金秩卿 |
| 汪竹香追李如瑞票款案(1915年) | 141-1-51 | 陶隆轩 | 冯□□ |
| 墨润堂与稣济钱庄纠纷案 | 141-1-51 | 冯纪亮 | 金秩卿 |
| 王福昌须头店被俞仁泰强搬货物一案 | 无编号 | 陈柯樵 | 陈和甫 |
| 震元庄倒闭负欠案 | 141-1-50 | 郦春融 | 马凤藻 |
| 震元庄倒闭负欠案 | 141-1-50 | 陈秉衡 | 高云卿 |

　　档案材料显示,大部分的案件,只有一对理案员和调解员,但也有一些案件有不止一对理案员和调查员。比如震元庄倒闭负欠案,档案材料先是写着理案员、调查员分别是郦春融和马凤藻,后来又写理案员、调查员分别是陈秉衡与高云卿。在商会档案中,直到1915年仍然可以找到理案员与调查员名目,笔者推测这两个名目应该在商事公断处设立之前一直存在。

　　到了20世纪20年代,绍兴商会设立了调处商业纠纷的专门机构——商事公断处。商事公断处的设立,应该是1923年11月之后的事情,因为1923年11月7号的《越铎日报》还只是报道绍兴商会即将设立公断处:

　　　　绍兴县商会自去岁迁新会所后,即拟组织商事公断处。嗣因改选会长,即将此事搁置。现闻商会董陶思成、陈震麟等提议组织商事公断处,聘请律师陈逸舟为仲裁人,又会中设评议及调查各职员,不久将实行成立云。①

虽然由于史料的匮乏,我们现在已经无法知道理案员、调查员、商事公断处的具体工作方式,但商会设置了专门的"理案"人员是显而易见的。

## 二、会董、业董与分所

除了"理案员""调查员",商会中的会董、业董也会参与纠纷的调解。此外,绍兴商会在乡镇的分支——各分所也会介入纠纷的调解过程。

### (一)会董

《试办章程》规定,遇有纠纷,"由总理请该会业董,并一面传集两造,或邀集同业,秉公理断"。② 此处虽然未提及次于总理(总董、会长)的会董(议董)会参加评议,但无论是档案材料,还是报刊材料,都显示商会在评议纠纷时,会董(议董)这一群体是必须邀请的。

在汪竹香与李如瑞的纠纷中,汪竹香把即将跑路的李如瑞扭送商会,"要求速为评议"。绍兴商会见此情形,只得召开评议会。商会在开会前,在汪氏的说帖上写了如下批语:"容邀请议员开议,尔等姑且静候。"③这里的议员,即是指商会的议董(会董)。显然,绍兴商会的评议会,是必须有议董参加的。

1927年永康储和钱庄与绍兴祥和钱庄发生交涉,以下为参加评议的人员的名单:

> 临时主席冯虚舟君(许剑秋君代)
> 孙少轩君、高云卿君、刘悦臣君、丁星阶君、冯德哉君、刘璞臣君、徐昇荣君、梁禹九君、杨福重君、陶仲安君、黄秋谭君、冯纪亮君、周子京君(马谟臣君代)、方文荫君④

下面是1926年商会换届选举时推举出的会董名单:

---

① 《商会将设公断处》,《越铎日报》1923年11月7日,第三版。
② 《山会商务分会试办章程》,汪林茂辑:《浙江辛亥革命史料集》第一卷,第186页。
③ 《汪竹香具说帖》,1910年5月1日,《绍兴商会档案》,绍兴市柯桥区档案馆藏,141-1-51。
④ 《公议储和等庄交涉事》,《绍兴商会议事录》,1927年5月30日,《绍兴商会档案》,绍兴市柯桥区档案馆藏,140-2-729(1)。

冯虚舟、陈秉彝、陈秉衡、冯德哉、杨亢宗、丁星阶、金秩卿、沈墨臣、冯纪亮、郦春融、陶仲安、徐鼎荣、方文荫、朱济川、寿芝田、高联芳、孙子嘉、王维贤、马玉龄、孟子卿、许剑秋、梁禹九、周子京、胡梅炫、俞守成[①]

两相比较,可知上文参加评议会的人员中,冯虚舟、丁星阶、冯德哉、梁禹九、陶仲安、冯纪亮、周子京、方文荫等人都是商会会董。

除了参与评议外,有时会董还在商会的指派下,在评议会场之外对纠纷进行调解。1911年油烛业同业因新开业的鸿鼎昌烛号降价吵盘而发生纠纷,烛业董事要求商会调解。但是鸿鼎昌烛号主人乃是徐叔荪(即徐锡麟之弟徐锡麒),徐家家大业大,其势力在绍兴盘根错节。绍兴商会建议不要开会,派会董去劝说徐锡麒停止吵盘,"开会恐生意见,容派议员婉劝"。[②] 后来在商会会董的劝说下,徐锡麒停止了低价销售的行为。

### (二)业董

业董是绍兴商会调解钱债纠纷的重要帮手,被商会委以调查案情、公估货值等重任。

第一,调查案情。张子泉声称张如川欠其钱款,向张如川的亲兄张杏川索要,双方相持不下,由山阴县知事照会绍兴商会调处。商会处理这个案件时,其调查工作正是由业董完成的,南货栈业业董向商会报告说:"此事已经遍询同行,阖云如川与子泉交往生意,杏川不知其事。"[③]

第二,公估货值。不少纠纷需要估计货物价值,而要正确估计某行业货物的价码,非由熟悉该业行情之人操刀不可。对于绍兴商会来说,业董无疑是合适的选择,业董既是一个行业的领袖,熟悉该业行情,又在商会的组织体系中,商会方便调动。

1913年的李清控义生线店朱阿根负欠不还一案,需要估计货值,绍兴商

---

① 《商会选举会董》,《申报》1926年11月9日,第三张(九)。1927年商会改组前,其会董仍是1926年推举的原班人马。

② 《杨文标具说帖》,1911年8月17日,《绍兴商会档案》,绍兴市柯桥区档案馆藏,141-1-56。

③ 《张子泉与张杏川案》,1910年11月29日,《绍兴商会档案》,绍兴市柯桥区档案馆藏,无编号。

会便请线业董事照近来市上柜价公估。① 1911 年评议戚同德等庄追张茂林货洋案,张茂林欠戚同德等钱庄贷款,不得不用货物抵还部分欠债。而要以货抵债的话,便需要估计货物价值,绍兴商会便请衣业董事担任此项工作。②

第三,场外调解。有很多评议会场无法和解的纠纷,绍兴商会会委托业董在场外继续调解。上文提及的张子泉向张杏川索要欠款一案,在评议场中纠纷双方未能达成和解,绍兴商会便委托南货栈业、南货店业两业业董继续调解,"托南货栈、店董会同调处后,来会报告,再行核办"。③

第四,参与评议。从《山会商务分会试办章程》可以知道,商会开会调解商业纠纷,业董是邀请对象。在商会档案中可以发现大量业董参加评议的材料。业董在评议会场,一方面向商会负责评议纠纷之人提供自己知道的关于该案的信息,另一方面向商会提供行规这类"行业性知识"。

在同福绸庄与前伙友顾仲生发生的纠纷中,同福指责顾仲生违规放账,致使所放贷款无法收回。绸业业董徐保麟在会场向商会报告,顾仲生是把同福的贷款放给了他的亲戚。"据业董徐保麟君说:顾友所承认四百余元之放账,询系至戚赊去,应当由顾友收还。"④业董徐保麟在此处是把自己知道的案情报告商会。

除了报告案情外,业董还负责向商会提供行业性知识。商会参加评议的人员,虽然是商界中人,但隔行如隔山,对于其他行业的行业习惯,难免有不甚了解之处。评议场中的业董,熟悉本业行规,可以有效地弥补其他评议人员缺乏相关行业性知识的问题。1917 年天成等箔庄与高阿毛、高阿齐兄弟因买卖点铜发生纠纷,天成等庄向高氏兄弟付款购买点铜,但到交货日期高氏兄弟却拒不交货,而且在评议现场高氏兄弟还反称是他们向天成购买点铜。在会场,箔业业董胡梅炫向负责评议的商会会长高云卿报告箔业交易习惯:"高会长明知蛮言难讯,问箔业业董。据云敝业买卖向无成票,无论茶馆、酒肆,亦可成交,百余年之习惯,毫无违约食言之弊。此次天成等庄与

---

① 《绍兴县商务分会照会绍兴县初级审判厅》,1913 年 5 月 4 日,《绍兴商会档案》,绍兴市柯桥区档案馆藏,140-4-324。

② 《山会商务分会为牒覆事》,1911 年 1 月 20 日,《绍兴商会档案》,绍兴市柯桥区档案馆藏,141-1-53。

③ 《张子泉与张杏川案》,1910 年 11 月 29 日,《绍兴商会档案》,绍兴市柯桥区档案馆藏,无编号。

④ 《同福绸庄与顾仲生账款交涉》,1910 年 11 月 27 日,《绍兴商会档案》,绍兴市柯桥区档案馆藏,141-1-53。

高阿毛、高阿齐抗缴之费,请会长整顿,以维商情、习惯等语。"①

综上可见,业董群体作为绍兴商会组织体系中的"第三等级",他们为商会的"理案"承担了大量的工作,是绍兴商会各种调处手段得以实施的重要助手。

**(三)分所**

绍兴商会下辖的分布于各市镇的商务分所(民国时期改名为"商会分事务所"),使绍兴商会的组织体系扩展到各市镇。众多分所的存在,使得绍兴商会在理处乡镇商人的纠纷时,有了可以凭借的力量。各乡镇分所也是绍兴商会处理纠纷的工具。

第一,调查案情。1910 年的柯桥镇乾大米行向汤浦镇泉源润米号追款一案,是由柯桥镇商务分所先把案情调查清楚,"分所派员调查,事系实在",再牒请绍兴商会理处。②

第二,调处纠纷。分所作为"市镇级商会",本身拥有调处商业纠纷的法理依据。绍兴陡亹商务分所的简章中便有调处纠纷的条文:"各业冲突,欲开临时会集议者,须据实开具说帖,陈由总董酌阅事由,如应集议,则开会理处,或先已涉讼,后由本所理结者,即行具禀销案。"③

各分所在自己调处纠纷的同时,也会接受绍兴商会的委托去调处纠纷。1915 年绍兴城恒升烟业行要求绍兴商会理处其与孙端镇项兰生的钱债纠纷,绍兴商会接到说帖后,即致函孙端分所,请其理处此案,"据帖前情,合亟函请贵分所就近迅邀项兰生到会,理令如数克日清偿,以重商本而挽刁风"。④ 几天之后,孙端分所把理处的情况函报给绍兴商会,对绍兴商会的嘱托作了了结。⑤

显然,绍兴商会是有分工、有组织地去处理商界的钱债纠纷的,从某种意义上说,这是绍兴商会的组织性的体现。除了有组织地处理钱债纠纷,作

---

① 《点铜业会议纪闻》,《越铎日报》1917 年 12 月 29 日,第三版。

② 《为柯桥乾大米行追汤浦泉源润米店货款事》,1910 年 11 月 16 日,《绍兴商会档案》,绍兴市柯桥区档案馆藏,141-1-50。

③ 《陡亹商务分所简章》,1912 年,《绍兴商会档案》,绍兴市柯桥区档案馆藏,140-4-315。

④ 《绍兴商会公函商字第一百十四号》,1915 年 7 月 24 日,《绍兴商会档案》,绍兴市柯桥区档案馆藏,140-4-352。

⑤ 《孙瑞商务分所公函》,1915 年 8 月 10 日,《绍兴商会档案》,绍兴市柯桥区档案馆藏,140-4-352。

为国家法定团体的商会,绍兴商会还是有步骤地,依照一定程序地去处理纠纷的。

## 第二节　绍兴商会的"查案"手段

要想恰当地实现纠纷的理处,必须明了纠纷的详情。要弄清纠纷的来龙去脉,必须采用一定的调查方法。绍兴商会一般是通过派员调查、核算簿据,并根据商业规则来确定纠纷各方的权利与责任的。

**一、派员调查**

为了弄清案情,以便公正、合理地处理钱债纠纷,绍兴商会会派出专门人员,对案件进行调查。以下是商会派员调查案情的案例。

例一:罗源利号漆店租屋纠纷案。绍兴柯桥镇罗源利号漆店,租用杨姓公产房屋一间。杨姓以租屋经界问题,向罗源利号漆店交涉,其实意在加租。双方先是对簿公堂,后由官厅照会绍兴商会理处此案。为了处理此案,绍兴商会派员到柯桥进行调查,"此案经本会集询两次,复又下乡调查密勘,其中情形早窥底蕴"。①

例二:同昌酒酱分园酒货盗卖案。绍兴同昌酒酱分园,从王恒丰酒坊买酒一百二十坛,可是这批酒在运输途中,被负责运货的船户钟如灿盗卖。为此,同昌酒酱分园经理请求商会向钟如灿追款。绍兴商会接到说帖后,认为同昌的陈词可能有不实之处,"大庭广众,粗笨之物,遽敢谋串盗卖,所言恐不近情况。埠船装载,□必非遥,何致日久始知,其中必另有纠葛"。② 于是,绍兴商会便委托靠近事发地点的孙端商务分所进行调查,"照请孙端分所调查确切"。孙端分所"当经派员调查,确系钟如灿私行盗卖"。③

例三:越安轮船肇事案。1924 年 12 月 20 日,越安轮船公司航船在绍兴柯亭水面与一货船相撞,货船当即沉没,船上装载之锡箔损失达一万五千元

---

① 《柯镇戴恒丰等店具说帖》,1909 年 5 月 19 日,《绍兴商会档案》,绍兴市柯桥区档案馆藏,141-1-42。

② 《诸桂堂具说帖》,1907 年 7 月 4 日,《绍兴商会档案》,绍兴市柯桥区档案馆藏,141-1-42。

③ 《孙端商务分所致山会商务分会函》,1909 年 7 月 8 日,《绍兴商会档案》,绍兴市柯桥区档案馆藏,141-1-42。

之多。事故发生后,越安公司与绍兴箔业在法院互相控诉,对簿公堂。12 月 22 日,绍兴商会派人与越安公司、箔业两方代表一起到柯亭调查"究竟腾凤撞沉航船是否有意,及箔块损失实数,俾资调解"。①

## 二、核算簿据

商号的簿据是商号各项收支的记录。通过核算簿据,商会可以清晰地算出当事各方的钱债关系,商会还可以通过簿据来判断商号职员是否有舞弊行为。因此,绍兴商会特别重视簿据。

绍兴商会在受理纠纷时,有时会特别嘱咐当事人把簿据带到评议会场。绍兴商会在决定受理张义昌箔铺控诉俞福禄、林守钦欠款案时说,"容定期邀到俞福禄、林守钦来会集理,该号须随带簿据来会,以便核议"。② 在决定受理阜昌米行股东纠纷时,绍兴商会也是要求带上簿据,"须即详细陈具说帖,再行传集两造,检齐簿据,以便核议"。③

通过簿据,绍兴商会查清了不少案件,解决了不少纠纷。

例一:裘廷良与金厚康纠纷案。裘廷良与金厚康合伙经营一家银炉房,金厚康欺负裘廷良不识字,在簿据中上下其手,侵吞公款。后来东窗事发,双方先是在县法院打官司,后法院把案件批给绍兴商会理处。绍兴商会通过核算簿据,确认了金厚康侵吞公款的事实,"查看簿籍,收付多有不实,且有假立名户等事,舞弊吞款,业已显见"。④

例二:吴阿德与王元益纠纷案。吴阿德称王元益欠他二十余元,王元益称吴阿德欠他二十余元,双方不能相下,因此成讼。⑤ 绍兴商会接手后,召集双方开会评议,当面核算簿据,确定"吴阿德实欠王元益钱二十六千有零",而吴阿德所称王元益向其借款"事属子虚"。确定了负欠关系后,商会又经过一番说合,使纠纷双方达成和解。⑥

---

① 《越安轮肇祸后之交涉》,《申报》1924 年 12 月 24 日,第三张(十)。

② 《张义昌箔铺说帖》,1911 年 8 月 2 日,《绍兴商会档案》,绍兴市柯桥区档案馆藏,141-1-56。

③ 《金舫洲具说帖》,1909 年 3 月 3 日,《绍兴商会档案》,绍兴市柯桥区档案馆藏,141-1-53。

④ 《商会彻查糊涂账》,《越铎日报》1913 年 1 月 11 日,第三版。

⑤ 《会稽县照会山会商务分会》,1908 年 4 月 26 日,《绍兴商会档案》,绍兴市柯桥区档案馆藏,141-1-24。

⑥ 《山会商务分会为牒覆事》,1908 年 5 月 13 日,《绍兴商会档案》,绍兴市柯桥区档案馆藏,141-1-24。

### 三、参考商业规则

如果说核算簿据确定的是钱债纠纷中的实然状态,那么绍兴商会通过商业规则确定的就不仅是实然的事实,还包括应然的是非对错,甚至还有纠纷的解决办法。

第一,确定事实。恒泰盛丝行由周子康等人合股经营,由于各种原因,经营惨淡,负欠各钱庄贷款。周子康身故后,各钱庄向周家讨要欠款,周子康之妻田氏声称周子康的股份已经转给谭子腾,拒绝了钱庄的归款要求。后来绍兴商会开会评议,周家的代表在会场虽然坚持周子康股份已经转到谭子腾名下,但不能提供并股契约。绍兴商会认为,根据商业习惯,商场合并股本,一定要写立契约,因而拒绝承认周家所称的股本已经转移的说法。"会中以商业习惯,将店股归并或分拆,必有契约。周姓既无可证明之契约,众皆不能承认。"[①]显然,绍兴商会在评议过程中,是根据合股的商业习惯来判断周子康是否退股这一实然问题。

第二,确定应然问题。1914年绍兴恒成油行和恒泰油坊向兰溪的庆丰、王顺昌等商行购办柏油、茶油、桐油等货物,可是运输这些货物的船只在途中遇风沉没,恒成、恒泰向兰溪各供货商理论,兰溪各商都推诿于天灾,不愿负责,负责运输的船户也推三阻四,置之不顾。恒成、恒泰认为,根据商业习惯,"凡属运寄货物,应负完全责任,必待运送交卸,方能脱离关系",兰溪商人的行为显然背离了商业习惯,请求绍兴商会介入。[②] 绍兴商会认同恒成、恒泰的说法,认为兰溪商人应该负有责任,"查该行所购之货,虽在途遭水,而货未交到,在原行自难脱离关系",将此案移送兰溪商会,请兰溪商会调解。[③]

因为商业规则如此重要,在一些纠纷中,两造会就商业规则本身发生争论,甲说商业习惯如此,乙言商界习惯如彼,这时商会要先确定商场惯例到底如何,才能确定谁是谁非。

1910年墨润堂书庄与稣济钱庄之间的纠纷即是如此。墨润堂与敬敷学堂交易有年,五月初一日中午有人冒称墨润堂伙友到敬敷学堂收账,敬敷学堂即付给稣济钱庄五月初五日期签,傍晚墨润堂发觉有人冒收货款,即至稣

---

① 《丝行倒闭交涉记》,《越铎日报》1915年11月9日,第三版。

② 《恒成恒泰具说帖》,1915年5月4日,《绍兴商会档案》,绍兴市柯桥区档案馆藏,140-4-353。

③ 《绍兴商会公函商字第六十二号》,1915年5月4日,《绍兴商会档案》,绍兴市柯桥区档案馆藏,140-4-353。

济钱庄查询,结果发现钱款已被取走。

墨润堂认为,穌济钱庄提前支付五月初五日才到期的期票,违背钱业行规,"查签票未到期,例不能贴现。此钱业之向章也。然亦偶有贴付者,必素所熟识,或有切实保证",要求穌济照数赔偿。①

可是穌济钱庄认为按照钱业行规,期票即使未到日期,钱庄也可以贴现,因此穌济的做法并不违规。"按敝业习惯,通例向有先期贴现名目,如华舍、本城贴现营业者同一例也。"②

在这种情况下,绍兴商会就得先确定到底钱业定章是如何规定的。绍兴商会认为钱业定章并不禁止提前贴现期票,"若论钱庄本签贴现洋,比比皆然,即使别庄之签,只究照准,无论其日期远近,亦无不准贴现之例"。因此,穌济钱庄并无过失。③

第三,根据商业规则确定赔偿办法。商界对于钱债等纠纷的理处,实际上早已形成一套大家都默认的办法。绍兴商会在评议纠纷的解决办法时,会自觉地援引这些习惯。

例一:按股听偿的习惯。绍兴地区盛行合股经营,按照商界习惯,合股商号盈亏均要按照股份多少在股东间分摊,"合股营业,盈亏按股照听"。④在阜昌米行股东纠纷中,阜昌内部股东之间有纠纷,而在其外部,阜昌还欠慎康钱庄银洋一千五百元。绍兴商会按照商场中按股分派的习惯,要求阜昌股东按股份多寡,偿还慎康欠款,成功调解纠纷。⑤

例二:航运遇有事故成案。1910年绍兴同昌油行和景昌烛店托绍兴临浦镇孔正裕过塘行运货,孔正裕把货物交给船户沈阿二运送,可不想沈阿二的航船在半途突然沉没。绍兴商会考虑到船户并无偷漏行为,就按照"途中遇有事故,以作三股听认"的固有办法,将损失的货值"二百卅二元五角,作

①　《墨润堂书庄具说帖》,1910年6月15日,《绍兴商会档案》,绍兴市柯桥区档案馆藏,141-1-51。

②　《穌济钱庄具说帖》,1910年6月24日,《绍兴商会档案》,绍兴市柯桥区档案馆藏,141-1-51。

③　《墨润堂书庄具说帖》,1910年6月15日,《绍兴商会档案》,绍兴市柯桥区档案馆藏,141-1-51。

④　《震和丝行经理杨锦三具说帖》,1913年1月28日,《绍兴商会档案》,绍兴市柯桥区档案馆藏,140-4-320。

⑤　《金舫洲与马仲岩交涉案》,1909年5月6日,《绍兴商会档案》,绍兴市柯桥区档案馆藏,141-1-53。

三股派,每派洋七十七元,议令同昌、景昌认一股,孔正裕认一股,船户沈阿二认赔一股"。①

## 第三节　绍兴商会的调解程序

根据绍兴商会档案中所保存的商事纠纷类材料,大致可以知道典型的纠纷调解过程可以分为以下阶段:评议前阶段、评议阶段、评议后阶段。

### 一、评议前阶段

#### (一)呈递说帖

商会启动调解程序的第一个环节,是商人向商会递交要求调解的说帖。下面是清末聚泰米行呈递给绍兴商会的一篇说帖,其中的"局"指的是绍兴商会。

> 具说帖。
> 聚泰米行经理杨吉甫,住柯桥镇。为背欠图赖,屡约不偿,敬请饬传究追事。
> 窃在柯镇开设聚泰乡货米行,有距柯十余里州山村之吴四二,其在本村开设吴恒生字号米铺,来行交易,除收过,该洋一百六十一元零,屡向索取,初则诱约,应期则避匿不面,延宕至今,及中秋时,又向索取,正值遇面,不但不清还该款,甚至一味蛮言,以致口角争闹之际,行伙遭其殴辱。是此目无法纪,将何以安市业而肃商界?况其家尚小康,实属有意图赖,为此迫请贵总董大先生暨议董诸君鉴核,迅赐饬传吴四二到局,议令清还,以儆习风而杜野蛮,实为德便。
> 光绪三十四年九月初八日②

商人要在说帖中写明自己的姓名、职业以及纠纷的具体内容,然后将说帖呈递给商会。在说帖的最后,常常盖上商号的书柬,显得异常郑重。根据现存的档案材料,我们可以知道,商人或是自己直接向绍兴商会呈递说帖,或是请业董、会董等商会"成员"代为呈递。

---

① 《议结同昌、景昌追沈阿二沉没桐油事》,1910年12月2日,《绍兴商会档案》,绍兴市柯桥区档案馆藏,无编号。

② 《聚泰米行经理杨吉甫具说帖》,1908年10月2日,《绍兴商会档案》,绍兴市柯桥区档案馆藏,141-1-24。

第一,自行呈递。这是指商人自己把拟好的说帖交给商会。在清末的同源钱庄股东纠纷案中,同源钱庄的经理莫雨辰便是自行呈递说帖的:"莫雨辰递来说帖。为同源股东王辅庭背议负欠一案迄未事结,请即定期集议事。"①民国初年安昌乾泰祥米行股东纠纷案,股东兼经理的周锡龙也是自己向绍兴商会呈递说帖:"安昌乾泰祥米行经理周锡龙递来说帖。为行伙孙廷秀负款搬米交涉事。"②

第二,请业董、会董代递。在绍兴商会档案保存的众多说帖中,有相当多的部分是由业董或会董等"商会领导层成员"代商人呈递给商会的。

在1908年的同仁泰与泰孚的纠纷中,泰孚请南货业业董代递说帖:"南货业董交到说帖一件。为泰孚栈被周国芳负欠桂圆预支洋银,久催不还一案。"③1911年益康丝行与机户发生纠纷,其说帖即是由丝业董代递。"丝业董递到益康丝行说帖一扣。为追宋家溇机坊金阿坤、金有法付票不解之洋三百三十二元事。"④

1908年诚大药材行被虞蔡金、杜志荣负欠账款,其说帖由会董与该行经理、伙友共同递到商会。"本年二月初八日,敝会据药业会董偕诚大药材行经伙前来陈递说帖。"⑤1909年锦成丝行遭人诈骗,由商会会董高鹏(字云卿)代递说帖,"高云卿君递到锦成丝行"。⑥

第三,绍兴商会下辖分所代递。在档案中还存由绍兴商会下辖的分所代商人呈递说帖的情况。1910年马山镇商人范晓岚与人发生纠纷,纠纷先由马山分所理处,分所调解无效后,范晓岚便拟具说帖,请绍兴商会公评。范晓岚的这件说帖是由马山分所代递的,"马山分所递来恒昌丰杂货店东范

---

① 《莫雨辰具说帖》,1910年11月8日,《绍兴商会档案》,绍兴市柯桥区档案馆藏,141-1-53。

② 《周锡龙具说帖》,1915年6月,《绍兴商会档案》,绍兴市柯桥区档案馆藏,140-4-350。

③ 《李荫堂具说帖》,1908年8月21日,《绍兴商会档案》,绍兴市柯桥区档案馆藏,141-1-24。

④ 《益康丝行具说帖》,1911年1月25日,《绍兴商会档案》,绍兴市柯桥区档案馆藏,141-1-23。

⑤ 《绍兴山会商务分会为呈请提追事》,1908年3月12日,《绍兴商会档案》,绍兴市柯桥区档案馆藏,141-1-23。

⑥ 《锦成丝行具说帖》,1909年6月28日,《绍兴商会档案》,绍兴市柯桥区档案馆藏,141-1-49。引文中数字,由商会职员用小字写于锦成丝行说帖纸边的空白处,虽然不构成完整的语句,但该帖由高鹏代递这一情况已属显然。

晓岚说帖一扣”。①

　　对于那些未加入商会的商人,如果其说帖是由"商会成员"代递的,那么商会便极有可能受理他的纠纷。本来按照绍兴商会的规定,商会不会替外商人调解纠纷。《续拟试办章程》规定,商人有不入会的自由,"倘小本营生,如有不愿入会注册者,亦听其便"。但是不入会的商人,如果有事请商会相助,商会是不预其事的,"惟有事时如来会者,一概拒绝"。② 1909 年阜昌米行股东纠纷案,阜昌米行并未入会,但该行股东金舫洲控诉另一股东马仲岩的说帖,是由"商会成员"代递。绍兴商会接到说帖后,在说帖的空白处写有批语:"查该卿既不入会,又不叙明地址,未便理处。但既由孙君与复泰庄代递本会,姑不限定畛域。须即详细陈具说帖,再行传集两造,检齐簿据,以便核议。"③显然,绍兴商会本来是不愿意理处阜昌米行的纠纷的,但是看在说帖是由"商会成员"及复泰钱庄代递的情面上,勉强理处。

　　(二)召集开会

　　绍兴商会接到商人的说帖后,如果决定受理的话,便会召集相关人员到商会开会评议。具体地讲,商会会向纠纷各方分发传单,邀请其到会参与评议。④

　　1917 年诚裕钱店倒闭,钱店经理徐锦文唆使存户骚扰股东中富于资财者,股东不堪其扰,拟具说帖,请商会开会评议。绍兴商会会长高鹏决定受理此案后,即向相关人员分发传单,定期开会。"商务总董高云卿分发传单,于前日(二十号)下午三句开会。"⑤

　　涉案商人接到传单后,或是决定参加评议会,或是不参加评议会。那些不参加评议的商人,有的是直接避而不见,不留只言片语;有的是函致绍兴商会,说明不参加评议的缘由。绍兴商会受理张少文与袁嘉钊的纠纷后,向

---

　　① 《范晓岚具说帖》,1910 年 10 月 10 日,《绍兴商会档案》,绍兴市柯桥区档案馆藏,141-1-51。

　　② 《山会商务分会续拟试办章程》,汪林茂辑:《浙江辛亥革命史料集》第一卷,第 187 页。

　　③ 《金舫洲具说帖》,1909 年 3 月 3 日,《绍兴商会档案》,绍兴市柯桥区档案馆藏,141-1-53。

　　④ 可惜的是,现存的绍兴商会档案中,没有发现绍兴商会当年的传单。绍兴商会的传单与官厅的传票是否相似,无从悬揣。

　　⑤ 《官话连篇扰会场》,《越铎日报》1917 年 6 月 22 日,第三版。这里的商务总董指的就是商会会长。因为绍兴商会于 1917 年春由总董制改组为会长制,当地报刊延用旧称,称"会长"为"总董"。

纠纷双方分发传单,通知开会,"发单传两造初六到会调息纷难",但"袁嘉钊绝迹不来。又承贵会着专差催,限初八日再议。乃袁狡赖成性,复又不到"。[①]

有的商人虽然不参加评议,但是会向商会写信说明缘故。1910 年恒茂木材行与晋昌木材行发生纠纷,绍兴商会分发传单,通知开会。恒茂财东邵三多向当时的商会总董钱静斋写信,说明不能参会的原因:"昨夜敝场恒茂交到贵商会传单一页⋯⋯奈三多于昨下午三句钟时,有敝村镜西校专舟来接,定于今日开学,并筹集经费各事。职责所在,谊不容辞⋯⋯与同人商筹分身之法,九十未如愿。"[②]

## 二、评议阶段

商会评议纠纷的第一步是先推举评议会场的主席。1927 年 6 月 2 日,绍兴商会评议各钱庄与怡和经济绝交一事时,到会众人推举许剑秋为主席,"公推临时主席许剑秋君"。[③] 6 月 5 日,商会评议储和等商业纠纷时,则是推举马世燧担任主席。[④]

会场主席在会场中起着"司仪"式的作用。1917 年商会会长高鹏在主持评议天成等箔庄与高阿毛、高阿齐兄弟的纠纷时,要负责振铃开会,要向纠纷各方诘问,还要负责振铃散会。[⑤]

评议纠纷的下一步,是纠纷相关人员在会场主席的引导下,依次陈述个人意见与知道的事实。下面是商会评议孙子和与金桐孙纠纷案的决议过程:

> 集议孙子和即彭年与金桐孙款项交涉事。
>
> 据孙子和说:金桐孙于光绪卅四年八月间,借生票洋四百元,延不归偿,共计本息洋五百四十一元零。请理追。
>
> 据金桐孙说:与子和交好多年,向来缓急相通,进出具有细账。□此四百元外,尚须该我洋五百五十元另。

① 《张少文具说帖》,1910 年 9 月,《绍兴商会档案》,绍兴市柯桥区档案馆藏,141-1-42。

② 《邵三多致钱静斋函》,1910 年 8 月,《绍兴商会档案》,绍兴市柯桥区档案馆藏,141-1-49。

③ 《为怡和庄请求评议经济绝交事》,《绍兴商会议事录》,1927 年 6 月 2 日,《绍兴商会档案》,绍兴市柯桥区档案馆藏,140-2-729(1)。

④ 《评议储和等庄交涉事》,《绍兴商会议事录》,1927 年 6 月 5 日,《绍兴商会档案》,绍兴市柯桥区档案馆藏,140-2-729(1)。

⑤ 《点铜业会议纪闻》,《越铎日报》1917 年 12 月 29 日,第三版。

议决：

查阅两造所开细账，孙说金欠，金说孙欠，数目不符甚巨。本会无从核算，惟彼此交往多年，勒令各邀公正人，在所妥为理处，免得有伤和气。

宣统二年九月十九日志①

根据这份文件，可以大概知道这个简单纠纷的评议流程，双方先陈述意见，然后评议诸人议决办法。纠纷当事人有时会带发言稿在会场中宣读。1917年在评议和济箔庄与天成箔庄纠纷的现场，当商会会长向天成箔庄代表施某询问相关情况时，施某从袖中抽出一纸发言稿，"朗读十二条理由"。②

如果案情比较复杂，如涉及伪造账目、贪污商号公款等事时，会场主席会用诘问的形式设法问出事情的真相。比如阜昌米行的案件：

询之王颖生：

（主席）据马仲岩所指各账，尔系司账人，究竟如何答称？（王）答我系向来外场账经，不懂以上各账有几笔，错写有几笔，有人叫我写的。

（主席）问何人叫你写的？（王）不答。

询之倪玉林：

（主席）以上之账，及所少之米，究竟如何？（倪）答称，我系外场，多日外，少日里均不知。

（主席）问你身居经理，店中屡少米麦，及万通允光戥付之洋，并有三石豆洋15元6角，收入你户，何得流为均不得知？（倪）遂俯首无词，固结一味吱唔。

询之金舫洲：

（主席）你说马仲岩有新账旧收之款一千余元，究竟所收何户，所戥何家？数目实在若干？尤须一一指出，方可集理。（金）答称东戥西戥，实属不少，初则指称几户共洋核计不过六七十元，继则大约数百元，总之支离不堪。③

阜昌米行内部的纠纷，源起于内部人员做假账、侵吞公款。评议会场主

———————————

① 《集议孙子和与金桐孙款项交涉事》，1910年10月21日，《绍兴商会档案》，绍兴市柯桥区档案馆藏，141-1-53。

② 《商会处理伪造土番瓜硃案详志》，《越铎日报》1917年9月10日，第三版。

③ 《复理阜昌米行纠纷案》，1909年4月1日，《绍兴商会档案》，绍兴市柯桥区档案馆藏，141-1-53。

席的诘问,使倪玉林与司账王颖生无辞以对,露出马脚。

评议的第二步是评议人员对纠纷的具体处理办法进行表决。具体地讲,是评议人员在评议过程中提出某种解决方案,然后众人对该方案进行表决。1927 年 5 月 29 日商会评议纠纷时,会董冯德哉提出一个方案,后由众人表决,"冯德哉君说:主张托冯纪亮君转商振昇,将款先划,赞成否,请公决"。①

不过,如果纠纷当事人在评议会现场就表示不同意评议人的处理方法,那么评议便以失败告终。1918 年丰大绸庄指控梁守范负欠货洋案,梁守范的确负欠丰大绸庄钱款,而梁守范此时又不在绍兴,评议人便建议梁守范的父亲梁慎山"先行垫还丰大货款一半之数",但梁慎山"固执不允",当场拒绝了商会评议的办法。② 这样,绍兴商会的评议就失败了。

很多纠纷并不能经过一次评议就被解决,有些纠纷要经过数次评议,各方才能达成和议,也有些纠纷即使经过数次评议,各方也无法形成一致意见。但不管怎样,评议的过程大体如上文所述。

### 三、评议后阶段

一般来说,纠纷经过商会的调解,各方达成一致后,商会便结束了自己的调解工作,钱款交割由纠纷各方自行完成。但是有的纠纷,其钱款是由商会经手转递的。比如新泰源米铺与伙友姜德潮的纠纷,商会评议,姜德潮欠新泰源米铺的钱款,由姜德潮分期送到商会,再由商会转交。"姜德潮自限于阴历五月初六日先缴洋五十四元,又五月终缴洋卅元。合计两期,依期照数缴送来会,由本会转给新泰源具领完案。倘此次至期不缴,由保人茅柏昌负完全责任。"后来姜德源基本是按照评议会的决议,把欠款分期解缴绍兴商会。

> 阴历五月初六,据姜德潮缴到小洋四百四十二角,又大洋一元。
> 阴历六月初三,据姜德潮缴到小洋一百角。
> 阴历七月十五日,据姜德潮缴到小洋一百五十角。
> 阴历八月十二日,据姜德潮缴到小洋二百角。

---

① 《第四次会董常会并议储和等庄交涉事》,《绍兴商会议事录》,1927 年 5 月 29 日,《绍兴商会档案》,绍兴市柯桥区档案馆藏,140-2-729(1)。

② 《复理丰大绸庄与梁守范交涉事》,1918 年 9 月 17 日,《绍兴商会档案》,绍兴市柯桥区档案馆藏,140-4-373。

核算尚缺小洋念角,由总理令新泰源让讫作了,姜德潮铺盖已点交,此案了结。①

有些由商会调解的纠纷,本身又是官厅断而未结之案,如果这样的案件被商会协调解决,那么绍兴商会会在结案后向官厅出具正式公文,请求结案。由于清朝与民国政治制度的不同,绍兴商会在前后两个时期的销案形式略有差异。

第一,清末的销案形式。从现有档案材料可以知道,清末绍兴商会(山会商务分会)向官厅销案,除了要呈送商会的正式牒文外,还得向官厅提交纠纷双方同意和解的声明——"允结"。1908 年王元益与吴阿德的钱债纠纷,是由会稽知县照会绍兴商会调解的,该案理结后,绍兴商会牒覆会稽县知事,请求销案:"两造均各允洽,不愿终讼,取具允结,牒请公祖大人,察核俯赐,饬承销案。"②商会在提交牒文时,把两造的允结一并提交官厅。其允结如下:

> 具允结。民人王元益结到:
>
> 大老爷台下。所有控吴阿德抗欠不划,反肆蛮骂一案,现蒙照会商会理处,已承理明。吴阿德欠身钱二十六千有零,推情减让,由吴阿德偿洋十三元作讫。除去身弟妇胡氏欠吴阿德本洋五元,利洋一元外,找缴现洋七元,业已收领,不愿终讼。合具允结是实。③

> 具允结。民人吴阿德结到:
>
> 大老爷台下。所有控王元益因讨账挟恨图负一案,蒙照会商会理处,现已理明。王元益、元圣、元芳欠身之账,无据可凭,应毋庸议。至身欠王元益钱二十六千有零,兹承情让,偿洋十三元作讫,除去王元益之弟妇胡氏欠身本洋五元,利洋一元外,找还洋七元,当交王元益收领,不愿终讼。合具允结是实。④

---

① 《复理新泰源与姜德潮交涉事》,1915 年 5 月 4 日,《绍兴商会档案》,绍兴市柯桥区档案馆藏,140-4-353。

② 《山会商务分会为牒覆事》,1908 年 5 月 13 日,《绍兴商会档案》,绍兴市柯桥区档案馆藏,141-1-24。

③ 《王元益具允结》,1918 年,《绍兴商会档案》,绍兴市柯桥区档案馆藏,141-1-24。

④ 《吴阿德具允结》,1908 年,《绍兴商会档案》,绍兴市柯桥区档案馆藏,141-1-24。

第二,民国时期的销案形式。民国时期商会向县公署销案,只出具公函一封,不再要求两造提交允结。比如 1919 年钱复卿与赵恒甫的纠纷,绍兴县商会只是函知绍兴县知事销案,并无允结呈送:

> 本年十一月五日准贵知事公函内开案查钱复卿诉恒豫泰经理赵恒甫欠租占屋一案……查此案前准王前知事公函,即经敝会邀集双方及原议人鲍绅芗谷、胡绅坤圃,衡情酌理,增加租金,妥为和解,双方均已允洽等语,报告前来。敝会询诸原议中人,情形相同,准函前由,相应将敝会集理及原议人和解情形,备函复请贵知事查照销案。至纫公谊。①

有的纠纷虽未经官厅之手,但是曾由绍兴商会致函外地商会,请求外地商会理处,这样的纠纷被解决之后,商人会请绍兴商会具函外地调解此案的商会,请求销案。比如 1915 年绍兴福昌商号与上海商家广永盛,因交易锡块发生纠纷,由于商人曾通过绍兴商会致函上海商务总会,请上海商务总会调解纠纷,②后来纠纷在亲友的协调下得到解决,商人通过绍兴商会致函上海总商会销案。③

## 第四节 商会与民间、官厅的复合式纠纷治理

调解商界的钱债纠纷以维护地方经济秩序的,除了绍兴商会外,还有民间力量与地方官府。毕竟,民间的各种人物与地方政府也是地方秩序的关切者。绍兴商会对纠纷的处理并不是孤立的过程,绍兴商会是在与民间调解、官厅审判的配合中,完成微观经济秩序的维护的。

### 一、商会与民间的联合治理

当经济秩序由于钱债纠纷而出现失范情形时,往往不待商会、官厅介入,民间的调节机制已经开始对纠纷各方进行调节。当时绍兴存在着五种

---

① 《绍兴商会公函商字第八十八号》,1919 年 11 月 13 日,《绍兴商会档案》,绍兴市柯桥区档案馆藏,140-4-371。

② 《福昌铜锡号陈维明具说帖》,1915 年 5 月 6 日,《绍兴商会档案》,绍兴市柯桥区档案馆藏,140-4-353。

③ 《绍兴商会公函商字第七十三号》,1915 年 5 月 18 日,《绍兴商会档案》,绍兴市柯桥区档案馆藏,140-4-353。

民间纠纷调解形式,分别是亲友调解、讲事老调解、士绅调解、同业调解、债权团制度。

**(一)钱债纠纷的民间调解形态**

**1.亲友调解**

亲友调解指的是由纠纷双方共同的亲友居中调解,这是当时绍兴比较常见的调解形态。1908年的徐陈氏控告史美士图吞票款案发生后,曾有绍兴商会的一名会董自告奋勇地充当双方的调解人。在这里,该会董并非以商业领袖的身份出现,而是以双方亲友的角色介入其中。即如会董自称的那样,徐陈氏的丈夫徐春生,史美士的父亲史桂堂,两人生前均与其有交情,所以他"不忍坐视,向两造极力调处"。① 在这里,居间调解人与纠纷双方均沾亲带故。

1908年绍兴诚大药行与东阳县虞天保等药店发生纠纷。纠纷起于虞天保等药店拒绝归还欠诚大的货款。诚大药行在给绍兴商会的说帖中说,如果虞天保等商号真的经营困难,那么他们也该让友人居间协调,"如果实系为难,店将闭歇,亦宜邀友稍为情让"。② 显然,从诚大药行的说帖中可以知晓,在当时的绍兴,请亲友居中调解纠纷是很平常的事情。

亲友调解并不呆板,往往能发明一些灵活的解决手段,1910年同庆酒店合伙纠纷的调解便是一例。绍兴商人张少文与袁嘉钊在上海合股经营同庆酒店,后来双方发生矛盾,请亲友从中调解,"蒙诸友代为排解,在柯镇恒昌木行集议"。诸亲友认为,合伙经商,贵在融洽,现在双方如此意气不投,不如其中一人退出,把酒店让给一个人单独经营,"合伙贵乎融和,如是之意见不投,不若并归一做,嘱两造开一公盘并价"。酒店由开价高者经营。为了开价公平起见,诸亲友让双方把愿意付出的价款写在纸上,一齐开价,"只要将今庚盈余,并存货削码,以及一切生财之物,各自背地默写,并顶总偿终之,以出数多者得店,出数少者领洋"。虽然最后该纠纷并未能得到解决,但诸亲友的解决方案确实非常精妙,连当事人都称赞,"第思诸中人,设法至妙"。③

这种亲友调解形式,应用范围较大,不仅可以被用来调解钱债纠纷,而

---

① 《山会商务分会为牒请销案事》,1908年7月15日,《绍兴商会档案》,绍兴市柯桥区档案馆藏,141-1-23(1)。

② 《绍城诚大行说帖》,1908年3月10日,《绍兴商会档案》,绍兴市柯桥区档案馆藏,141-1-23(1)。

③ 《张少文具说帖》,1910年8月,《绍兴商会档案》,绍兴市柯桥区档案馆藏,141-1-51。

且还可以被用来调处偷盗案件。绍兴有一个叫金阿来的人,曾从平水乡显圣寺中偷走两头耕牛,后来事情被该寺僧人查出,人赃俱获。金阿来最后便是请亲友从中调解,认罚龙洋一百四十角了事。[①]

2.讲事老调解

当时绍兴存在一种由讲事老来评理、调解的民间习惯。据说在绍兴的华舍,讲事老调解的纠纷"日必数起"。讲事老多在茶馆、酒肆中替人评理、讲事。在茶馆中讲事老派头十足,容易辨认,"箕踞高坐,口衔旱烟管者,即该乡中之讲事老,是非曲直,仿佛一任其制造"。1921年《越铎日报》的记者记录了他遇到的一件由讲事老来调解纠纷的事情。当事双方分别是两个少妇和一个纨绔子弟,少妇的母亲和纨绔子弟的父兄到茶馆后,"讲事者踞坐堂皇,问明原委",令该纨绔子弟出三十四块英洋,将两少妇领回家。[②] 诚然,讲事老对这件纠纷的处理,有买卖人口的嫌疑,但不管怎样,少妇的母亲和富家子的父兄都认可讲事老的评议。可见,讲事老这一角色在调解纠纷中的作用,是得到地方民众认同的。

3.士绅调解

士绅调解指的是由具有一定人望、地位、财富的地方精英进行的调解。1917年绍兴阳嘉龙地方,发生了一起船户之间的冲突。开往萧山县西兴镇的航船,夜船船户与日船船户,为争夺航路大打出手。后来,绍兴安昌镇自治委员寿萱阁出面协调,将纠纷弭平。自治委员是民初浙江设置的负责乡镇自治事务的地方领袖,由他们进行的调解,是一种士绅调解。

越安轮船公司与木业商人之间的争端也是由士绅排解的。当时木业运输木材,是将木材置于水中,并将它们连在一起,形成长达半里的木排,让这些木排顺着水道,一路漂到绍兴。木业的这种运输方式,自然会妨碍航船的行驶。后来越安轮船公司便与木业商人因争夺航道而发生纠纷,双方一度对簿公堂,最终"由各方士绅出面调停,约法三章",和平解决。[③]

在现存的史料中,士绅居中调解商业纠纷的情况并不多见。上面的两个例子,在众多的商业纠纷中,其实都属于特例。在第一个例子中,双方已

---

① 《牛淘党徒横行记》,《越铎日报》1921年1月3日,第三版。

② 《华舍市上怪现象》,《越铎日报》1921年7月15日,第三版。

③ 俞霭士提供资料、裘振康整理:《记俞襄周先生首创绍兴越安轮船公司的始末》,中国人民政治协商会议浙江省绍兴县委员会文史资料工作委员会编:《绍兴文史资料选辑》第五辑,1987年版,第119页。

经动武,这必然不利于当地的治安,或许这才是安昌自治委员出面调停的原因。第二个例子中纠纷的一方是权势滔天的越安轮船公司,该公司的财东俞襄周、施枚臣等人在绍兴属于权倾一方的人物,纠纷的另一方是财大气粗的木业商人,这种土豪与土豪的纠纷,只有由地方精英出面排解,才有可能和平解决。笔者推测,那些影响恶劣或者当事双方地位较高的纠纷比较能惊动士绅群体出面调停。

4. 同业调解

同业商人也是调解商人钱债纠纷的重要群体。宣统元年发生的恒丰钱庄拆股纠纷,一名叫徐文瑞的前股东借口退股之前店中账目有假,要求重新查账。恒丰钱庄现任股东兼经理认为徐文瑞不过是想以查账为名,从钱庄敲诈一笔钱款。双方互不相让,邀集同业在钱业公所开会评议,"在钱业公所,邀同公正与理"。钱业同业组成了一个临时的"评议会",他们根据绍兴当地关于合股、退股的习惯来评议徐文瑞的举动。钱业同业认为,按照绍兴地方退股的习惯,股东退股时都会将账目盘查一遍,徐文瑞退股已有三年之久,现在忽然提出查账,显然无理取闹。①

首饰业的范元和商号假冒同业天成银楼商标一案,也是由同业开会公议解决的。绍兴首饰业各商号在制作首饰时,会在自己生产的饰品上打上自家的牌号,比如天成银楼的标志是麒麟。②天成银楼在绍兴经营多年,信誉卓著。范元和为了一己之私,假冒天成的标志,"售卖铜饰",被天成查出,"开同业会议对抗"。同业公议,罚范元和的东家范张氏一百五十元作为建造会馆的费用。③

同业调解与前面描述的亲友、士绅等形式的调解比较,至少有以下两种优点。首先,同行业商人了解商业、行业规则,在遇到商情、行规与案情密切相关的纠纷时,同业商人往往能做出合适的评议。这一点从上文提及的徐文瑞敲竹杠一案中可以大体看出。

其次,与亲友、士绅等人居中调解相比,同业商人的评理有时会带有一定的执行力。这一点其实不难想象。亲友、士绅等人居中调解,居中者即使知道一方理亏,但也无法使用胁迫手段去强制理亏者赔偿。但同业评议则

① 《恒丰庄经东王永潮》,1909 年 1 月 15 日,《绍兴商会档案》,绍兴市柯桥区档案馆藏,140-4-28。

② 《伪饰案已成诉讼》,《越铎日报》1919 年 8 月 9 日,第三版。

③ 《结仇同业标黄榜》,《越铎日报》1917 年 11 月 18 日,第四版。

不然,任何商人都必不可少地需要与同业商人有些生意往来,如果同业集体拒绝与某商号交易,或者把应该付予该商号的货款给扣住,那么这无异于宣布该商号的死亡。

金茂昌箔铺与同成、源记、裕昌等箔庄的纠纷发生后,金茂昌的财东金章茂"一味蛮言乱语,声势汹汹,不可响迩",同成等箔庄邀集同行开会,"邀集同行(计二十家)会议",议决将金茂昌箔铺与同业交易的钱款冻结。当时箔庄业的业董查出同业箔庄中有天成箔庄应解付金茂昌箔款一千二百零五元,同业议决该款暂时不过付给金茂昌,"经同行议决准归划入七星龙局户暂存"。① 虽然在现有的史料中,笔者无法得知金茂昌箔铺是否向同成等行赔礼道歉,但是不难想见箔庄同业的集体行动必然会给金茂昌带来压力,迫使其屈服。

### 5.债权团制度

债权团是民国时期债权人为了维持个人利益而形成的临时性团体。债权团这一组织形式广泛地存在于民国时期的江浙社会。绍兴地区最早的债权团出现于1918年,当时一家名为"大元荣"的杂货铺倒闭,其资产被该店的上游供货商私自瓜分,致使各中小债权人分文未得。于是,"债权人孟某等结合团体"向官厅起诉各上游供货商。② 这是绍兴史料中关于债权团的最早记录。

债权团的详细情况,可以从1924年源和钱庄倒闭事件中窥见。源和钱庄由于经营不善而倒闭,该庄经理尹某逃匿无踪。该庄的"多数债权人,大都知识浅薄,徒知纷扰而无办法","苟有人出而理事,必遭疑忌,以为其人必有私心自利之处,于是诟詈横加,而其人乃退避"。绍兴商会副会长冯德斋本来愿意出面调解,在遭到债权人的诋毁后,便不愿再管此事。绍兴当地绅商鲍芗谷刚刚想居中调解,债权人便纷纷到鲍宅吵闹,于是鲍君也不愿再理此事。这样,源和破产案便成了"死局",没有人愿意出面解决。

可是这场"钱债官司"总得结束,债权人们都想尽快地追回一些欠款。于是债权人中的一些识见较高者,便出面"组织一最坚固之正式债权团"。1924年3月3日债权人汇集开会,讨论成立债权团事宜。到场债权人约有一百五十余人,债权在六万元以上,当场选举章寿卿、裘钦庶、钟恒灿等九

---

① 《图赖点铜开会议》,《越铎日报》1918年1月17日,第三版。
② 《拍卖存货起交涉》,《越铎日报》1918年3月23日,第三版。

人,作为全体债权人的代表。① 该债权团的办事细则共有六条:

一公推总代表一人,代表八人,完全受债权人之委托,本多数债权人之公意,对于清理全部事宜,负监视及协助之责任,不得遇事推委,倘能力有所不及,应报告各债权人集议共同补救。

一源和簿据及尹氏产业,当由代表再行详细彻查有无格账及他项情弊,其产业有无隐匿及私行移转等情。

一本团登报招请未到各债权人,即行题名加入,以便稽核。如逾期不来,则认为有意放弃,或另有取项等事,本团不负责任。

一各欠户如与他人格账,为本团所不许。本团当仍向欠户索取。该欠户虽两次偿还,亦属咎由自取。

一所取账目当榜示清单,公正摊派,其尹氏动产、不动产等当投标变价,不得短折。

一尹氏家中谷米器具,变价作为本团经费,其所余存入银行,他日公派。②

从这些办事规章可以看出,债权团不仅仅是债权人结合起来争取自身合法权益的组织,更是处理债务人财产,将清理所得公正地分给各债权人的组织。"本债权人之公意,共理债务事宜。"③由于债权团的成立,可以将散漫纷扰的众多债权人组织成一个"理性"的整体,所以负欠一方也欢迎债权团的成立。源和庄经理尹宝林就欢迎债权团的成立:"八位代表收账了结,非常赞成,切勿拖延。"④

在上述五种民间调处纠纷的形式中,除了债权团制度立有正式的规则外,其余理处形式均不立调解章程,无文字章法,显示出极大的非正式性。

(二)民间调解与商会裁断的比较

与民间调解鲜明的非正式性相比,绍兴商会对商业纠纷的理处,首先,具有法理正当性;其次,具有正规、严谨的特点;再次,商会的评议还具有一定的公信力。

第一,法理正当性。一般的民间调解,除非属于"官批民调"性质(即由

① 《源和钱庄债权团消息一》,《越铎日报》1924年3月8日,第三版。
② 《源和钱庄债权团消息二》,《越铎日报》1924年3月9日,第三版。
③ 《源和债权团对于经理之主张》,《越铎日报》1924年3月11日,第三版。
④ 《可恨亦可怜之源和经理》,《越铎日报》1924年3月10日,第三版。

官厅批令民间人士调处)的案件,基本上与法无据。但是商会不一样,商会调处商业纠纷的职能载诸商法,有充分的法理依据。

第二,正规、严谨性。商会的调解按照一定的程序进行,有专门的理案员、调查员,有一套相对专业的查案手段,有商会会董的公共评议,这使商会的评议具有正规、严谨的特点。而一般的民间调解,很难具有这些特点。

第三,一定的公信力。绍兴商会对纠纷的调处,既有法理依据,又有正规、严谨的特点,自然会具有一定的公信力。在时人看来,一般的民间调解,无论是士绅主持的,还是同业商人主持的,只能算是"私邸评议",其效力远不及商会(包括分所)的"公议"。民国初年,时人用这样的语句指责安昌和斗门分所商董的懒职:"(安昌)设若商界有事,或在私邸评议,类多无效,只得诉于官厅。然为此而受讼累者,实繁有徒。"[1]"(陡门分所总董)既不辞职,又不管理商务。凡遇商界有事,或在私邸评议,类皆无效,至因细事而成讼累者,则实繁有徒。"[2]

以上三点是商会调解相对于一般民间调解的优点。在商会调解的三个优点中,公信力是基于法理正当性与正规性;而法理正当性又与正规、严谨性有密不可分的关系,因为要使商会调解的法理性名实相符,就必然要发展出一套礼仪程序、操作原则,商会必须使其评议过程显得正规、严谨;可以说,正规、严谨性是商会调解相对于一般民间调解的最突出特点。

但是,在另一方面,这正规、严谨性必然使商会的调解无法具备民间调解所拥有的简单易行性。绍兴商会评议案件,需要商会的会董(议董、议员)到会场开会,而商会的会董作为有自己专门生意的职业商人,是不可能有充分的闲暇去经常性地帮人排解纠纷的。

绍兴历来是浙东商务重镇,商界细讼繁多,按 1920 年绍兴地方报纸的报道,单单是那几年因买卖锡块而造成的纠纷,绍兴商会便理处了不下百余起,"闻知商会中所议论点铜,何止百余起矣"。[3] 几年之内,商会评议的锡块一项引起的纠纷便达百余起,更别说还有其他形形色色的纠纷,绍兴商会正副会长加诸位会董总共不过十余人,何能有精力去评议如此多的纠纷?

评议一件纠纷就要走一遍程序,要写各种各样的文书,要向相关人员发放传单,要核算簿据,评议后要把评议过程写下存档,已经报官的纠纷还要

---

① 《安昌镇商会尚虚》,《越铎日报》1920 年 5 月 29 日,第四版。

② 《陡门商会之黑幕》,《越铎日报》1920 年 7 月 24 日,第三版。

③ 《卖空买空之商侩》,《越铎日报》1920 年 4 月 26 日,第三版。

与官厅沟通,绍兴商会事务繁多,其职员又能有多少精力去应付纠纷呢? 更为棘手的是,有些纠纷的当事人,并不是经过一两次评议便会让步和解的,需要不断地开导。而绍兴商会显然无法为了一件纠纷而无休止地开会评议。

显然,商会人员有限,其人力资源不足以应付商界产生的数目庞大的纠纷。民间调解虽然在合法性、正规性和公信力上均不能与商会的调处比肩,但民间调解简单易行,四五个人,两三盏茶,即可调纷解难。对于那些需要不断开导才会让步和解的当事人,民间调解基于其简单的形式,可以连续不断地对当事人进行疏通,软磨硬泡,解决纠纷。

总之,商会调解与民间调解各有优劣,商会调解在合法性、正规严谨性以及公信力上优于一般的民间调解,但是商会资源有限,无法应付多如牛毛的商业细故。而民间调解虽在合法性、严谨性、公信力上不及商会调解,但民间调解基于其简单方便的形式,可以灵活地应对商民社会中产生的大量纠纷。

(三)商会调解与民间调解的配合

由于商会调解与民间调解各有优劣,所以两者往往以互补的形式调处纠纷。有时民间调解形式由于缺乏权威等原因无法使纠纷和解,商人往往就会寻求绍兴商会的帮助;而绍兴商会觉得纠纷不适合由商会处理时,也会寻求民间调解的帮忙。以下两个例子属于第一种情况。

例一:恒丰钱庄拆股纠纷。这是一个前文提到过的案例,这个纠纷其实在请商会评议之前,已经由同业商人进行过调解,同业商人都认为作为当事一方的徐文瑞无理取闹,"在座诸人,咸以无理取闹"。[①] 但是徐文瑞显然不满意于同业的调解,遂要求商会评议,"伏乞贵总董恩赐开会,一面令王永潮将二十八年至三十三年各簿带会核算,俾资水落石出"。[②]

例二:张少文与袁嘉钊纠纷。张少文与袁嘉钊在上海合伙经营同庆酒店,两人反目,决定散伙,邀请亲友、中人调解退股。经众人调解,同庆酒店归张少文所有,张少文要付给袁嘉钊一笔钱款。但事后袁嘉钊反悔,"扬言

---

① 《恒丰庄经东王永潮》,1909 年 1 月 15 日,《绍兴商会档案》,绍兴市柯桥区档案馆藏,140-4-28。

② 《徐文瑞说帖》,1910 年 1 月 28 日,《绍兴商会档案》,绍兴市柯桥区档案馆藏,141-1-42。

议约可废",张少文只好请求绍兴商会评议。①

绍兴商会也会借助民间调解来理处纠纷。由于商会精力有限,根本无法应对当时商界产生的大量纠纷,因此绍兴商会不得不把一些纠纷交由民间调解。

第一,建议由民间调解去理处。这是指商会不指定特定的人去理处纠纷,只是建议以民间调解的方式去调解纠纷。如前文所述,对于一些纠纷,绍兴商会是拒绝开会评议的,但会建议当事人将民间调解作为解决纠纷的方式。如前文提及的1910年汪竹香控诉李如瑞负欠不还一案,绍兴商会便是拒绝受理,建议自行邀请中人调解。

有的纠纷是在绍兴商会受理之后,发现案件不适合由商会理处,便建议两造自行寻找合适的民间调解方式去和议。1910年莫泽中与莫丹中的纠纷便是如此,二人是同族,莫泽中指责莫丹中不交房租。商会开过一次评议会后,认为"此系家庭交涉,劝令两造邀族理处",不再过问此事。②

第二,委托民间调解去理处。这是指绍兴商会委托特定的人员,去调处商人之间的钱债纠葛。在这里笔者想对商会委托业董、会董调解的行为做出一些说明,当业董和会董接受商会的委托去调解纠纷时,虽然他们调处纠纷时采用的是民间调解的形式,但此时他们是以法定团体的成员的身份去执行商会的调解任务,其性质自然与普通的民间调解有别。对于交由民间调解去理处的案件,此处姑举两例以志之。

例一:罗源利号漆店租屋纠纷案。该纠纷曾在前文叙述商会调查案情的段落中出现过,故案件详情不再重复表述。商会最后是把案件委托给纠纷两造的街坊邻居去理处,"该号等同居块土,谊属桑梓,既经联名代剖,莫如出为排解,以息讼端,以本会有厚望于诸君也"。③

例二:倪增三与潘家浩欠账纠葛。绍兴商会虽然开会公议两人的纠葛,但无奈两人在会场各执一词,无法调解。在这种情况下,绍兴商会便委托与纠纷双方均有亲谊的鲍荣堂去调解,"是日荣固在座与议,辱荷见委,以荣与

---

①　《张少文具说帖》,1910年8月,《绍兴商会档案》,绍兴市柯桥区档案馆藏,141-1-51。

②　《集理莫泽中与莫丹中屋租交涉》,1910年11月5日,《绍兴商会档案》,绍兴市柯桥区档案馆藏,141-1-50。

③　《柯镇戴恒丰等店具说帖》,1909年5月19日,《绍兴商会档案》,绍兴市柯桥区档案馆藏,141-1-42。

倪潘两姓邻而兼亲,嘱为再与设法平和理了。"①

总之,由于商会的调处与民间调处各有千秋,各有所长,所以两者经常合作处理钱债纠纷。两者的互相配合,无疑增强了绍兴商会处理纠纷的能力。

### 二、商会与官厅联合治理

虽然比起民间调解来说,商会的调解在合法性、正规严谨性、公信力上有许多的优势,但是如果与官厅的理案机制相比,商会调解的优势就会显得黯淡无光。官厅审案符合历朝的律例,其审断过程需要经过一系列的法定程序,其审断结果代表官断,效力昭彰。不过,商会的调解与官厅的理案相比,还是有一些优势的。

#### (一)商会理处与官厅审判的比较

商会的调解至少有三大优势:其一,商会调解有专业性;其二,商会有组织优势;其三,商会调解花费较少,且对名誉损害较小。

第一,专业优势。绍兴商会由绍兴商界人员构成,他们熟悉商界的专业知识(包括行业性知识),他们可以用这些知识来评议纠纷,理清对错。这一点在前文的"核算簿据"与"商业规则"两段文字中已经表述得非常充分了。

对于官厅来说,无论是晚清的官员还是民国的官员,他们对商界的各种知识的了解都非常不足。清代的官员就不必说了,清廷八股取士,官员们的数学知识往往不足,"至有学贯天人而不辨马牛之多寡者","中国学塾之中既无传习,穷乡僻壤有毕生未见算书者"。② 很容易想象这些官员看到商人用花码写成的账簿时,他们的脸上会显现出如何的尴尬与困惑。显然,这样的官员是不可能有足够的商业知识去应付商人之间的钱债纠纷的。

虽然不少民国官员有法政专业的学习背景,但至少就笔者所看到的史料来看,他们对地方商界的了解并不深入。兹举一例:

> 何承审员不谙箔司口头禁语之内义,仅从保人供称'少'字取义,偏向下判,谕令严定是少非偷,系属私诉范围,着向民事另行起诉,并将被

---

① 《鲍荣堂具说帖》,1910 年 10 月 26 日,《绍兴商会档案》,绍兴市柯桥区档案馆藏,141-1-51。

② 陈炽:《续富国策》,张登德编:《中国近代思想家文库·陈炽卷》,北京:中国人民大学出版社,2015 年版,第 263—264 页。

告轻轻释放。在官厅片言纵责,按商情关系非轻。①

这段文字出自一份未署日期的说帖,从说帖中提到的"承审员"一职来看,这份说帖应该是产生于民国初年。说帖的大体内容是严大同箔号伙友监守自盗后潜逃,箔号主人向官厅提起刑诉,要求官厅追拿。承审员从保人的供词"锭箔原少"中下定结论,认为锡块原本就少,伙友没有偷盗行为,认定此案属于民事范围,拒绝了箔号押追伙友的请求。箔业董事认为,这是因为承审员"不谙箔司口头禁语之内义,仅从保人供称'少'字取义",请商会"据情转详"。②

在这个例子中,承审员不了解箔司的口头禁语引起商人不满。这显然是承审员没有足够多的地方商业知识的缘故,显示民初的官员对于商业知识仍然缺乏足够多的了解。总之,无论是清末的官员,还是民初的官员,他们在商业知识方面的匮乏,使他们无法独自应付商人之间的各类纠纷。而绍兴商会在商业知识方面显然具有优势。

第二,组织优势。如前文所述,绍兴商会可以依靠其组织体系中的业董、分所,去调查案情、调解纠纷。商会的优势,恰巧又是官厅的劣势。官府的衙门有一套有一定分工的组织体系,清代县衙分设吏兵礼户刑工六房,分管县内不同的事务;衙县有管文书的书吏,有管执行差务的差役,而且胥吏(包括差役)人数众多,有属于"编制"内的正役,还有没有"编制"的白役;从表面上来看官衙内部有组织、有分工,而且不缺人手,以这样一套组织体系去处理商业诉讼,应该付之裕如才对,可是作为这套制度的基石的胥吏阶层过于腐败,他们利用自己掌握的地方性资源与官员周旋,③利用自己拥有的官方背景欺压百姓、为非作歹。比如,官员命令差役去传唤被告人,如果原告不给差役好处,差役就不去传唤,"即使地方官督促其尽快将被告传唤到案,差役也会以被告反抗或逃避不见等理由加以搪塞"。④

绍兴的胥吏阶层,在当时可谓臭名昭著,浙江巡抚增韫曾训令绍兴知

---

① 《箔业董事胡梅炫、任光贤具说帖》,民初,《绍兴商会档案》,绍兴市柯桥区档案馆藏,140-4-344。

② 《箔业董事胡梅炫、任光贤具说帖》,民初,《绍兴商会档案》,绍兴市柯桥区档案馆藏,140-4-344。

③ 周黎安:《行政发包的组织边界——兼论"官吏分途"与"层级分流"现象》,《社会》2016年第1期。

④ 袁红丽:《清代官批民调制度研究》,南开大学博士学位论文,2009年,第118页。

府，"素闻山会差役把持舞弊，较各属尤甚，诚恐若辈勾串煽惑，应责成该守严加约束，勿任妄生事端"。① 面对跋扈的差役，当时山会两县商民感叹道，"差权泰岳，牢不可破"。②

山会胥吏、差役把持衙门，包揽词讼，民人诉讼投递禀词，"值日书差均须百般勒索，稍不遂意，辄被留难阻抑"。如果民人想要案件快速办理，便需向差役交纳巨额"规费"，"一经照纳，办理甚速"。③ 1907 年遭查办的山阴县卯书赵连城，便是"包揽词讼，把持公事，受赃枉法，无恶不作"。④

差役因为接受被告的贿赂不愿行使拘捕职能的事情，在晚清的绍兴府时有发生。绍城商号元丰泰倒闭前被萧山虞元贵负欠货款，虞元贵看元丰泰闭歇，便起黑心，希图吞没货款，后来事经萧山县知事"批饬提追"，可是差役却行动迟缓，"该差等任其延宕，情弊显然。迄今数月，以致抗不到案"。⑤ 在这种情况下，元丰泰只得通过绍兴商会请萧山知县再命令差役押追虞元贵，可是差役却接受贿赂，不去拘押，"虞元贵运动该差，卧票不行，时阅年余，抗不到案"。⑥ 元丰泰第一次具呈说帖是 1910 年 6 月 29 日，而后来绍兴商会向萧山知县告差役的状，并请求萧山知县"迅发雷霆，改差严限立提虞元贵到案"已经是 1911 年的 5 月 28 日了，可见此案被差役延误、耽搁之久。

第三，经济优势。在现存的绍兴商会档案中，并未发现商会向商人收取"理案"费用的证据，笔者推测绍兴商会并未向当事各方收取费用。但是官厅理案则花销巨大，清代涉讼甚至可使人倾家荡产，所以商人多极力避免涉讼。罗源利号漆店租屋纠纷案中的屋主，就是利用商人不愿涉讼的心理敲诈加租的，"在杨姓岂不知界线不改？混占之说，以店家惮于讼累，借此挟制，不过要加租起见"。⑦

---

① 《浙省各府裁并首县之手续》，《申报》1911 年 9 月 16 日，第一张后幅第三版。

② 《吴建勋说帖》，1911 年 6 月 20 日，《绍兴商会档案》，绍兴市柯桥区档案馆藏，141-1-56。

③ 《禁革快呈规费》，《申报》1906 年 3 月 26 日，第二张。

④ 《撤忝贿纵蠹书之县丞》，《申报》1907 年 7 月 13 日，第十一版。

⑤ 《元丰泰具说帖》，1910 年 11 月 23 日，《绍兴商会档案》，绍兴市柯桥区档案馆藏，141-1-50。

⑥ 《山会商务分会致萧山县翁》，1911 年 5 月 28 日，《绍兴商会档案》，绍兴市柯桥区档案馆藏，141-1-50。

⑦ 《柯镇戴恒丰等店具说帖》，1909 年 5 月 19 日，《绍兴商会档案》，绍兴市柯桥区档案馆藏，141-1-42。

进入民国之后，由官厅审案仍然是一件花销颇大的事情。1924 年上海锡务公司与绍兴箔业公所因锡锭成色问题发生纠纷，上海锡务公司单单是请人化验即花费上海规银四百两，①此外还要花销诉讼费、往来邮电费、交际员旅宿费等费用。② 因此，时人说该公司是不惜金钱地在打这场官司，"该公司对于是项交涉，引为大辱，故不惜金钱"。③ 1919 年德春和帽庄因货物运输问题，向萧山县公署提起诉讼，光是初步的审理，便耗费状纸、差旅等钱款三十二元六角。当绍兴商会要调解此案时，德春和帽庄经理表示非常感谢，"讼则终凶，古有炯戒，商人经营之不暇，岂愿乐此？今既承贵会调停，藉免商人讼累，感荷不胜"。④

总之，比起官厅的审判，绍兴商会的调解虽然在合法性等方面存在不足，但由于商会熟悉商界专门知识，以及商会拥有比较完善的组织体系，加上商会调解花费较少，商会还是有一定的优势的。当然，不可否认的是，比起官厅的审判，绍兴商会的调解是有致命的缺陷的。

绍兴商会调解的劣势源于商会在强制力方面的匮乏。绍兴商会的评议过程是相当专业与严谨的，但是如果当事一方拒不露面，逃避参加商会的评议，那么商会的评议活动就无法展开，因为商会不能强制当事人参会。虽然商会评议的决议具有很强的公信力，但是决议要想得到执行，只能依赖当事人的自愿，因为商会不能强制当事人执行商会的决议。关于商会的决议没有强制力这一事实，有大量的证据可资证实。

例一：陶月松抗缴短缺资本案。陶锡本与陶月松合股做生意，生意亏损，陶月松应该按股份负担亏损额一百元，另外陶月松还拖欠陶锡本货款七十六元余。商会评议，令陶月松先把货款归偿。陶月松虽然在评议会签字同意归还货款，可是到期却分文未偿。而且商会再邀其评议时，陶月松避不到会，实际上是有意逃避还款。对于陶月松，绍兴商会承认，因为没有强制权，自己实在没有办法。"嗣因陶月松届期不缴，该商虽屡次帖请催缴，而陶月松始终饰词抗议。本会实无强制之权。"⑤"讵月松竟敢抗不到会，实无强

① 《碰锡成色争执之波折》，《越铎日报》1924 年 8 月 12 日，第六版。

② 《锡箔公司因损失而交涉》，《越铎日报》1924 年 8 月 31 日，第六版。

③ 《碰锡成色争执之波折》，《越铎日报》1924 年 8 月 12 日，第六版。

④ 《德春和具说帖》，1919 年 4 月 10 日，《绍兴商会档案》，绍兴市柯桥区档案馆藏，140-4-376。

⑤ 《陶锡本具说帖》，1913 年 10 月 23 日，《绍兴商会档案》，绍兴市柯桥区档案馆藏，140-4-324。

制之法兹据持批到会。本会为维持起见,不得不曲予周全,容据情函请地方审判厅核办可也。"①

　　例二:诚裕钱店破产案。绍兴商会将诚裕钱店剩余的钱款分派给各存户,各存户询问其不足的部分如何解决,商会会长高鹏答:"高君答以本会只能负现有金钱公派均分的职务,若强制执行,本会无此权力。诸君必欲追究,可向该经理交涉。遂散会。"②

　　强制力的缺乏是商会理案的劣势,但对官厅而言,这却是优势。晚清的法律体系有诸法合体、民刑不分的特点,晚清官厅可以用处理刑事案件的手段来处理民事案件,比如晚清官厅可以拘押负欠不还者,直到他愿意清偿欠款为止。

　　同德等庄追张茂林货洋案中的张茂林就是因为负欠被山阴知县羁押,绍兴商会评议此案时要先请知县派差役提出张茂林,"函请派差押送张茂林一名到会",评议之后还要把张茂林交回官厅继续关押,"将张茂林一名仍交原差押回羁押"。③

　　民国之后,政体变更,司法更张,固有的中华法系被欧美的法律体系取而代之,民事案件与刑事案件实现分离。民刑的分离,意味着官厅不能立刻对负欠者施以刑罚。如果一定要强制执行,需要走完漫长的法律程序才行。不过,虽然官厅的强制能力受到削弱,但是官厅在审理钱债纠纷的过程中仍然具有一定的强制力,仍然可以看到官厅拘押负欠者的情形。比如点铜欺诈案中的高阿毛,承审员发现他有跑路的迹象,便把他拘押起来,让他吃了几顿牢饭。当时报刊记载:

　　　　承审官察按舆情,阿毛既不守公庭规则,又希图停店远飏,依据新律急促处分条件,庭谕发押看守。此时万分习狡之阿毛,姑知狐尾已现,犀烛难逃,再四哀求。幸蒙承审官谕允著觅殷商切结,人洋并保。然当日之高阿毛,已饱受看守所中趣味矣。④

　　官厅的强制力还体现为强制用刑的能力。虽然在现代人看来刑讯似乎

<hr />

①　《陶锡本具说帖》,1913 年 12 月 26 日,《绍兴商会档案》,绍兴市柯桥区档案馆藏,140-4-324。

②　《诚裕闭后之余波》,《越铎日报》1917 年 7 月 27 日,第四版。

③　《山会商务分会为牒覆事》,1911 年 1 月 20 日,《绍兴商会档案》,绍兴市柯桥区档案馆藏,141-1-53。

④　《点铜风潮小结束》,《越铎日报》1918 年 3 月 18 日,第四版。

是一种落后、野蛮的事物,但是落后归落后,野蛮归野蛮,刑讯政策有时会非常有效。民国元年(1912)汤浦乡有一名叫作丁星轩的无赖,图吞寡嫂财产,逼迫寡嫂写立证据,族人不平,诉至县公署:

> 日前由韩执法提讯。韩居里与丁相近,久知丁之劣迹,不待定案,先责以手心百下。丁不服,且以清白自拟。韩执法证以前清犯案,丁犹强辩,乃令脱裤查验刑痕不虚,复责数百板,发所拘留。韩执法此举虽属快人心,然案未定谳,先施以刑威,且行之于今,尤背法令。韩执法其知乎?①

虽然《越铎日报》的记者认为韩执法的处理方式违背了民国的法律,但是该记者也承认韩执法办案方式的有效。绍兴商会是没有权力去实施刑讯的,所以在纠纷各方争执不下时,商会就无计可施,"此案业已两次评议,皆因两造各执未决"。②

绍兴商会没有强制力,没有办法使纠纷各当事人服从商会的决议。而官厅(特别是晚清官厅)手中有足够的强制力去保证其审判结果的实施。显然,强制力的缺乏是商会调解的一大弱点。

无论是商会,抑或是官厅,他们有一个共同的劣势,即他们面对大量纠纷时都无能为力。前面提到绍兴商会是没有能力应付绍兴商界产生的巨量纠纷的,而绍兴的官厅面对的还不止商界的钱债诉讼,他们既要处理户婚田土等各种民事案件,还要处理伤人、劫夺等刑事案件,简直是焦头烂额。

绍兴又是健讼之区,绍人的健讼风气,有大量史料可资证明。清朝中叶的卢文弨说:"越地多奸民,其俗习于刀笔,以健讼为能,每驾词以耸听。逢放告期,多至二三百纸。"③民国初年,绍兴地方报纸《越铎日报》称:"绍兴讼事之繁为全省冠,每以细故口角对簿公庭。半由人民好讼,半由讼棍主唆。"④显然,绍兴官厅根本无法应付如此多的案件,商人的钱债纠葛难免会出现久拖不理的情况。民国初年,一个商人抱怨官厅不及时处理他的诉讼:"(官厅)行政与司法并理,民刑诉讼繁多,将敝案置之高阁,已达一月将届,

---

①　《知事署中之笞朴声》,《越铎日报》1912 年 5 月 17 日,第二页。

②　《金舫洲具说帖》,1909 年 4 月 23 日,《绍兴商会档案》,绍兴市柯桥区档案馆藏,141-1-53。

③　卢文弨:《浙江绍兴府知府朱公涵斋家传》,《抱经堂文集》,北京:中华书局,1990 年版,第 398 页。

④　《构讼机关又成立》,《越铎日报》1915 年 11 月 9 日,第四版。

未见签差临传。"①在这种情况下,绍兴官厅采用了清代官厅普遍采用的"官批民调"的办法,绍兴商会成立后,绍兴官厅把一些案件委托给商会去办理。

总之,商会在专业性和组织性上有其优势,而官厅在强制方面有其优势。而官厅、商会都没有能力应对民间产生的大量纠纷,这是它们的共同缺陷。

(二)商会与官厅在"理案"中的配合

1. 官厅求助于商会

根据现存的档案材料,我们可以知道,官员时常主动寻求绍兴商会的协助,有时是要求商会协助调查案情,有时是把案件交给商会调解。在清末的137件纠纷中,存在官员介入情况的案例共有99件,其中官员主动要求山会商务分会协助的有22件。在民国时期的档案中,也存在不少官厅要求商会协助"理案"的文件。官员在要求商会协助时,会拟具正式公文,照会绍兴商会。绍兴商会在结束调查或调处工作时,会将调查、处理结果报告给官员。

第一,调查案情。官员在遇到案情不清的情况时,会寻求商会的协助。有时官厅要求绍兴商会利用其商务中枢的有利地位,去访查与案件相关的一些情况。

1910年旧历岁末,绍兴发生了一起旧铜炉禁设新铜炉的案件。以前绍兴的不少铜炉,为了获得铜料,暗中熔化铜钱。府县二级官厅,为防止此类事件再度发生,只保留四家铜炉作为合法熔制铜器的官炉,其他铜炉号一概禁止。这样,绍兴的铜炉业,便形成了四家官炉垄断经营的格局。1910年顾是椿禀请开设官炉,四家旧官炉出面反对。官炉的反对理由有二:第一,顾是椿的父亲曾开设私炉;第二,顾是椿素无恒产,为顾是椿开设铜炉作保的潘景春,身家也不殷实。

会稽知县面对这种情况,照会绍兴商会,请商会调查。三天后,商会报告会稽知县,顾是椿的父亲确曾开设私炉,但顾氏的保人,并非无身家之人,而且还报告"官炉四家,似亦不足敷熔烊"。②

1912年六合春线庄伙友吞款潜逃案。六合春线庄店中伙友朱益三吞没店中款项后潜逃,绍兴县知事请绍兴商会帮忙调查朱益三的财产情况:"究竟协兴线铺朱益三有无股分,其房屋典价若干,其祖父公田每年益三应得若干,

———————————

① 《任光瀛具说帖》,1912年4月10日,《绍兴商会档案》,绍兴市柯桥区档案馆藏,140-4-317(1)。

② 《山会商务分会为牒覆事》,1910年11月7日,《绍兴商会档案》,绍兴市柯桥区档案馆藏,141-1-49。

自应照请调查。为此照会贵商务分会,请烦逐一切实调查明确,呈复过县。"①

在商业纠纷中,当事各方常为涉案货物价码、店中账目争执不休。官员遇到此种情况,往往束手无策,请商会代为核算。

1910 年的安吉、仁昌等衣庄控鲁幼香图负账款一案,当事双方就鲁幼香店中存货价值多少发生争执,加之此案还有其他账目需要核算,山阴县知县便照会绍兴商会,将该店账目"秉公盘查,核算清楚","并查该店存货究竟有无削码减盘"。②

1913 年的李清控义生线店朱阿根负欠不还一案,官厅无法核实案中用于抵债的货物的价值,于是负责此案的绍兴县初级审判厅便请绍兴商会协助估计价值:"惟查该商品价值若干,本厅无从悬揣,素稔贵会热心公益……希即照单估价,据实克日覆厅,以凭核办。"③

第二,调处纠纷。除请商会调查案情外,官员还常常把案件交给商会调解。从绍兴商会档案中保存的理案材料来看,商人之间的纠纷只要不涉刑事,均可交给商会理处。

1906 年的陈长生等人控何嗷脐负欠案,属于钱债纠纷。会稽知县受理此案后,传集涉事双方到廷质讯,因为"彼此供词各执",谁是谁非,无从得知,所以照会绍兴商会"体察情形,传到两造,公同评议,可了则了,否则亦希据实复县,以便核办"。绍兴商会接到照会后,虽然两次开会调解,但仍然调解失败,最后将案件的理处过程报告会稽知县,以结束手续。④

1914 年裕泰米行向绍兴县公署起诉该行前协理李宝林,指控其侵吞公款、挂欠钱款,二者共计五百三十余元。县知事请绍兴商会协助,一方面查明李宝林是否有侵吞公款等行为,另一方面请商会从中调解,"和平解决,以免讼累"。⑤

① 《浙江省绍兴县知事俞为照请调查事》,1912 年 6 月 15 日,《绍兴商会档案》,绍兴市柯桥区档案馆藏,140-4-317(1)。

② 《照会山会商务分会》,1910 年 5 月 26 日,《绍兴商会档案》,绍兴市柯桥区档案馆藏,141-1-51。

③ 《绍兴县初级审判厅照会》,1913 年 4 月 24 日,《绍兴商会档案》,绍兴市柯桥区档案馆藏,140-4-324。

④ 《会稽县为照会事》,1906 年 7 月 27 日,《绍兴商会档案》,绍兴市柯桥区档案馆藏,141-1-30。

⑤ 《为请调处裕泰米行杨松追诉李宝林背收账款事》,1914 年 9 月 12 日,《绍兴商会档案》,绍兴市柯桥区档案馆藏,140-4-335。

2. 商会向官厅求助

绍兴商会由于其自身存在着无强制力等方面的问题,常常不得不把案件提交给官厅办理。根据笔者对史料的分析,清末与民初绍兴商会向官厅求助的形态是不同的,所以在描述商会向官厅求助这一情节时,不得不把清末与民初分开处理。

清末绍兴商会的理案材料显示,商会向官厅移交了大量案件。这些案件大体可分为两类。第一类是商会在调处失败的情况下牒官办理的案件,这类案件有 16 件;第二类是商会没有处理,直接牒官办理的案件,这类案件有 54 件。两类案件共计 70 件,占了全部 137 件案例的一半。总的看来,商会之所以将这些案件交给官厅去处理,主要有以下两点原因:其一,负欠者有心图负,无法调解;其二,案件的性质超出了商会的理处能力。

其一,负欠者有心图负,无法理处。由于商会不是正式官衙,对那些恶意拖欠债款的老赖,不能使用刑讯手段,"无法应付存心欺诈的商人,而官府对付这种商人则比较有力"①,所以对于负欠者恶意图负的案件,商会把它们交给官员来处理。同德、同章等纸行控告章阿三负欠一案,章阿三有意负欠,避匿远飏。商会认为,"章阿三避匿无踪,即欲邀理,势必不到",便牒呈山阴知县,请官员处理。②

对那些并不是存心黑吞的负欠者,绍兴商会往往留有余地。商会对绍兴柯桥镇乾大、万通等米店控郑午乔负欠一案的处理即是如此。郑午乔是会稽县东关镇全记米店三名股东之一,该店经营不善,负欠柯桥米商钱款479 元。在其他两名股东避匿的情况下,东关镇商务分所建议由郑午乔偿还柯桥米商 200 元,把事情了结。郑氏开始同意,后又反悔。柯桥米商见郑氏反悔,便要求山会商会"牒县提追"。③ 在这个案件中,郑午乔并非恶意负欠,让一个并不拥有全部资本的股东,去承担商号的全部债务,任何人都会心有不平。郑氏的反悔,实际上情有可原。这个案件,绍兴商会没有立即牒呈上级官员,而是把案件压住,让东关镇商务分所尽量劝导郑午乔还款。④

---

① 范金民等:《明清商事纠纷与商业诉讼》,南京:南京大学出版社,2007 年版,第 265 页。

② 《具说帖纸锡业同章同德等》,1911 年 3 月 18 日,《绍兴商会档案》,绍兴市柯桥区档案馆藏,141-1-56。

③ 《牒山会商务分会》,1911 年 1 月 19 日,《绍兴商会档案》,绍兴市柯桥区档案馆藏,141-1-50。

④ 《致东关分所》,1911 年 1 月,《绍兴商会档案》,绍兴市柯桥区档案馆藏,141-1-50。

其二,案件的性质超出了商会的理处能力。虽然绍兴商会在绍兴当地拥有庞大的社会网络,但是对于许多性质特殊的案件,商会并无处理的能力,只能把它们报告给官员。这样的案件,主要是跨地域案件、涉刑案件以及涉及差役的案件。

跨地域案件。绍兴商会的行业—分所网络,扎根于绍兴,很难延及外地,理处跨地域纠纷的能力较差。面对跨地域纠纷,商会一般是顺应商民的请求,把案件直接呈报官厅,由官员来处理。在清末 54 件直接"牒官办理"的案件中,跨地域纠纷共有 18 件,占全部直接牒官案件的 33.3%。比如,1910 年悦来、信大等南货行被永昌祥南货字号负欠一案。悦来、信大等商号被嵊县的永昌祥负欠货款。绍兴商会的处理办法是把案件向嵊县知县报告,请嵊县知县替悦来等商号追回欠款。①

涉刑案件。在"商牒官办"的案件中,有 8 件涉及刑事,其中匪盗案 4 件,破坏治安案 3 件,收买赃物案 1 件。这些案件已经越出民事细讼的范围,进入了刑事重案领域。商会除了替商人将案件报告官员,又能如何呢?

涉及差役的案件。那些涉及差役群体的案件,无论是商人还是商会,都明白对这种案件,报告官员是唯一的解决方法。涉及差役的案件,约分为两大类,一类是差役办事拖沓,致使案件的办理被长期拖延的;二是差役本身知法犯法,徇私舞弊的。第一类如泰升线店控店伙石锦荣贪污公款案,石锦荣贿通差役,使此案的办理从 1905 年到 1911 年一直处于停滞状态。② 山会商务分会在泰升线店的要求下,牒呈山阴县知事,请求"迅赐比差勒提石锦荣到案,押缴给领"。③ 第二类如差役章有德伪造德丰、天成等商号书柬保释犯人一案,山会商务分会应众商要求,牒呈官厅,要求严办。④

上文描写了清末绍兴商会面对一些自己无能为力的纠纷,不得不向官厅求助。根据现存的档案材料,可以看出在商会向官厅的求助中,商会最突出的要求是"押追",即是请官厅拘押负欠者,以迫使其归还欠款。而这种押

---

① 《山会商务分会为牒请提追事》,1910 年 7 月 3 日,《绍兴商会档案》,绍兴市柯桥区档案馆藏,141-1-53。

② 《吴建勋说帖》,1911 年 6 月 20 日,《绍兴商会档案》,绍兴市柯桥区档案馆藏,141-1-56。

③ 《山会商务分会为牒请比追事》,1911 年 6 月 30 日,《绍兴商会档案》,绍兴市柯桥区档案馆藏,141-1-56。

④ 《牒绍兴府暨山会两县》,1910 年 9 月 3 日,《绍兴商会档案》,绍兴市柯桥区档案馆藏,141-1-49。

追,往往也是债权人所希望的。

比如前文提及的阜昌裕米行案,后来查明股东马仲岩确实侵吞公款,而且马仲岩拒不归还,另一股东金舫洲便向商会呈具说帖,要求商会代其请会稽县令拘押马仲岩,"从严惩儆,勒限押追"。① 绍兴商会接到金舫洲的请求后,便写公文给会稽县令,请官厅"押追"马仲岩,"立提阜昌裕股东马仲岩到案,押追给领"。②

而且"押追"并不需要经过复杂的手续,甚至有时商会并未开会评议,接到债权人的说帖后便向官厅申请押追。比如清末大来布庄被义乌县泰和、仁记等商号负欠货款案,绍兴商会在接到大来布庄的押追请求后,立刻牒呈义乌县令,请其立即将泰和、仁记等商号经理拘押,促使他们归款:"立提泰和、仁记、德盛和、蒋贤兴各店东、经理到案,押追给领。"③

无论是绍兴商会还是绍兴的商人,他们都不能对负欠者动用私刑,这使得负欠者倾向于拖欠归款,甚至避匿潜逃、拒绝还款。商会交通官厅的能力,使债权人可以借助官厅的力量,迅速地拘押债务人,迫使其归还欠款。比如,1909 年的顾培恒控陈祥泰一案,虽然商会评议要求陈祥泰归款,但陈氏置若罔闻,拒不归款。绍兴商会向山阴县令请求拘押陈祥泰后,④陈祥泰在几天之内便把款项归还。

清末官厅的这种"押追"是建立在民刑不分的中华法系的基础上的,民国之后,中华法系被西方的法律体系代替,司法机关无法用对待刑事犯人的手段来对付债务人。在欧化的法律制度下,司法机关要对债务人进行强制执法,须经历一个相当漫长的手续。这使得债务人有相当充裕的时间去转移财产,不利于维护债权人的利益。

民国之后,绍兴商会仍然会应商人之请,具函官厅,要求官厅追缴欠款。但是在正式公文中,再也无法找到清末时常出现的那种要求官厅拘押债务人的函件,"押追"这一名词从正式公文中消失了。

---

① 《孙端商务分所为牒请转移事》,1909 年 6 月 23 日,《绍兴商会档案》,绍兴市柯桥区档案馆藏,141-1-53。

② 《山会商务分会为牒请押追事》,1909 年 6 月 26 日,《绍兴商会档案》,绍兴市柯桥区档案馆藏,141-1-53。

③ 《绍兴山会商务分会为牒请提追给令事》,1911 年 1 月 1 日,《绍兴商会档案》,绍兴市柯桥区档案馆藏,141-1-50。

④ 《山会商务分会为牒请提追事》,1909 年 6 月 1 日,《绍兴商会档案》,绍兴市柯桥区档案馆藏,141-1-32。

裕泰米行指控李宝林吞款一案,李宝林侵吞属实,且拒不归款。商会最后请官厅追缴。但商会给绍兴县知事的公文,一点儿也没有要求拘押的意味,只是说"函请贵知事察办追缴给领"。① 而在清末,绍兴商会一般是写"押追给领,实为公便"云云的。

在陶月松抗缴短缺资本案中,陶氏拒不到会参加评议。绍兴商会在请求审判厅核办此案的文件中甚至只是称商会是代商人说明情况,连"追"字都没提,"代为声复,至应如何办理,即请贵厅察核施行"。②

可见,虽然共和体制下绍兴商会仍然可以应商人之请,在商会无法理处的情况下,请求官厅审断纠纷。但是由于民刑不分、诸法合体的中华法系被辛亥革命推翻,民初的官厅无法像晚清的官厅那样用对待刑案的方式去处理民事案件,也就是说官厅对"老赖"不能以拘禁的方式迫使其还款。为此,绍兴商会曾"上书"浙江巡按使屈映光,请求恢复中华法系时期的押追式办案。绍兴商会写道:

> (钱债案件)即使经三级之审理为胜诉判决,而执行之时犹复多所困难,问其人则杳如黄鹤矣,问其产则早寄顿他处矣。虽欲执行,乌得而执行? 此不完全之破产律贻之害也。应请钧使通饬司法官厅及兼理司法之县知事署,严禁商家侵吞款项,黑心倒闭,其有意尝试者,务须从速拘案,押追严惩,以维信用。③

商会与官厅的合作,不管是于官厅还是于商会,都是大有裨益的。官厅与商会的互相配合,无疑增强了商会治理微观商业秩序的能力。

### 三、商会、民间与官厅的合作

民间调解、商会评议和官厅审判三者各有千秋,民间调解是应事而生,有多少纠纷就可以产生多少民间调解,其优势在于数量;商会评议的最大优势是专业性,且商会有通官商之邮的能力;官厅审判的优势是其手中的合法暴力,虽然这种合法暴力的施展被民国法律极大地限制了,但官厅仍然是唯

---

① 《浙江绍兴商会公函》,1913 年 9 月 25 日,《绍兴商会档案》,绍兴市柯桥区档案馆藏,140-4-330。

② 《浙江绍兴商会公函商字第二十七号》,1913 年 12 月 30 日,《绍兴商会档案》,绍兴市柯桥区档案馆藏,140-4-324。

③ 《绍兴商会具说帖》,1915 年 7 月,《绍兴商会档案》,绍兴市柯桥区档案馆藏,140-4-350。

一合法地拥有暴力的机关。

　　在清末民初的绍兴,民间、商会、官厅三方在理处商业纠纷的过程中,共同构成了一个流转式治理体系。这三方在一个纠纷的解决过程中,往往两两配合或三者协调配合,以各自的优势,点滴地推动着案件的进展,使当事各方在流转过程中妥协,最终形成和解。下面的协成顺记控机户倪世荣案便是商会、民间、官厅三方合力解决的。

　　倪世荣欠协成顺记丝款,非但不还,反而拘禁、殴打协成顺记伙友陈鹤亭,逼迫陈鹤亭写倪世荣已还清丝款的单据。[1] 这种恶劣的行为,引发山阴、会稽两县丝业商人的集体愤怒,他们联名要求商会牒官惩办。山阴县令很快命令拘押倪世荣,并要求差役在三天内完成拘留工作。但差役被倪世荣贿赂,"不料二玩差得贿故纵,卧票不行"。倪世荣甚至在茶馆放言:"我等早经贿通原差,要我等到案,差船倒地,万万不能。"丝业众商再次向商会具呈说帖,要求官厅迅速拘押。[2] 商会收到说帖后,不久即向山阴知县牒报此事。[3] 在这种随时可能被拘押的压力下,倪世荣不得不屈服,"浼中间人圆说,愿还洋一百八十元"。[4]

　　在这一案例中,商人借助绍兴商会通官商之邮的能力,使官厅下令拘捕倪世荣。而在官厅的压力之下,倪荣林挽中人说情,通过民间调解的形式去解决纠纷。官厅、商会、民间调解三者共同解决了这一纠纷。

　　综上可见,绍兴商会基于其组织体系,有组织、有步骤、有方法地对钱债纠纷进行调解。绍兴商会通过与民间调解、官厅审判的配合,增强了自身调解纠纷的能力。而绍兴商会的调解纠纷,本质上就是维护商人个体层次的秩序,就是维护市场环境。

---

　　[1] 《山会丝桑同行公禀》,1911 年,《绍兴商会档案》,绍兴市柯桥区档案馆藏,141-1-56。

　　[2] 《山会丝商具说帖》,1911 年 6 月 28 日,《绍兴商会档案》,绍兴市柯桥区档案馆藏,141-1-56。

　　[3] 《山会商务分会为牒请事》,1911 年 7 月 9 日,《绍兴商会档案》,绍兴市柯桥区档案馆藏,141-1-56。

　　[4] 《山会丝商具说帖》,1911 年 6 月 28 日,《绍兴商会档案》,绍兴市柯桥区档案馆藏,141-1-56。引文来自绍兴商会在丝商说帖后写的批语。

# 第四章　绍兴商会与行业秩序

　　按执业的不同,工商界可被分成不同的行业,元代有一百二十行之称,明代有三百六十行的说法。绍兴的商人也是物以类聚,人以群分,各归各行,各操各业。清末民初的绍兴,工商界业别众多,有钱业、典当业、书业、染业、布业、南货业、箔业、肉业等。不少行业还可细分,箔业可细分为箔铺业、箔庄业、砑纸业,肉业可细分为肉业(特指猪肉业)、羊肉业。相同的行业,以其所处市场的不同,可以再按地域进行划分。比如南货业可分为绍城南货业、安昌镇南货业、柯桥镇南货业等;钱业也可分为绍城钱业、安昌镇钱业、柯桥镇钱业等。

　　在行业性的经济交往中,各个行业的工商业者,形成了他们与周围社会存在物的共存状态,相同行业的工商业者,相互之间形成一套较为恒定的相处方式。在行业之内,同一行业的工商业者都承认,并且共同承受一定的生产经营状态,使行业内的生产经营活动稳定、有序地进行。比如,同行商人买卖同一种商品,容易在价格上引起纷争,同业商人便统一销售价格,管制倾销行为,使全体商人都接受价格的管制状态,保持行业内部生产、经营活动的有序。同行业商人的这种存在状态,构成了行业范围的经济社会秩序,即是绍兴商界的行业性秩序。

　　作为清末民初绍兴县重要的法定商人团体,绍兴商会自然是起到一定的维护行业秩序的作用的,绍兴商会在增强行规效力、调解行业纠纷方面发挥着不可忽视的作用。不过,要详尽地考察绍兴商会与行业秩序的关系,还需要将另一个影响行业秩序的因素——行业组织(行业自律)纳入考虑范围。当时的绍兴商人通过集合团体等方式制定行规,维持行业内经营秩序。

## 第一节　绍兴商界的行业自律

各行各业的商人要想达到一定程度的行业自律,必然需要形成一定的组织机制,以便应付各种事务。从现有的材料来看,绍兴一部分行业已经形成了比较发达的行业组织,部分行业组建了会馆、公所甚至是同业公会这样的比较现代化的工商团体;还有一部分行业虽然没有形成正式的组织,但是能够推举出业董、行头这样的领头人物来处理行业事务。值得注意的是,在行业秩序的维护、升级过程中还存在着临时集议、协商对策等形式的机制。

### 一、绍兴的行业组织

绍兴的行业组织,按其组织程度可分为两个层次。

#### (一)第一层次

第一层次指的是组织程度最高,形成了会馆、公所、同业公会这样的团体的行业组织。

绍兴的部分工商行业在绍兴商会成立之先便已经形成了具有内部分工的正式组织,如钱业公所、箔业公所(箔铺业组织)、华舍观成堂(华舍绸业)等。进入民国后,建立会馆、公所的努力仍在继续,而像钱业公所这样的行业组织则开始向同业公会转变。

早期绍兴的铜业商人没有专属会馆,每次集议都是以火神庙为开会场所。1914年该业陈义昌、泰来等铜号提议建立铜业会馆,计划集资三千元,由业中各商号分摊。① 1915年,洋广业与苏货业,合资在城区东如坊购置房屋一所,作为两业会议公所。1917年5月,房屋修葺完成后,两业因恐地痞、乞丐等上门骚扰,还特地向县公署请发谕禁,以为保护:"惟恐地痞乞丐强讨滋扰,以及日后邻居孩堂闯入喧闹,种种情形,在所难免,与其临时禁阻于后,曷若禀请示谕在先。特于日前具禀县署请求出示谕禁,以资保护。"② 1917年绍兴城区绸业商人也决定成立会馆,"同业各号公同议定,于该处建筑会馆一所,以为同行集议维持绸业之处,并拟于是月间着手进行"。③ 1919

---

① 《铜业集议建会馆》,《越铎日报》1914年4月14日,第三版。
② 《洋广业公所成立》,《越铎日报》1917年5月26日,第四版。
③ 《商界中之新团体》,《越铎日报》1917年5月30日,第三版。

年该会馆建成时,绸业请求县公署下发禁谕,以示保护。① 绍兴城区南货业"规模之宏大,生意之兴隆,几与钱典等业并驾齐驱",但一直没有专属会馆,到1918年该业建成了专属建筑。②

专属建筑的意义不仅在于使同业有了一个专门的议事场所,更在于同业商人的关系在专属建筑的维护中得到增强,恰如邱澎生所论,"无论是专属建筑物的整修维护,或是征收与保管各种公积金,都使会馆、公所衍生出一套完备的组织章程,使会馆、公所更像是种社团组织,而不只是提供成员聚会场地的专属建筑物"。③

在部分没有会馆、公所的行业组建会馆、公所时,绍兴的另一些行业则开始组织同业公会了。绍兴钱业原有钱业会馆,钱业商人通过钱业会馆来评议金融事务。《同业公会法》颁布之后,上海等地钱业迅速组建同业公会,绍兴钱业不甘人后,也组建了同业公会,"绍兴钱业中人,因鉴于沪杭甬各地均有公会,而绍地独付阙如,乃邀集该业巨子,组织绍兴公会,以谋金融之流通及交易之安全为目的云"。④

安昌镇的钱业商人也组织了同业公会。安昌钱业商人本来没有团体,后来该业商人认为"若无团体,恐难一致",所以"修正条规成立公会,由全体投票公举魏俊卿君为会长"。⑤

当时的书业商人和棉花业商人也组建了同业公会。书业公会成立于1918年,从1919年《越铎日报》的报道来看,书业公会运作得相当不错。"吾绍书业,自前年由该业中人夏俊甫、楼仲孝、柯周宽等发起书业公会以来,对于该业整顿事宜,颇有成效,所以二年以来,该业售卖书籍等,口价均一律,免使购者吃亏便宜之弊。"⑥

棉花业公会由绍兴与萧山棉商共同组成。当时官厅取缔棉花掺水,绍萧棉业商人便组织同业公会盘查有无掺水情况,"绍萧棉业同人,自官厅有取缔棉花掺水办法,即组织一联合会,自置验水烘箱,公举调查员,认真查验"。⑦

① 《绸业会馆之成立》,《越铎日报》1919年5月18日,第三版。
② 《南货公所成立矣》,《越铎日报》1918年1月1日,第四版。
③ 邱澎生:《商人团体与社会变迁:清代苏州的会馆公所与商会》,台湾大学博士学位论文,1995年,第95页。
④ 《绍兴钱业立公会》,《越铎日报》1923年4月2日,第三版。
⑤ 《安昌钱业会长一再辞职》,《越铎日报》1924年12月12日,第六版。
⑥ 《书业公会年会记》,《越铎日报》1920年2月27日,第三版。
⑦ 《绍萧棉业公会关于验关之函牍》,《越铎日报》1920年12月24日,第四版。

会馆、公所属于传统的工商业组织,其领袖是业董。当时绍兴的会馆、公所实行选举制,业董由会馆、公所成员票选。需要注意的是,会馆、公所是独立于商会的行业组织,会馆、公所业董的选举与商会之中的业董选举是风马牛不相及的两回事。

因为会馆、公所实际上是商会之外的独立组织,所以会馆、公所的业董选举实际上是独立于商会的。民国初年的箔业(箔铺业)选举便是如此。1920年箔业公所董事胡梅炫辞职,箔业公所召开全体大会投票选举董事,"经公众议决,以选举多数为合格,遂分票投选",结果是前业董胡梅炫再次当选为业董。① 1924年6月,胡梅炫再次提出辞职,箔业公所"召集上下城各箔铺主",开全体大会,选举箔铺业董事,"胡锡康得三百票,仍举为该业总董,何永□得五票,郎锡桂得三票,其余华元福、杨百禄、潘士刚、楼锡藩、薛松珊、冯春君等,各得一票"。②

会馆、公所中的业董的选举与绍兴商会体系中的业董的换届选举是不相干的。箔业公所作为箔铺业自己的行业组织,其业董职位的变动完全独立于绍兴商会。公所业董辞职是面对公所全体成员的辞职。1920年箔业董事胡梅炫辞职便是向箔铺业同仁辞职,"胡梅园当众辞职"。③ 业董辞职后,公所可以随时重新选举业董,胡梅炫辞职后,箔业公所随即组织选举。

商会体系中的业董选举则没有如此多的自由。绍兴的箔庄业商人组织松散,并未形成公所、会馆这样的正式组织。箔庄业的日常事务都是依靠绍兴商会中的箔庄业业董来处理。绍兴商会体系中的箔庄业业董与箔业公所中的业董一样,都是由商家选举产生的,但是商会业董的变动要受商会的约束。首先,商会业董如果想退职的话,得向绍兴商会辞职。1920年箔庄业业董王昱波等人都是向绍兴商会请辞:

> 大路各箔庄向在商会认股,举有业董王昱波、陈元庆、傅唐效等。三人本老诚练达,富有经验,任事以来,对于公家交涉,非常热心,秉公不懈。惟同业中有不良分子,暗中习难,办事掣肘,昱波等遂向商会会长告辞,故三月间由商会知照该箔庄业投票选举。嗣奉得王子成等三人当选。讵王子成等三人明知事为难,再三向商会亟辞。④

---

① 《选举箔董之经过》,《越铎日报》1920年12月29日,第三版。
② 《箔业选举总董开会纪略》,《越铎日报》1924年6月26日,第六版。
③ 《选举箔董之经过》,《越铎日报》1920年12月29日,第三版。
④ 《箔业董事尚虚悬》,《越铎日报》1921年7月30日,第三版。

其次,举行商会业董的选举需要得到绍兴商会的同意,同业商人并不能随意举行。比如上文箔庄业业董的选举便是在绍兴商会的要求下进行的。正常情况下商会业董选举的时间须与绍兴商会的改选时间保持一致,即正常情况下商会业董的改选与商会会长、会董的改选同步进行。此外,选举商会业董所需的选票由绍兴商会提供。这一点,由当时的报道可知:

县商会会长,因任期已满,改迁在即,各业业董,照例亦须改举,兹闻箔业董事俞守成,昨接到商会选举票十三张,嘱分给同业,填就名姓,投储票柜,由会开票,该业业董俞君接到后,查同业各庄共有二十三家,尚缺选举票十张,现已向商会续领矣。[1]

会馆、公所内部雇有专职人员。箔业公所内部人员很多,以至于相互推诿,不愿任事,"因公所人员太多,遇事互相推诿,致胡乱不堪"。[2] 会馆、公所的职员是从行业组织那里领薪水,1923年箔铺业商人为了提高公所的办事效率,曾进行过以加工资为主要内容的改革:"今已增加月薪,派定专职,其总务员胡梅臣月薪已由十六元增至念五元,取款兼抄款员戴钦臣已由十六元增至二十四元,会计员李茂生月薪已由十元增至二十元,文牍员陶荣桂、庶务员寿子耀均月支薪十二元。自是各有专职办理,当有起色矣。"[3]

由于公馆、公所这样的行业组织内部组织已经相对完善,所以它们有能力参与行业以外的地方公务。绍兴箔业公所不仅处理箔铺业内部事宜,甚至还曾参与绍城善庆施材局这样的慈善机构的创设。[4] 华舍观成堂这样的绸业组织,更是介入了华舍村的多项公共事业,如创办保卫团、兴办义龙等。[5]

同业公会作为民国之后才出现的新式行业组织,其组织程度自然比会馆、公所更上一层。以下是绍兴钱业公会的章程,从这份章程可以大概窥见当时绍兴同业公会的组织状况。

① 《箔庄业将改选业董》,《越铎日报》1924年10月5日,第六版。
② 《箔业公所革新谈》,《越铎日报》1923年12月5日,第三版。
③ 《箔业公所革新谈》,《越铎日报》1923年12月5日,第三版。
④ 《箔业组织善庆会》,《越铎日报》1923年12月1日,第三版。
⑤ 《绸业董成绩可观》,《越铎日报》1922年3月15日,第三版。

### 绍兴钱业公会章程①

#### 第一章　　总纲

第一条　　本公会以入会之绍兴钱庄同业组织之,名曰绍兴钱业公会。

第二条　　本公会事务所暂设绍兴商会内。

第三条　　本公会以谋金融之流通及交易之安全为目的,其应行之职务如左:

(一)联合在会同业,研究业务及经济事项之进步;

(二)促进同业之发展;

(三)矫正营业之弊害;

(四)提倡合群及讲求信义;

(五)评议入会同业之争执或和解之;

(六)同业因商事行为有必要之请求,得转函商会陈请官厅或转函各埠商会,但非关商事行为者,不在此例;

(七)处理其他关于同业之事项,但以其事件之性质为本公会所得处理者为限;

(八)同业对于外界有交涉事项,本公会认为同业应一致行动,得劝告同业实行之。

#### 第二章　　职员

第四条　　本公会应设之职员及其选举任期与执行之权限依左列各款办理:

(一)会长一人,副会长一人,董事三人,皆名誉职;

(二)董事由会员选举,会长、副会长由董事互选,皆用单记名投票法举定,不得借词推却;

(三)职员之任期为二年,连举者得连任,但不得连任三次;

(四)会长总揽会务,对外为全体代表,本公会函牍均由会长盖章签名;

(五)副会长、董事,补助会长襄理会务,如会长请假或不能执行会务时,由副会长代行之;

(六)任期内会长阙位,以副会长继任,副会长阙位,由董事互选补充,董事阙位,以当选之次多数补充,各以前任之任期接算。

① 《绍兴钱业立公会》,《越铎日报》1923年4月2日,第三版。

### 第三章　　会议

第五条　　本公会会议分三种：

（一）年会，每年于旧历正月二十日举行之；

（二）常会，每月二次，以旧历初二、十六两日为定期；

（三）特会，无定期，由会长认为必要时，临时召集之。

第六条　　本公会会议须会员三分之二到会，得到会会员三分之二以上同意，方可决议。

第七条　　本公会会员因事不能到会，得委托代表负全权责任。

第八条　　会议细则另定之。

### 第四章　　会员入会

第九条　　本公会以发起组织公会之同业经理人为基本会员，凡同业经理人经本章程第十条规定程序入会者，同享会员权利。

第十条　　新开各庄愿加入本公会者，须于开业前一个月，将资本总额、股东姓名、住址及所占股分，各经理人及合股时之见议人各姓名开单报告本公所存记。

第十一条　同业已入会各庄，如改换牌号，仍应依前条规定办法。

第十二条　同业已入会各庄，如更换股东或更换经理，及另加记号，均须报告本公会存记。

### 第五章　　经费

第十三条　本公会经费由同业入会各庄共同担认。

### 第六章　　附则

第十四条　本公会同业营业规则另定之。

第十五条　本公会章程如须修改，得召集会议，依第六条程序决议修改之。

根据《绍兴钱业公会章程》，钱业公会是绍兴钱庄业的组织，以发起组织公会之同业经理人为基本会员。新开业的钱庄，如欲加入公会，需在开业前一个月向钱业公会递交申请。钱业公会有正会长一人，副会长一人，董事三人。这些人全部由选举产生，任期两年，连举者得连任，但不得连任三次。公会会议分为三种，即年会、常会、特会。提议需经三分之二以上到会会员同意才算通过。

像会馆、公所一样，同业公会的选举也是独立于绍兴商会的。1924年安昌钱业公会的选举过程毫无绍兴商会介入的痕迹。

### (二)第二层次

虽然当时绍兴有些行业组建了会馆、公所、同业公所这些形式的同业组织,但是实际上仍然有很多行业的商人没有组建行业组织。这些没有组建行业组织的行业自然也是需要一种处理行业事务的机制的。这些行业的工商业者为了维护行业的利益与秩序,会推举出一名"头目"去负责处理行业的日常事务。有的行业是依靠绍兴商会体系中的业董去管理本行业事务,有的工商群体(主要是手工业者)则推举出不具有法定地位的"行头"去处理集体事务。

绍兴的很多工商群体没有建立同业组织,其日常事务由绍兴商会组织体系中的业董负责,当然这个业董是该业工商业者票选出来的。比如柯桥镇箔业共有十家,虽然营业比较发达,但组织薄弱,以致"该业同行偶有事故,对外未能一致",为了加强组织,"特挽商会会员陈某介绍"加入柯桥镇分所。箔业加入分所后,柯桥分所就相应地需要增加一名业董去负责柯桥箔业的日常事务,于是柯桥分所发放选票给箔业商人,由箔业商人选举业董,"由商会庶务员发给选举票十张,经各号代表填写完竣投入票匦,当由沈会长监视开票,徐德风得三票,沈东升得七票,多数当选为箔业会员"。[①]

票选选举出来的业董还需要得到商会的照会才能正式成为业董。柯桥镇箔业商人选举结束后,柯桥分所便照会得票最多的沈东升,请其出任箔业董事:"即由该会咨照沈启担任矣。"[②]以下是1909年绍兴商会照会张荣堂、华源福等人出任绍兴商会箔铺业董事的文件:

> 山会商务分会为照会事:
>
> 　　照得贵业生意繁盛情形,自应联络。现在愿入商会,公举执事为会董,具征热心公益,众望咸孚,拟合照会,为此照请贵会董查照担任业董。除开特别大会另行单邀外,每月初八、二十三常会之期,并希光临,以资研究而臻发达,有厚望焉。
>
> 　　须至照会者。
>
> 　　一照会箔铺业董张正元号张荣堂君、华源泰号华源福君、胡德兴号胡梅炫君。

---

① 《柯镇箔业入商会》,《越铎日报》1921年3月5日,第三版。
② 《柯镇箔业入商会》,《越铎日报》1921年3月5日,第三版。

宣统元年五月初一日 ①

绍兴酒业也是依靠商会业董去管理行业事务的。绍兴酒业是一个极其发达的产业,但是酒业建立自身正式组织的努力却多次失败,从清末到 1922 年 9 月,绍兴酒业中人多次尝试组建酒业团体,都以失败而告终,"一经事过境迁,未有不倏归泡影者"。② 比如 1915 年绍兴酒业商人曾尝试建立会馆,甚至连会馆场所建设经费的集资办法都想好了,"依照前次大会议案,每缸抽捐五分,委托各经董克日收集,随发收据,汇交事务所,按日登报存储大路升昌钱庄,以便购地建筑为永远之计划"。③ 但是后来建立酒业会馆的计划便没有下文,不了了之了。表 4.1 是绍兴酒业历次旋起旋灭的酒业团体组织者和名称一览。

表 4.1 清末民初绍兴酒业团体一览

| 时间 | 组织者 | 名称 |
|---|---|---|
| 清末 | 沈墨臣 | 山会酒业公所 |
| 光复初 | 马仲威 | 酒业公会 |
| 光复初 | 沈翰臣 | 绍兴酒业公会 |
| 1915 年 | 章子欣 | 绍兴酒业会馆 |
| 1915 年 | 沈亦亭 | 酒业事务所 |
| 1917 年 | 章楠庭 | 酒业维持会 |

由于酒业组建团体的努力一直失败,因此绍兴酒业的组织程度远低于箔铺业、钱业、典当业等行业。绍兴酒业的各项事务,只能依靠商会中的酒业业董来维持。时人评论绍兴酒业组织程度之低,"业酒之家,散居城乡,宛如散沙一般"④,"吾绍酒业多抱自私自利之主义,而无团结联络之精神"。⑤

如果行业事务较多,那么依靠一两个商会业董去处理事务便显得捉襟见肘,选举出的业董便有可能逃避责任,选择退职。绍兴的箔庄业即是这

---

① 《绍兴商会照会张荣堂等人》,1909 年 6 月 18 日,《绍兴商会档案》,绍兴市柯桥区档案馆藏,141-1-42。

② 《又一起酒业公会之成立》,《越铎日报》1922 年 9 月 5 日,第三版。

③ 《酒业代表会议进行办法》,《越铎日报》1915 年 6 月 5 日,第三版。

④ 《又一起酒业公会之成立》,《越铎日报》1922 年 9 月 5 日,第三版。

⑤ 《绍酒业公会成立记》,《越铎日报》1922 年 9 月 6 日,第三版。

样,"箔庄业事务繁多,交涉迭出,故该业对于业董一席,无不推诿"。① 后来箔庄业为了减轻业董的负担,不得不公请一名专门负责公家交涉的文牍员,"王昱坡、王子成君等邀集各庄经理在七星龙局开会讨论,拟公请一文牍员,司业一切公家交涉,以节业董之繁"。②

组织薄弱的酒业、箔庄业商人依靠商会中的业董来处理集体事务,维护行业性秩序。他们依赖的商会业董是经过一系列正式手续,并且得到商会这样的法定团体承认的具有法定身份的行业首领。像箔司这样的手工业者,他们的行业首领是"行头"而不是商会中的业董,他们在绍兴商会的组织体系中根本没有自己的代表。

手工业者并非没有组建自己的行业组织的尝试,但是官厅和财东对手工业者组织公所非常敏感,极力阻挠手工业公所的设立。1918 年绍兴箔工发起成立"绍萧箔工公所"以及为箔司子弟提供教育的学校,"箔工代表高芝芳、郭沛泉、徐如帆、洪达夫、王有道、金成章、陈裕生、郭开轩、朱振翔等,联名禀请设立绍萧箔工公所"。③ 县公署把该申请交给商会,请商会召集相关人员议复,结果该议遭到箔业公所的抵制,"敝业本作已设有箔业公所及箔业学校,箔司子弟敝校并不限制"。④ 最后,成立绍萧箔工公所的提议不了了之。

矸纸业手工业者也曾发起成立行业组织,亦遭官厅批驳。"矸纸一业为绍兴箔业中最勤苦之生活,讵该业中狡黠之徒,又复巧立行头名目,向各户捐资,借以中饱私囊。前岁曾由讼棍蒋某等私立行头事务所,幸官厅不为所朦,勒令取销在案。"⑤

行头作为手工业者的首领,要处理的行业事务主要是同业收徒和同业工资。1918 年绍兴箔司行头鉴于生意清淡,决定停止收徒一年,"到会箔司并行头、行长等数百人,金谓生意清淡,老箔司歇业甚多,决议明年停止收徒一次,已由该行头行长等分发知单通告绍萧各箔坊一体遵行矣"。⑥ 外地手

---

① 《箔庄业孕育新董事》,《越铎日报》1924 年 10 月 7 日,第六版。

② 《箔庄业董开会记》,《越铎日报》1921 年 9 月 7 日,第三版。

③ 《绍兴县商会复绍兴县公署》,1918 年 11 月 30 日,《绍兴商会档案》,绍兴市柯桥区档案馆藏,140-4-366。

④ 《绍兴县商会函绍兴县公署》,1918 年 12 月 3 日,《绍兴商会档案》,绍兴市柯桥区档案馆藏,140-4-358。

⑤ 《矸业行头将复活》,《越铎日报》1917 年 5 月 18 日,第三版。

⑥ 《锡箔司之大会议》,《越铎日报》1918 年 9 月 24 日,第三版。

工业者要想到绍兴觅活的话,需要得到行头批准。1919 年,不少杭州箔司到绍兴工作,箔司行头要向他们收取规费,"凡遇由杭(本系绍伙,早年营业萧条,赴杭生计)返籍操活趁□之人,被该行头察觉,动辄纠同侪类,前往恫吓,不达到诈欺取财之目的不止"。①

　行头的另一主要事务是为手工业者争取更高的工资,由于行头有组织手工业者争取工价的职责,所以行头屡受业主的指摘。1920 年 1 月箔铺业业主开会,各铺主"金谓锡箔一业,屡被旧行头贪得对数钱之利益,唆令箔工聚众要挟,受害不可胜言"。② 民国时期,绍兴的手工者在行头的带领下进行了多次经济性罢工。1920 年箔业行头发放传单要求加薪,"该箔工等为绍地劳动界之大帮,人数不下数万,其中不良之恶习,并未删除,尚立有行头名目,居然分发传单,勒令罢工要挟,并且捣毁箔铺八九家"。③ 1920 年 11 月,砑纸司在行头的带领下要求加价,"现闻由该业行头议定,每块箔纸增加辛工铜元八枚,已向各店家商榷"。④ 1922 年绍兴豆腐业行头带领豆腐司要求加薪,"吾绍水作(即豆腐)业之行头,本恃武力霸充,月前哄众罢工,要求加资"。⑤

　因为行头时常带领手工业者罢工闹事,所以官厅曾经尝试取缔行头,要求行头名目"一律取销"。⑥ 不过,行头名目实际上是禁而不绝,一直存在,这或许是因为行头可以在一定程度上约束手工业者、保持行业秩序不致失范。1920 年 1 月绍兴箔司因工资问题而发生风潮,箔司捣毁了一些箔铺。在风潮中,作为箔司领袖的行头,并不是推波助澜,而是竭力劝阻,防止风潮扩大,"幸代表行头等竭力拦阻……尚无甚大损少"。⑦ 绍兴官厅常常利用箔业行头来约束箔司,以控制箔业罢工的规模。1920 年 1 月,当时的绍兴县知事余少舫面对箔业的罢工风潮,便是通过箔业行头劝说箔司开工。"余知事以箔司罢工,大多数均系被动,即传自称箔司代表之某甲等到案,令其立即转劝开工,静候解决云。"⑧

①　《锡箔行头阻营业》,《越铎日报》1919 年 10 月 7 日,第四版。

②　《箔司停工风潮之要闻》,《越铎日报》1920 年 1 月 23 日,第三版。

③　《箔业风潮闹不休》,《越铎日报》1920 年 1 月 17 日,第四版。

④　《砑纸业增加工资》,《越铎日报》1920 年 11 月 5 日,第四版。

⑤　《革了行头坐拘留》,《越铎日报》1921 年 1 月 17 日,第四版。

⑥　《箔司行头索规费》,《越铎日报》1924 年 1 月 20 日,第三版。

⑦　《箔工反对减工资》,《越铎日报》1920 年 1 月 8 日,第三版。

⑧　《箔司逞蛮案近闻》,《越铎日报》1920 年 1 月 18 日,第三版。

官厅颁布关于箔业行头的禁令,意味着作为箔司首领的行头失去了合法身份去领导箔司群体。箔司行头为维护箔司群体固有行规而采取的强制举动,便可能因为行头的非法身份,而被视为非法行为。1921年箔司行头郭福林向新入行的箔司谢庆堂索取入行规费不成,强行搬取谢庆堂财物,因而触犯法律。《越铎日报》记者评论,箔业行头的名目"已经县署出示布告,概行革除,郭福林何得仍用行头名目,敛钱不遂,出以搬掳? 实诚藐视官厅示谕,不法之极也"。①

### 二、工商群体的集议

各行各业的工商业者,出于维护行业利益的需要,会制定专章对本行业的行业秩序进行规定。各行工商业者是通过同业集议的方式,也就是召集同业工商业者开会讨论的方式,来做出这些规定的。而这种集议的形式,虽然因各类工商业者的组织程度有别而略有不同,但大体上相差不大,都是"邀请同业,妥定章程"。②

对那些组织程度较高,组成了公所、会馆,甚至是同业公会的群体来说,关于行规等事项的讨论,除去极个别情况,一般是在公所、会馆内部进行。

清末绍兴酒业商人在当时的山会酒业公所中讨论酒业行规,在1910年农历二月初二日的例会中拟定《山会酒业公所续拟办事规则》。"兹于本年二月初二日会期,续订规则十条,均经同业多数赞成。"③这份规则不仅规定了公所的运作,而且对绍兴酒业的定价、相邻铺面的距离都有明确的规定。

民国初年的绍萧棉业商人为了禁止往棉花中掺水,并革除重包,在绍兴安昌镇的棉业公所内集议规章,先是邀集同人,议定《同行公议行规》④,后又因为前议尚有未尽事宜,"爰再邀集同行,由安昌公所公同议决,参加六条",形成《同行公议行规续则》。⑤

对那些组织程度较低,没有公所、会馆这样的正式组织的工商业者来说,他们集议的地点可以说是五花八门了。据笔者所见,他们的集议地点大体有三类,一是宗教场所,二是其他工商团体的会场,三是茶楼。

---

① 《箔业行头之不法》,《越铎日报》1921年3月22日,第三版。

② 《华舍罗机新章程》,《越铎日报》1923年7月8日,第三版。

③ 《山会酒业公所续拟办事规则》,1910年5月20日,《绍兴商会档案》,绍兴市柯桥区档案馆藏,141-1-48。

④ 《同行公议行规》,1920年,《绍兴商会档案》,绍兴市柯桥区档案馆藏,140-4-396。

⑤ 《同行公议行规续则》,1920年,《绍兴商会档案》,绍兴市柯桥区档案馆藏,140-4-396。

第一,宗教场所。绍兴的工商业者常常借宗教道场议事。1926年绍萧腐业在张神殿设席演戏,讨论重整行规事宜。① 1917年绍兴城区烛业齐集张神殿,决议涨价,"于日昨在江桥张神殿会议,决计劝令涨价,借以挽回成本,容待柏油松动,再行止云云"。② 1922年绍兴厨司业因为米珠薪桂,所得薪资不能维持生计,"假座道院讨论增价办法"。③

第二,其他工商团体的会场。1921年,此时处于无团体状态的绍兴酒业商人借城区药业会馆开会,讨论抵制烟酒分局苛扰的方法。④ 1923年绍兴城区肉业因为成本高涨,邀集各同业在绍兴商会会场开会,讨论猪肉涨价的办法。⑤

第三,茶楼。茶楼也是绍兴工商业者讨论行业事务的地方。1924年绍兴镶牙业十余家,齐集鼎新茶园开会,讨论禁止用铜牙冒充金牙问题。⑥ 1920年绍兴箔司因为"外行混入本业打箔,紊乱规则",在城中西营杏春茶园开茶话会,讨论整顿箔司规章。⑦

从现有的史料来看,各业工商业者集议所讨论的事项大体可分为两类,一类是关于行业整体性的行规的讨论,另一类是关于某项具体事务(如价格、营业时间、伙友薪金)的讨论。

行规是全行业工商业者的基本规范,关系到行业的运作状况,所以各行各业对于行规的制定均非常重视。

例一:钱业制定行规。1919年绍兴钱业因杭汇与绍兴金融评议会拟定的钱业规章不符,绍兴钱业停市三个月,致使绍兴商业秩序失调。后来由于绍兴的大宗买卖——茶茧交易即将开始,绍兴钱业不得不先拟定临时简章——《绍兴钱业暂行简章》,在杭汇问题解决之前,"定于旧历四月初一日实行开市"。该简章内容如下。

### 绍兴钱业暂行简章⑧

一议同行以本国国币为本位,北洋造币一律通用;

① 《绍萧腐业同行整规》,《越铎日报》1926年6月9日,第七版。
② 《烛价吵盘累同业》,《越铎日报》1917年12月12日,第三版。
③ 《厨司业演戏增价》,《越铎日报》1922年5月21日,第四版。
④ 《绍兴酒商会议情形详记》,《越铎日报》1921年11月8日,第三版。
⑤ 《肉业同行议加价》,《越铎日报》1923年7月22日,第三版。
⑥ 《镶牙业取缔同业》,《越铎日报》1924年4月15日,第六版。
⑦ 《箔工反对减工资》,《越铎日报》1920年1月8日,第三版。
⑧ 《绍钱业开市有期》,《越铎日报》1919年4月27日,第四版。

一议同行公单,限以缺至一万元为度,得向多家掉用,逾限以现洋解直;

一议解票早一天付账,须凭同行过收,以免遗失等情,如数巨,来现抵解;

一议外行来现,当日收账;取现,早一天付账,惟须取过印费每百元二分,客帮同行同;如成千者,须先期通知;

一议乡镇同行存拆,除五厘,欠拆加一分,主客存拆,除五厘,欠拆加一分半;

一议日拆以五厘起,到六分为度;

一议客帮如有委解巨数现款,必须来现抵解;

一议各路及客帮信电捆办现洋、批宝、角子,一经捆出,途中风险概归来捆之家担任,不涉绍庄之事;

本简章如有未尽事宜,得随时修改云云。

例二:华舍罗机业制定行规。1923 年华舍罗机业鉴于丝贵绸贱等因素,"不得不邀请同业,妥定章程",议定之后,"不得紊乱规模,一经察觉,议其相当之责罚"。该章程的细则如下。

### 华舍罗机业章程①

一议:二四罗,每经工洋一元四角;

一议:二二罗,每经工洋一元二角;

一议:十三罗,每经工洋一元;

一议:十五罗,每经工洋一元一角;

一议:十七罗,每经工洋一元二角;

一议:九七五三罗,每经工洋八角;

一议:十一罗,每经工洋九角;

一议:各司友每逢歇工之日,自行吃饭,东家概不抱贴云。

由于行规与商人利益关系密切,商人往往希望行规能够得到严格的执行,故而会采用一些手段去提升行规的权威性。绍兴的行业组织有两种方式去加强行规的权威,一是设置保证金,二是把行规提交官厅备案。

绍兴工商业者增强行规效力的第一种方法是设立保证金,用保证金来迫使同业遵守行规。比如,1924 年安昌镇钱业在制定钱业行规时就规定各

---

① 《华舍罗机新章程》,《越铎日报》1923 年 7 月 8 日,第三版。

钱庄每家出洋二百元作为保证金,如果某钱庄有违规放贷、破坏行规的行为,并被人举报,那么就将违章钱庄所存的二百元奖给举报者。"兹由钜昌庄发起,邀集同行会议,重订条规,自旧历十月份起,一例实行,并令每家出洋二百元,存储钜昌,倘再任意私放,一经被人察出,得向钜昌报告,证明确据,即将违章之家所缴之款,取以充报告者之奖励云。"①

设置保证金的方式虽然能够在一定程度上增强行规的约束力,能够在一定程度上迫使各同业遵守行规,但是并不能提升行规本身的合法性,并不能使所制定的行规摆脱私议的范围。如果关于某行业的规定"未经禀明核则",那么该规定便是私约,"当然不生效力"。②

要想使行规这样的关于行业的规定具有合法性,需要把行规送交官厅备案。有时为了使行规广为人知,商人还会要求官厅下发布告,以便张贴,广而告之。这便是工商业者增强行规效力的第二种方法。

1922年的绍兴平水、上灶两地寿枋业行规,便是由商人直接呈请绍兴县公署立案,并发给布告的。平水、上灶两地寿枋业行规,原本是清末光绪年间议定的,商人担心时过境迁,难以持久,遂禀请绍兴县知事发给布告。"伏思是项业规,为平水上灶两处同业各店的自议而自守,原系道德问题,实有关系于公益。倘或堕废,殊为可惜。为此联名禀请准予立案,给发布告,俾各遵守□□到县。"③

工商业者行业性集议讨论的其他事项种类繁多,有的是关于牙行加用的,有的是关于协议物价的,有的是协调开市时间的,有的是关于管理产品质量的,有的是关于金融流通的,有的是关于加给薪资的,还有的是关于税收问题的。

第一类,牙行加用。1920年6月,绍兴丝业众商在丝业公所议定,对于蚕农卖丝,每元收取行用三分,并通过绍兴商会请求绍兴县公署立案,以示保护。④

第二类,协议物价。1918年绍兴城区南货业受到东皋镇南货业吵盘降价的冲击,销售乏力,门可罗雀。为了挽回市面,绍兴城区南货业众商"亦汇

① 《安昌钱业重订庄规》,《越铎日报》1924年11月21日,第六版。
② 《轴绸业议定规章》,《越铎日报》1917年6月6日,第四版。
③ 《寿枋业请示整规》,《越铎日报》1922年7月21日,第三版。
④ 《绍县丝业公所呈文》,1920年6月17日,《绍兴商会档案》,绍兴市柯桥区档案馆藏,140-4-386。

议吵盘,莲粮线粉等件,减价售卖"。① 1921年11月绍兴书业鉴于各同业售价各自为谋,纷纷不一,开同业会议,整顿售价,"议定于阴历十一月一日起,商务书馆出版之普通中学师范等书,以七五折计算。……中华书局出版各种书籍,照商务书馆折扣发卖。其余各书局之杂书、小说,概卖八折"。②

第三类,协调开市时间。1912年绍兴衣业为了清理账目,定下的开市时间较迟,部分商家在规定的开市时间之前开始营业,引起行业纠纷。后来衣业众商集议,议定以后自由开市,不拘时间,只是"各店所该货款,有一庄未能清偿,由该庄通知同业各庄,均不准与之交易。如违此议,罚洋百元,以充公用"。③

第四类,商品质量管控。1924年绍兴镶牙业的集议,要解决的就是商品的质量问题。绍兴城中的宝成等镶牙店,以铜冒充金给顾客镶牙,引起同业纠纷。同业开会集议,认为铜易成铜绿,铜绿含有剧毒,对人体危害极大,议决以后禁止用铜镶牙。④

1920年绍兴华舍绸业在观成堂集议,劝令华舍各机户不要用劣质蚕丝纺织丝绸。并且刊布告示,用劣丝纺成的劣绸,"各庄即便一时失眼而朦收,俟炼出后,原货退还"。⑤

第五类,金融流通类。前文曾经介绍过绍兴钱庄业在钱业公所开会,确定市面现水数目及掉期、日拆的情况,此处不再赘述。此处主要介绍其他行业集议金融事务的情况。柯桥镇南货业在1912年曾订下规章:"凡购物者必须银圆交易,如遇板方、制钱,须每百文贴水五文,方可购货。"⑥1906年绍兴铜元充斥,各业为避免损失,皆改用洋元为计数单位,而典当业仍用铜元作为计价单位,引起诸多不便,后来典当业集议亦以洋码计数。⑦ 典当业的放贷利率也是通过同业集议的方式确定的,1918年绍兴城区典当业为了与乡镇典当业争夺客户,集议降低放贷利率,"自议决之日起让利三个月云"。⑧

第六类,加给薪资类。关于增加薪资的集议有两类,一类是手工业者、

① 《南货业会议吵盘》,《越铎日报》1918年10月8日,第三版。
② 《书业重整规则谈》,《越铎日报》1921年11月26日,第三版。
③ 《衣业会议再志》,《越铎日报》1912年3月27日,第二页。
④ 《镶牙业取缔同业》,《越铎日报》1924年4月15日,第六版。
⑤ 《绸业董成绩可观》,《越铎日报》1920年12月27日,第四版。
⑥ 《南货业董之垄断手段》,《越铎日报》1912年7月17日,第二页。
⑦ 《典业议改洋码》,《申报》1906年2月15日,第九版。
⑧ 《城当减利好消息》,《越铎日报》1918年2月5日,第三版。

伙友要求增加薪资的集议,另一类是财东、经理讨论是否应该允许增加薪资的集议。

手工业者、伙友的集议,主要是要求增加薪金。绍兴箔司、砑纸司这样的手工业者都立有行头名目,每次要求加薪,一般是行头发起,邀集同业箔司开会集议,然后出具恳单,请箔铺东家略加薪金。

1918年绍兴箔司因为物价上涨,所得薪资不敷生计,由箔业行头召集同业进行汇议,要求略加工资,并向各箔铺发出恳单,恳请加薪,"又出恳单情恳各店家酌量加给工资,无论本作及包生活一体酌加,以恤工艰而安营业"。[1]

1923年11月,原来萧条的箔市突然有起色,市面有价无货,一些箔铺为了赶工生产,就暗中给自己铺中的箔工增加工资,这引起其他箔工的不满,箔工开全体大会,要求各箔铺一律加给工资,"箔工全体汇议,刊发传单,请求一律加给工资,要求各铺主开会允洽"。[2]

商店伙友虽然没有"行头""头脑"这类有名目的领袖人物去发起加薪运动,但是民国时期的绍兴各业伙友可以通过集结团体去要求加薪,"一般出外营生者,以所博辛金不足以谋事畜,纷纷集合团体,要求增加薪俸"。[3]各业伙友也是集结开会,议定加薪,然后与店东、经理协商。

1920年柯桥镇南货业伙友鉴于柴荒米贵而所得薪金却丝毫未加,"邀集同人,一再磋商",形成一致意见,订立专条,要求加薪。并通过南货业业董向各店东商量,最后各东翁同意了伙友们的请求。当时议定的条文如下:

(一)议本年腊月费各计划洋八角,薪水以双工双伸作算,居家亦因双除;

(一)议民国九年为始,每月伸工以十天加算,居家按日除算,下冬一例;

(一)议各友月费统系初一给发,是开修朋友者,无论大小,均归划洋八角,学生减半;

(一)议糖、籐粉、干索均归裹场糖包,该三七分派,以七归友,以三归店;

(一)议无论各友均归腊月二十一例,如开原灯;

① 《箔司要求增工价》,《越铎日报》1918年11月30日,第三版。
② 《箔工加薪又一讯》,《越铎日报》1923年11月1日,第三版。
③ 《南货伙友增辛工》,《越铎日报》1920年1月29日,第三版。

（一）议辛俸均归现大洋、角子者，如遇有现升，照市贴水，统归初七日开支；

（一）议各友如有不遵店规以及破坏前议者，公议处罚；

（一）议如邻近镇头，有取消者，一例照行；

（一）公议各条简章，先登报声明一星期，以周众闻；

（一）各乡分送传单，备为周知；

（一）议各友如有开年分手，定期遵限于新正二十日议决，如果期外覆者及无故特覆等，惟修金一层给取到节为度，如端节者至初十日定夺生意，长年三节，均照一例，己未腊月为始。柯帮各友姓名列入章程簿内，以昭诚信，倘各镇朋友调任柯镇者，须至业董处领取执照为证。①

商号的东翁、经理接到手工业者、伙友要求加薪的请求后，一般会在业董的召集下，在公所或其他场所开会讨论是否同意加薪。

1920年1月绍兴箔司因要求加给工价而实施罢工，箔铺业董事胡梅炫向城区及附郭七百余家箔铺发送传单，召集各铺到箔业公所开会。大会讨论箔工加价问题，虽然业董胡梅炫认为应该加价，但是因为各箔铺均不愿加价，因此会议无果而散。②

1924年绍兴砑纸司因物价上涨，生计维艰，向箔铺业要求加给工价。各箔铺在箔业公所开会，"公同议决，每色加工七厘"。③

1926年染业伙友因物价日涨，薪金不足，通过业董请求店铺体恤加薪。业董邀集各经理讨论加薪事宜，最后各经理准如所请，同意加薪。④

第七类，税收类。工商业者以获取利润为目标，对他们而言，国家的收税行为总是令人厌恶的。同类工商业者通过集议的方式来达成共同的意见，再通过烟酒分局、县公署、绍兴商会、旅京同乡会以及其他各种方式，去与官厅交涉，以期达到减税、减捐等目的。1917年朱谦豫酒坊遭人诬告，告其偷匿私酒三百数十缸之多，但是经过烟酒分局的调查，朱谦豫酒坊并未偷匿私酒。⑤ 此事引发酒业公愤。酒业中人认为，"查出有罚，伪报无罪，将来挟嫌诬指，敲诈成风"，绍兴酒业肯定会生机断绝，应请官厅严肃处理诬告朱

① 《南货伙友增辛工》，《越铎日报》1920年1月29日，第三版。
② 《箔业风潮闹不休》，《越铎日报》1920年1月17日，第三版。
③ 《砑纸业加薪告成》，《越铎日报》1924年1月21日，第三版。
④ 《染业伙友加薪演戏》，《越铎日报》1926年3月3日，第六版。
⑤ 《诬报私酒激动公愤》，《越铎日报》1917年7月22日，第三版。

谦豫酒坊的这个案件。① 酒业商人遂在绍兴商会会场讨论此事。会场中的酒业商人一致认为"应请分局交出诬报人犯,移送法庭按律严惩,以儆效尤",并且"全体起言,无论赴省、赴京,如何进行,大众一致,必达目的而后已"。② 最后,烟酒分局出示布告,表明自己"以杜挟嫌诬罔",算是给绍兴酒商们一个交代。③

总之,清末民初绍兴的工商业者,虽然组织程度高下有别,但是都是在一定的场所中,集合同业人员,对某一事项进行讨论,形成一致的意见,去维护同业的共同利益,去维护行业内的经济秩序。

### 三、行业性自律的不足

由上面的讨论可知,同业工商业者的集议制度能够在一定程度上给自身提供行业性的规范,保障本行业的有序经营。但是在很多情况下,同业集议本身的约束力不足以使各同业遵守集议。而且许多工商群体的单方面决定,会涉及其他群体的利益,有时无法得到其他群体的同意,不同群体之间甚至会爆发冲突。

一方面,工商业者为了弥补行业性集议约束力不足的问题,会主动要求具权威性的机构,如商会这样的法定团体,或者是更具权威性的国家机器,去介入行业规定的产生过程。最常见的形式是,某业工商业者在拟定行规之后把行规送到县署,请求地方官厅备案,并发给布告,以增强行规的效力。

如果同业执意违背协议,破坏行规,而且同业无法依靠自己的力量去排解,那么同业商人不得不要求官厅或者商会介入,以便解决纠纷。

另一方面,不同群体之间的利益存在着纠葛甚至是冲突的情况。在这种情况下,某一行业、某一群体的集议,会与其他行业、其他群体的利益,甚至是绍兴地方的整体利益发生纠葛、冲突。也就是说,行业性自律可能会导致行业间的冲突,其自身又无力解决这样的冲突。在这种情况下,官厅、士绅以及商会这样的法团就会主动或被动地介入其间,以维持地方秩序。

如箔司工价的协议,箔司群体虽然可以通过集议要求加价,但是加价是否能够实现,还需要得到箔铺业各铺主的同意。箔司与箔铺主的意见不统一时,便会爆发箔业罢工,有时还伴随着治安动荡。这时官厅、商会便不得不介入。

---

① 《诬报私酒激动公愤第二幕》,《越铎日报》1917年7月26日,第三版。
② 《诬报私酒激动公愤第三幕》,《越铎日报》1917年7月28日,第三版。
③ 《烟酒公卖局之官样文章》,《越铎日报》1917年8月21日,第三版。

像钱业这样的行业,由于其操控着现水的涨跌、日拆的升降,因此与绍兴其他工商业有巨大的关系。如果钱业集议货币行情的例会出现意外,未能评议出结果,绍兴钱庄业就会停业,绍兴各行各业皆会受到影响。1919年绍兴钱业因杭汇问题停业三个月,各业大受影响,"迄今已将三月,尚未开市,致使各业金融停滞,咸感不便,迭经开会筹议,无如种种掣肘,终难解决"。① 而钱业如果将贷款利率评议得过高,就会损害绍兴其他行业商人的利益,他们便会通过官厅、商会等渠道来要求降低利率。1919年12月绍兴日拆奇重,箔庄业要求绍兴商会呈请县署降低日拆,以纾商困而解倒悬:

> 故自日拆加重以来,银根愈紧,商业愈困。因此而困难者有之,束手坐困者有之,直接受影响者为外行,间接受影响者为钱业。吾业为绍县出产大宗,成本蓦重,进出之数,动以千百计,受重拆之痛苦,更不堪言状……代表等侧身商业,目击困难,对于减轻拆息,有万不可须史缓者,既受全体之委托,自应急迫而陈辞。为此帖请贵会据情核准县公署传谕金融评议会,速即减轻日拆,俾苏商困而解倒悬,不胜迫切呼吁之至。②

此外,在一些行业的整顿问题上,以集议为中心的自律机制显示出组织力不足的问题,其能力不足以承担推动行业发展的重任。1920年,官厅为了振兴中国棉业,要求各产棉区组织棉业公会,设立植棉试验场。绍兴安昌棉花公所业董接到官厅的劝谕后,便推脱说,"查组织协会,每因人各四散,未及半数,致难组织就绪",并称棉业中人无力承担组织协会与设立试验场两项任务,"凡我经营中人,才识浅薄,恐协会与试验两项,均不足以仔肩重任,无由贵署函请农会组织办理,较为妥善"。③ 棉业业董的说辞,固然有推脱官厅差事的动机,但旧式行业自律能力的落后亦一览无余。

总之,清末民初绍兴工商业者形成了一定的组织形式,有的成立了公所、会馆甚至是同业公会,有的是通过商会体系中的业董来处理行业事务,有的是通过行头来处理集体事务的。部分工商业者之所以把事务托付给商会业董、行头,是因为他们无法组织起会馆、公所这样的行业组织。

---

① 《绍兴钱业停闭之影响》,《越铎日报》1919年4月24日,第三版。
② 《箔庄业全体代表具说帖》,1919年12月23日,《绍兴商会档案》,绍兴市柯桥区档案馆藏,140-4-380。
③ 《花业董事之公函》,《越铎日报》1920年2月12日,第三版。

　　集议是工商业者实现行业自律的重要手段，各行各业通过集议来商量行规、市价、开市时间等事务。商人的行业性自律有诸多不足，这使官厅、商会为了稳定秩序，不得不介入行业性事务。

## 第二节　绍兴商会对行业秩序的维稳

　　在日常的经营中，一个行业的秩序难免出现崩坏的局面，同业之间可能在开市时间、市场价格等问题上意见不一；同业之中可能有人生产低质量的商品，扰乱市场秩序，使整个行业蒙受损失；行业之中还可能爆发劳资冲突，影响商业秩序。这些行业性失序需要外界的调节，在当时的绍兴商界，绍兴商会是维护行业秩序稳定的重要力量。

### 一、绍兴商会与行规

　　行规是行业内部秩序的规范性条文，行规约束力的强弱与行业内生产、经营秩序的稳定利害相关。绍兴商会作为绍兴县最重要的法定商人团体，"总揽全县商务，为商界领袖"[1]，自然是介入了行规的产生过程的。不过，绍兴商会对行规产生过程的介入，是在行业自律机制存在的前提下进行的，不能认为商会包办了行规的产生过程。

　　制定行规的主体，自然是行业组织。如前文所述，同行业的工商业者制定行规，并可以在一定程度上加强行规。但是行业组织的自律能力毕竟有限，绍兴商会仍有介入行规之产生的必要。

　　有时一个行业的行业秩序特别混乱，绍兴商会可能会帮助该行业制定相应的行业规范以维持行业秩序。比如，晚清时期绍兴商会帮助南货业制定行规即是如此。当时南货业秩序混乱，各商号经常减价销售，实施恶性竞争，该业商人苦不堪言，"告诉无门，怨声载道"。各商号经营亦多弊病，执业经理并不用心经营，跑路之事时有所闻，"如今岁突有身居业董，背东人而脱身潜逃者，如信大之潘君幼安是也。又有老成经手，望重同行，背东人而脱身潜逃者，如福号之雷君子帆是也"[2]。后来绍兴商会便邀集南货业商人，共

　　① 《浙江绍兴县公函中华民国三年绍字第十九号》，1914 年 1 月 31 日，《绍兴商会档案》，绍兴市柯桥区档案馆藏，140-4-337。

　　② 《程丙臣具说帖》，1909 年 6 月 25 日，《绍兴商会档案》，绍兴市柯桥区档案馆藏，141-1-42。

同完成了行规的集议与整理,议定行规十二条,"由本会邀集全体,再三劝导,酌定议规十二条,均皆赞成签字而散"。1909 年农历四月间,南货业因违反行规,又起风潮,绍兴商会再次开会集议,重申前项十二条行规,"复申十二条前规,众皆欢笑赞成,签字而散"。①

进入民国后,绍兴商会再度介入了南货业行业规定的制定。1917 年南货业商人因为营业艰难,集议卖买加用,"以鲜货每元加用一分,咸鲞每元加用五厘",并将该议呈请绍兴商会公议。绍兴商会认为,"时世维艰,放账困难,银根奇紧",同意了南货业商人的请求,"公决可行"。②

民国初年,绍兴箔业因为劣质点铜迭起风波,箔业受累不浅。绍兴商会议定了专门的章程去处罚销售劣质点铜之人,"商会议决案,如再有发觉,全数充公"。1918 年 4 月,绍兴箔业又发现劣质点铜,箔业中人拟按照商会议决案处罚。③

除了介入行业规章的制定过程,绍兴商会还在增强行规权威的过程中发挥了一定的作用。如前文所述,绍兴的行业组织是有办法在不依靠他者的情况下增强行规的约束力的,也就是说在增强行规威信的这一点上,行业自律是有一定能力的。但绍兴商会作为法定商人团体,更易与官厅交流,而且在绍兴商界还具有一定的权威,所以当时绍兴的行业组织会通过绍兴商会来实现行规权威的增强。

首先,绍兴商会是行业组织向官厅呈报行规的中介。自从绍兴商会成立后,相当多的工商业者是通过绍兴商会把行规呈递官厅备案的。1908 年华舍染业因为生意年不如年,日形腐败,遂整顿行规。染业商人担心新制定的行规没有足够的号召力,于是请绍兴商会把行规转呈官厅,希望官厅能批准并发给布告。染业在说帖中说:

> 缘华川、湖门、小赭等处染业,年不如年,日形腐败。为此邀赵兰生、徐士林董理其事,整顿议规,以昭平允而冀划一。诚恐新开紊乱,不足以昭信守,爰经禀县请示,冀垂久远,而宪批以整规,毋庸请示。第徽其滥利,似非大张宪示不足以期炯戒。为此粘呈禀稿,伏乞贵会总董议长大人迅赐台览,俯念整顿实业,代请宪示,俾咸知恪守,实于染业大有

---

①　《程丙臣具说帖》,1909 年 6 月 25 日,《绍兴商会档案》,绍兴市柯桥区档案馆藏,141-1-42。

②　《南货业之新风潮》,《越铎日报》1917 年 4 月 7 日,第三版。

③　《伪造点锡宜彻究》,《越铎日报》1918 年 4 月 3 日,第三版。

裨益也。①

绍兴商会接到华舍染业的说帖后,觉得华舍染业的说帖不够细致,又去函询问"该业是何宗旨?以便叙入牒文"。② 后来绍兴商会以牒文的形式向山阴县知事请求发给华舍染业布告。绍兴商会在牒文中称,华舍染业的行规,"均和平易守,并无把持垄断情弊",请官厅"察核俯赐,出示晓谕,以顺商情而资恪守,实为公便"。③

1920 年安昌棉业公所为整顿棉花掺水问题而拟出的棉业业规,也是经由绍兴商会呈递给绍兴县公署的。"安昌花业公所,近接商会转奉县署公函,禁止棉花掺水。该业董事秋桂芳君奉函后,业已邀集花业中人议定办法函复商会,转呈县公署矣。"④

有的商人会把本行业的一些具体规定交由绍兴商会转呈官厅。比如1920 年绍兴丝业公所议决恢复清朝的卖丝取用规则,"凡丝价洋一元取牙费三分(俗名用钱),或需另找付银角之类,照市申贴,不减分文"。丝业商人担心卖丝的蚕农不愿付行用,"泥于故习,反生观望,或且阻碍",就请绍兴商会转呈官厅备案,并发给布告。⑤

其次,当时一些行业组织除了请官厅备案行规外,也会把行规交给绍兴商会备案。1910 年 5 月绍兴酒业商人拟定的《续拟办事规则十条》,便是请绍兴商会备案,而非请商会转呈。酒业商人在说帖中称:"兹于本年二月初二日常会之期,由同业公同续拟办事规则十条,自议定之日起,作为实行之期。……用特备具一份,呈请贵会察核备案。"绍兴商会接到说帖后,在空白处写下批注:"惟第八条四、五两节,似有未妥之处。现在创办伊始,姑照略备案可也。"⑥

---

① 《赵兰生、徐士林具说帖》,1908 年,《绍兴商会档案》,绍兴市柯桥区档案馆藏,141-1-23(1)。

② 《绍兴商会关于华舍染业说帖的批词》,1908 年,《绍兴商会档案》,绍兴市柯桥区档案馆藏,141-1-23(1)。

③ 《山会商务分会牒山阴县》,1908 年 7 月,《绍兴商会档案》,绍兴市柯桥区档案馆藏,141-1-23(1)。

④ 《整理花业之所闻》,《越铎日报》1920 年 5 月 13 日,第三版。

⑤ 《绍县丝业公所呈文》,1920 年 6 月 17 日,《绍兴商会档案》,绍兴市柯桥区档案馆藏,140-4-386。

⑥ 《山会酒业公所说帖》,1910 年 5 月 20 日,《绍兴商会档案》,绍兴市柯桥区档案馆藏,141-1-49。

之所以出现商人请商会为行规备案的情况,这或许是因为绍兴商会作为法律承认的法定团体,本身便具有一定的权威性,可以为行规增加一定的效力。

再次,绍兴商会还是各业行规的审核者。一般是官厅接到商人的行规后,把行规交给商会审核。这是不熟悉商情的官厅利用熟悉商情的商会去处理本应由官厅处理的事务。

1917年绍兴典当业商人出于安全考虑,希望可以把乡间典当铺中的质物存放在绍兴城内的当铺中,并制定《乡典寄存城典质物章程》请官厅批准。绍兴县公署便把原章程交给绍兴商会覆核,由于绍兴商会迟迟未作回复,故而又具函催促商会,要求速速回复。"县署以是案曾交商会核议,未覆据呈。昨复抄录原呈函催商会,迅即并案速议,覆候察夺矣。"①

可见,虽然清末民初绍兴同行业的工商业者组成的行业组织本身具有一定的自律能力,可以依靠自己的力量去制定行业规章,并使行规的约束力得到一定程度的增强。但是行业组织的力量毕竟有限,绍兴商会在行规的产生过程中,还是有一定作为的。绍兴商会介入了行规的议定过程,并且在行规的备案、审核过程中起到一定作用。绍兴商会在行规方面的作为,自然是有助于行业秩序的稳定的。

## 二、绍兴商会与行业性纠纷

行业性纠纷按照其类别,可分为两种,一种为同业工商业者围绕商品价格、开市时间等行业性规定而发生的纠纷,另一种为同行业中的劳资(东伙)纠纷。无论是哪种纠纷,均意味着行业秩序的混乱。当行业失序发生之后,需要有一种机制去恢复经济秩序,绍兴商会便是诸多恢复机制的一种。不过,在此处应该清楚,绍兴商会只是行业纠纷治理机制的一部分,商会是在行业自律机制与政府治理的在场下,进行行业纠纷的调处的。

### (一)市场因素类行业纠纷

无论是市场因素类行业纠纷,还是劳资类行业纠纷,利益羁绊最深的当然是同行业的工商业者,他们迫切地希望行业秩序得到恢复。而这些同行商人,基于行业的组织体系、行业首领、集议机制,自身便具有很强的解决行业性纠纷的能力。同行商人的这种自律能力,是绍兴商会在处理纠纷时遇到的重要外部因素。要研究绍兴商会对纠纷的治理,首先要去考察行业的

---

① 《催议乡物储城案》,《越铎日报》1917年6月7日,第三版。

自律机制处理纠纷的过程。

绍兴工商各业的行业组织具有一定的自律能力,能够独自处理一些力所能及的纠纷。从档案、报刊等方面的史料来看,行业组织是市场因素类行业纠纷的最早受理者,一般只是在行业组织无力调处的情况下,纠纷才会被递交官府或者商会组织。

例一:衣业开业纠纷。1912 年年初绍兴衣业同业为了调查各家欠款情况,公议推迟新年开市时间。① 但是景章、同泰两家衣庄,却不遵守公定的开业时间,抢先开业。后来衣业同仁再次开会,决定各家自由开市,只是"各店所该货款,有一庄未能清偿,由该庄通知同业各庄,均不准与之交易"。② 这实际上是衣业商人放弃了原先的立场,以同意自由开业的方式来平息纠纷。

例二:南货业纠纷。民国初年绍兴南货业内部发生了一场激烈的纠纷。绍兴南货业主要分为经营批发的货栈与经营零售的门店(此外还有一些零售的路边摊贩)。门店从货栈进货,要向南货栈交纳一定的行用(手续费)。

当时,绍兴城中的南货业各栈决定增加行用,"鲜货每元加用一分,咸鲞每元加用五厘"。南货栈的加用要求,受到了安昌镇各南货门店的激烈反对。③ 于是,从 1917 年 4 月开始,栈店双方展开了一场恶斗。

绍兴城区南货栈被安昌门店的反对态度激怒,在绍兴江桥的张神殿集议,决定与安昌各门店绝交。为了商量对付安昌门店的办法,绍兴城区南货栈各经理定期到张神殿开会,商讨对付方法,"凡有推故不到者,须缴罚金若干元,以儆效尤"。后来,货栈拿出一千元作为运动费,请安昌某士绅劝说安昌门店同意加用,又被安昌门店拒绝。货栈更加愤怒,要求安昌门店结清账款。而安昌门店亦不甘示弱,立即算清账目,以示绝交。④

后来货栈与安昌门店又数次交锋,双方相持数月。这引起南货业内部一些人的担忧。1917 年 8 月,绍城中的陶仁昌、钟庆丰两栈,与柯桥镇货栈东升厉、高荣居中协调,成功劝说双方各作让步,原定加用的四十八种货物,择五种加收一分行用,其余四十三种,一律免加。⑤ 最终,南货业的这场旷日持久的纠纷,被南货业同仁化解。

---

① 《衣庄开市会议》,《越铎日报》1912 年 3 月 24 日,第三版。
② 《衣业会议再志》,《越铎日报》1912 年 3 月 27 日,第二版。
③ 《南货业之新风潮》,《越铎日报》1917 年 4 月 7 日,第三版。
④ 《南货业之新风潮》,《越铎日报》1917 年 4 月 7 日,第三版。
⑤ 《南货业言归于好》,《越铎日报》1917 年 8 月 21 日,第三版。

显然，从上面两个事例可以看出，清末民初的绍兴行业组织是有能力独力应付一些纠纷的。而且从绍兴南货业的这场长达四个月的行业纠纷来看，同业商人甚至有能力解决一些较为复杂的纠纷。

虽然同业工商业者具有一定的处理纠纷的能力，但是仍然有许多纠纷是超出他们的处理能力的，这样的纠纷只能诉诸官厅或者商会。比如，一些工商业者出于对私利的追求，会出现违反行规并且拒不改正的情况，在这种情况下工商业者就不得不把纠纷提交绍兴县公署或者绍兴的商会组织。

比如，1919年绍兴棉花业就曾把行业纠纷提交官厅。绍兴棉业为了维护棉花质量，禁绝向棉花中掺水的恶习，曾通过绍兴商会向官厅争取到禁止往棉花中掺水的禁令，"帖请商会转呈县公署出示布告，谕令各花商改革扎潮等旧习，违犯者必须惩办"。但是官厅发下禁令之后，仍有棉商敢于尝试，"绍属黄公溇地方长兴花行主陈锦堂，憨不畏法，仍蹈故辙"。于是棉业商人便请官厅依照禁令惩办，先是就近通知安昌镇警佐处置，在安昌警佐处置失宜，轻纵其罪后，又向上级官厅举报，"该花业同人，以是案如果轻纵，实于同业生计有碍，遂挽业董为首，联名向各上级官厅尽情举发矣"。①

1910年绍兴酒业因商人陈德标乱规而引发的纠纷也是如此。绍兴酒业立有行规，新设酒铺必须离旧酒铺至少十间以上，"无论专售、带卖，必须于近邻左右对门相离十间铺面，方准开设，否则令其迁让"。② 但是1910年陈得标开设的陈恒裕酒店，却是在同业旧店的对门，与酒业业规不符。在这种情况下，酒商们先尝试在酒业内部解决纠纷，可是开会两次，都无法解决。第一次集议时，陈德标折于公论，保证定期改正，"陈德标初犹强词不遵，后因折于公论，自知理曲，情愿央缓至端午节停售绍酒，书立限单，以作凭证，并当众声明，如有老店闭歇，须由陈恒裕承项等语"。可是到期后，陈德标却我行我素，拒不迁让，"迨过节后，陈德标依旧开张"。酒业商人再次开会集议此事时，代表陈德标参加集议的陈德云却拒不承认第一次集议时陈德标所做的保证，"不依所书限单，作为无效，冀图破坏规则"。③ 在这种酒业自身

① 《棉花业力自整顿》，《越铎日报》1919年9月12日，第三版。
② 《山会酒业公所续拟办事规则》，1910年5月20日，《绍兴商会档案》，绍兴市柯桥区档案馆藏，141-1-49。
③ 《山阴知县照会绍兴商会》，1910年10月16日，《绍兴商会档案》，绍兴市柯桥区档案馆藏，141-1-49。

已经无力进行调解的情况下,酒业商人把纠纷提交绍兴商会。①

绍兴商会作为地方的法定商人社团,面对行业秩序的崩坏,是有整顿秩序的责任的。不过,绍兴商会对行业失序并不一视同仁。

对于围绕价格、开市时间等市场因素而发生的行业性纠纷,绍兴商会对这类纠纷的兴趣因不同行业而异。对于钱业、米业这类牵动绍兴商业大局、社会秩序的行业,绍兴商会是保持着积极介入的态势的。对于与绍兴地方秩序关系较少的一般行业发生的市场因素类纠纷,绍兴商会并不会积极主动地介入其间。

第一,绍兴商会组织主动介入的情况。除去米业、钱业这样的关系地方大局的重点行业,绍兴商会很少主动地去处理市场因素引发的行业纠纷。按照道理来说,绍兴商会作为地方商人组织,是应该积极地去处理各业因物价等因素而引发的纠纷的,对于那些迟迟不能被解决的纠纷,更应该主动地去帮助解决。但实际上,除去少数行业,对大多数行业而言,绍兴商会鲜有主动介入的情况。

前文提及的南货业因加用引发的纠纷,双方相持不下四个多月,却未见绍兴商会或者安昌分所居中调解。这说明绍兴商会(包括其市镇分所)对南货业的纠纷并无太大敏感度。

与南货业相比,箔业在绍兴经济中占据更为重要的位置,但是绍兴商会仍然没有主动去消除箔业的纠纷。民国初年,绍兴箔业流行买空卖空点铜,"如群犬之争骨,如财徒之好为孤注"。这种对箔业原料的投机倒把,使得箔业交易混乱,纠纷频发。按理说绍兴商会作为地方商人团体,应该主动出面去整顿箔业的点铜交易,而实际上绍兴商会却并无作为。"商会有纠正商业,维持商市之大责任,何放不加过问,如秦越人视肥瘠,膜(漠)不相关耶?"②

上文提到的酒业商人陈德标破坏行规一事,酒业商人在无法理处后,就在当年的 6 月 19 号把纠纷提交给绍兴商会理处。按理说绍兴商会应该立即召集纠纷各方集议才对,可是绍兴商会在酒业商人说帖上写下"容定期集

---

① 《山会酒业具说帖》,1910 年 6 月 19 日,《绍兴商会档案》,绍兴市柯桥区档案馆藏,141-1-49。

② 《卖空买空之商侩》,《越铎日报》1920 年 4 月 26 日,第三版。

议"①的批语后就再也没有动静,使酒业商人不得不把纠纷提请县公署裁断。

虽然绍兴商会对一般行业发生的纠纷漫不经心,但是对于与绍兴地方大局有密切关系的重点行业,绍兴商会可是丙吉问牛,格外关心。在面对米业纠纷、钱业纠纷这类关系地方大局的行业纠纷时,绍兴商会组织态度积极,努力平复纠纷。比如1923年的柯桥米行与米店之争。当时主营零售的米店,联合要求米行停止零售业务,以致米行、米店大起冲突。绍兴商会柯桥分事务所因为米业关系地方大局,主动介入,召集双方到分所开会,"该镇商会以此事关系重大,召集米行、米店开特别会议"。②

绍兴商会也经常主动介入钱业的行业性纠纷。绍兴钱市中的利率、汇率等项目,由钱业中人公议,如果钱业中人在某一项目上发生分歧,无法达成一致,该项目具体数字便无法确定,绍兴市面就会受到影响。1915年绍兴钱业在日拆数目上发生分歧,无法达成一致,致使钱业停市。时任绍兴商会会长高云卿出面协调,"各相劝勉",成功维持了金融市场的稳定。③ 1918年绍兴钱市再次因日拆问题停市,绍兴商会会长又居间开导,"昨日绍兴商会新旧会长,以屏不开市,殊碍商业交通,劝令钱业开市。对于日拆,亦双方调和"。④

显然,对于一般行业因市场因素而起的行业性纠纷,绍兴商会并无多少主动介入的兴趣。但是对于米业、钱业这样的牵动地方秩序的重点行业,绍兴商会保持了较强的敏感度。

因为绍兴商会对普通行业的市场因素类行业纠纷敏感度较低,所以绍兴商会主要以被动的形式介入此类行业纠纷。绍兴商会或者是直接接受工商业者的请求去理处纠纷,或者是接受官厅的批令去解决纠纷。此处先描述绍兴商会直接接受商人申请的情况。

第二,在商人的请求下去解决行业纠纷。比如1911年的鸿鼎昌烛店乱价一案,烛业董事劝说未果,后来业董请商会出面成功平息了纠纷。⑤

1910年绍兴孙端经营杂货的洪谕商号违法行规,且不听同业劝导,同业

① 《山会酒业具说帖》,1910年6月19日,《绍兴商会档案》,绍兴市柯桥区档案馆藏,141-1-49。

② 《柯商会处理交涉》,《越铎日报》1923年6月18日,第四版。

③ 《钱业开市之调停》,《越铎日报》1915年10月10日,第三版。

④ 《钱业已照常开市》,《越铎日报》1918年11月8日,第三版。

⑤ 《杨文标具说帖》,1911年8月17日,《绍兴商会档案》,绍兴市柯桥区档案馆藏,141-1-56。

无可奈何,只好请孙端商务分所出面理处,"同业洪谕阳奉阴违,私乱行规,有意破坏。经同业向劝不理。因此,帖请邀集议董,并邀同洪谕店主屠思高开会劝导,以安商情而维市面"。①

第三,官批民调模式下的商会调解。绍兴商会介入行业纠纷的另一种形式,是接到官府的批令,作为官厅的代理人去处理纠纷。

当行业纠纷超出行业组织的理处能力时,商民除了会把纠纷提请绍兴商会处理外,还可能把纠纷诉诸衙门,请官厅公断。可是大多数市场因素类纠纷并不会对绍兴的社会秩序造成明显的冲击,官厅接到商人裁断行业纠纷的要求后,如果发现纠纷是围绕物价等市场因素而起的,往往会漠然视之,不去认真对待。而作为法定商人团体的绍兴商会又恰好具有一定的解决纠纷的能力,于是官厅便把这些因市场因素而起的行业纠纷批付给绍兴商会,最终形成此类纠纷的"官批民调"解决模式。②

1910年的陈德标破坏酒业行规一案,酒商在自行调解无效后,把纠纷提请绍兴商会理处,可是商会又袖手旁观,并未开会调处,酒业商人无奈之下,只好又把纠纷提请官厅裁断。但是官厅对此案也是漫不经心,并未亲自调处,只是把纠纷批付予绍兴商会理处。

> 查专、带卖绍酒,既有议定规则,原不容陈得标违章售卖,除批示外,拟合备文照会,为此照会贵商会请烦查照,禀叙理由,究竟陈德标开设陈恒裕酒酱店,应否令其迁移,抑或专售酱货,希即传集两造,体察情形,秉公解决,克日牒覆过县,以凭核夺,望速施行。③

商会接到官厅要求理断的照会后,一改过去不以为意的态度,随即召集会议,"即经会同业董禀奉山会两邑尊批示,移请贵会秉公解决,迭蒙贵会传集两造秉公评议"。④　不过,该案由于陈德标拒不听议,"在敝会宗旨总经和

---

①　《会稽县照会绍兴商会》,1910年6月21日,《绍兴商会档案》,绍兴市柯桥区档案馆藏,141-1-49。

②　如果官厅重视某类纠纷,并常常亲自处理,而商会又对纠纷的解决很有帮助,那么这种情况便会导致"官批民调"模式以外的"官主民辅"治理模式出现。即官厅主持评议会议,商会作为辅治者,参加会议,参与评议。这种治理模式,多出现在劳资纠纷的治理中。

③　《山阴县照会绍兴商会》,1910年10月16日,《绍兴商会档案》,绍兴市柯桥区档案馆藏,141-1-49。

④　《山会酒业具说帖》,1911年1月11日,《绍兴商会档案》,绍兴市柯桥区档案馆藏,141-1-49。

平解决,无如始终不到,无从劝理",最后绍兴商会又不得不把纠纷牒请县官厅处理。①

1910年孙端洪谕杂货号破坏行规,同业商人先是请孙端商务分所理处,在分所理处无效后,又请官厅处理。像处理陈德标乱规案一样,官厅也是把案件批给绍兴商会理处的,"合先照会,为此照请贵总董,请烦饬派妥员查照该行向章,劝谕店主屠思高,不得独乱行规,致碍市面"。②后来这个案件在绍兴商会和孙端商务分所的努力下最终得到了解决。

这两个纠纷,都超出了工商业者自身的理处能力,工商业者不得不把它们提请官厅裁断。可是官厅对这样的纠纷并不重视,无意亲自理处,又把纠纷批予商会调处,形成官批民调的解决模式。

根据以上所述,在市场因素类行业纠纷的治理,行业组织发挥了很重要的角色,那些超出同业工商业者理处能力的纠纷会被提交给商会或者官厅理处。商会除了顺应商民的申请,直接处理之外,还接受官府的批令,以官批民调的形式去平息纠纷。这种官批民调的治理模式的成立,还与官府对市场因素类行业纠纷的无感有关。

(二)劳资类行业纠纷

这里的劳资类行业纠纷,并不包括那种仅发生在一个工场、一个作坊内的小规模劳资纠纷,指的是行业规模的劳资纠纷。与处理市场因素类纠纷一样,绍兴商会也是在行业自律与政府治理的模式下去进行劳资纠纷的治理的。行业自律在劳资纠纷的治理中发挥了重要作用,超出行业自律能力范围的纠纷,同业商人会将其提交商会、官厅处理。绍兴商会既接受商人的委托去理处纠纷,又接受官厅的委托,以"官批民调"的方式去排解纠纷。不过,在劳资纠纷的治理中,因为官厅对纠纷较为敏感,存在着"官主民辅"的治理方式。

与在市场因素类行业纠纷的治理中类似,行业组织基于其自律能力,可以独力解决许多劳资类行业纠纷,从而不需要官厅或者商会介入。

以1920年的衣业伙友加薪一事为例。1920年绍兴许多行业都实行加薪,"如医业、药业、南货业,等均经先后议决增加",绍兴衣业伙友见此情形,

---

① 《山会商务分会为牒覆事》,1911年1月17日,《绍兴商会档案》,绍兴市柯桥区档案馆藏,141-1-49。

② 《会稽县照会绍兴商会》,1910年6月21日,《绍兴商会档案》,绍兴市柯桥区档案馆藏,141-1-49。

也要求加薪，"该业伙友代表发言，现在种种困难情形，要求达到加薪目的"。① 2月9日，东伙双方在农业会馆开会，会场东伙双方唇枪舌剑，旗鼓相当，后由"同吉提庄经理金伯甫力为排解"，协定当年暂加修金二成，"偌大风潮，从此告一结束"。② 显然1920年农业的加薪风潮，是农业商人依靠自己的力量自行解决的。

1920年药业伙友的加薪风潮，也是在同业组织的范围内结束的。当时药业伙友鉴于上海、杭州已经实行加薪，"申杭大埠，业已次第议加，遂联合要求，仿照增加，借资弥补"。2月1日，伙友与资方在药业会馆集议，双方争议良久，直到夜幕降临，电灯放光时，资方"始由各主任签字"。③ 后来药业伙友又把签订的协议提交县署备案④，使加薪成为无法改变的铁案。虽然过程有些曲折，但最终劳资两方在加薪方面达成了一致意见，还算圆满地解决了纠纷。

像市场因素类行业纠纷的治理一样，商民会把一些其无法自行解决的纠纷托付商会理处。绍兴商会作为法定商人团体，会受理商民的申请，去排解纠纷。1918年绍兴华舍发生了机户与绸业商人的纠纷。机户认为绸业在收购丝绸时，抑勒秤重，低开机户所织绸缎的重量，以牟取不当利得。绸业认为机户是无理取闹，敲诈勒索。双方把纠纷提交商会公断。后来此事由商会公断了结。商会的公断结果如下：

> 今两造来会请求评论，本会据此公断，以前清光绪十八年间，绸庄与机户既立有合同、议约，自应继续认为有效。惟该议约内，有账友抄错份两罚款一条，亦应分其公私之别。以后，如有此种情事发现，应邀集双方业董，公正评论。若系公错，以改为份两为止，设或私错，仍旧约载认罚。各机户不得再有鸣梆聚众滋事等情。至此次拨绸，其份两既各认为实讫，当令机户向绸庄服礼了事。⑤

1921年绍兴钱业伙友鉴于物价日益上涨，而且绍兴钱业伙友薪资远低于杭州伙友的薪资，"杭州钱业每年给薪三十六个月，绍兴保昌、承源则每年

① 《农业伙要求加薪》，《越铎日报》1920年2月8日，第三版。
② 《农业加薪告结束》，《越铎日报》1920年2月11日，第三版。
③ 《药店伙加薪结束》，《越铎日报》1920年2月5日，第三版。
④ 《三志药伙加薪案》，《越铎日报》1920年2月10日，第三版。
⑤ 《为理解华舍绸庄与机户交涉案》，1918年7月15日，《绍兴商会档案》，绍兴市柯桥区档案馆藏，140-4-370。

给薪十八个月,两相比较,绍兴钱业伙友之薪乃仅及杭州之半",因此钱业伙友以钱业伙友同盟会的名义致函绍兴商会,请其主持加薪,"在敝会已函商会正副会长,请其主持公道,折衷谈判"。①

1923年绍兴箔司为了加给工价而发动罢工,因为各箔铺主并不同意箔司的加薪要求,所以罢工迟迟未能得到解决。罢工的拖延,使箔司衣食不着,因此箔司行头呈请绍兴商会议决,"为此备文帖请贵会迅赐议决复县,布告周知,以便各箔司照常开工"。②

绍兴商会也接受官厅的委托去治理行业性劳资纠纷,进行官批民调式的治理。有些行业性劳资纠纷,因为行业规模较小,对社会秩序的影响也就较小。对发生于这样的行业之内的劳资纠纷,绍兴官厅并无太大介入的兴趣。此外,如果纠纷的排解极为繁难,事务繁多的官厅也有可能把纠纷交给商会理处。1914年绍兴爆发的豆腐业风潮便是这样处理的。

1914年绍兴制作豆腐的豆腐司要求店铺加给工钱,但是遭到绍城各店的拒绝。各店铺要求官厅平息风潮,县知事遂批饬警察所处理此事。警察所长发现要处理好此事,手续异常繁难,"因各铺及若辈豆腐司务,大都散处全城,若挨户传言,非常烦琐,召集更属为难"。在这种情况下,警察所便把这场风潮委托给绍兴商会处理。③ 此处的豆腐业风潮之所以被委托给商会理处,一方面与手续繁难有关,另一方面应该与豆腐业风潮对社会秩序的破坏较小有关。

那些与社会秩序关系密切的行业,由于其劳资纠纷关系地方秩序稳定,地方政府往往会亲自上阵处理。地方政府在处理这类纠纷的过程中,又常常要求商会从旁辅助,从而形成劳资纠纷的官主民辅处理模式。

如锡箔业这样吸收了数万劳动力的大行业爆发的行业性劳资纠纷,与绍兴的社会秩序休戚相关。米业因涉及民众口粮问题,发生的劳资纠纷也与绍兴社会秩序密切相关。对于这样的行业发生的劳资纠纷,绍兴官厅常常亲力亲为。

1919年绍兴搯米司因要求加薪发生罢工,绍兴官厅便亲自处理此事,一方面派警员"分头开导,谕令做工",④另一方面逮捕罢工的组织者,"将为首

① 《钱业伙友要求加薪之言》,《越铎日报》1921年1月23日,第三版。
② 《箔司罢工之呼吁》,《越铎日报》1923年12月9日,第三版。
③ 《豆腐风潮之激烈》,《越铎日报》1914年5月13日,第三版。
④ 《搯米司罢工续志》,《越铎日报》1919年11月22日,第三版。

要挟罢工之梁阿有等,按名各查拿,并着保跟交陈天荣、叶小法到案讯究"。① 1920 年箔业发生罢工风潮时,绍兴县知事传唤箔司代表到案,"令其立即转劝开工"。② 为了防止箔工破坏地方秩序,绍兴官厅还在 1921 年拟定了《管理箔坊及箔工规则十二条》,要求箔坊、箔工一律遵守。③

因为商会毕竟是地方法定商人团体,在工商界有一定的威望,所以有时官厅在亲自主持平息劳资纠纷的方式的会议的时候,会邀请绍兴商会参加,使商会从旁协助,这便形成了"官主民辅"(官厅主导,商会辅治)的治理模式。1918 年箔业爆发的一次行业性劳资纠纷,就是在"官主民辅"治理方式下被解决的。当时讨论平息纠纷的会议,由警察所长主持,商会参与,箔业劳资双方参加,最后定下平息纠纷的办法:

> 箔司增加工资一案,业经商会总董冯纪亮,箔业董事胡锡康,箔司代表郭天桂、俞富林等,在县警察所集议。由薛警佐主议,议决每焙增加工资洋二角一分,于旧历十一月十六日一律遵行。并由县公署知事王嘉曾给示晓谕。④

在"官主民辅"的治理形式下,商会并不是评议的主持者,而是以辅治者的面目出面的。商会的这种"官主民辅"参与形式,是因为特定行业的劳资纠纷与地方秩序相关度较大,官厅为了地方大局亲自处理纠纷,并请作为法定商人社团的绍兴商会从旁协助,从而形成的。

如果我们把商会、绍兴工商界应对市场因素类行业纠纷与应对行业性劳资纠纷的方式作一个对比,我们就会发现:行业的自律机制均有一定处理纠纷的能力。商会都是既接受商民的申请,也接受官厅的委托去处理纠纷。不过,在行业性劳资纠纷中,绍兴商会会以"官主民辅"的方式去参与纠纷的处理过程。这一点是商会处理两类纠纷最大的不同。

## 第三节　绍兴商会与行业秩序的改良

有时一个行业的生产、经营秩序虽然能够保持稳定,不会发生风潮与纠

---

① 《撵米司罢工三志》,《越铎日报》1919 年 11 月 23 日,第四版。
② 《箔司逞蛮案近闻》,《越铎日报》1920 年 1 月 18 日,第三版。
③ 《管理箔业之布告》,《越铎日报》1921 年 12 月 25 日,第四版。
④ 《箔司增价之尾声》,《越铎日报》1918 年 12 月 31 日,第三版。

纷,但是这一套经济秩序的运作可能产生于行业整体利益不利的结果。行业中的工商业者在利益的驱使下,可能会对产品粗制滥造,用降低产品质量的方式去追求更高的利润,从而给行业整体带来破坏。也就是说,有时行业内的一套经济秩序可能会导致行业的败坏。在这种时候,行业性的改良,改革行业内的生产、经营秩序就变成迫在眉睫的事情。那么一个问题便浮现出来,作为绍兴最重要的商人团体,绍兴商会在行业的改良中起着什么作用呢? 绍兴商会是否是行业改良的关键所在呢? 对这一问题,下面将以华舍绸业与平水茶业的改良为例,来做一番探讨。

### 一、华舍绸业的改良

绍兴禹会乡华舍村以纺织丝绸闻名,时人估计每日所产丝绸在一千三百匹以上。[①] 民国初年华舍的丝绸产业面临着不少问题,一是部分手工业者使用洋碱炼绸,强碱性的洋碱使华舍丝绸极易破碎,二是部分手工业者使用劣质蚕丝纺绸,这两种行为均使华舍丝绸品质下降。但是华舍丝绸经受住了考验,从 20 世纪 20 年代《越铎日报》的报道来看,华舍绸业欣欣向荣。以下是 1920 年绍兴报刊对华舍绸业兴盛情形的报道:

> 绍属禹会乡华舍地方,人烟稠密,户口繁盛,其中机业营生者居其多数。自绸业董事沈君正华从事整顿以来,其绸质之坚固,煅炼之精细,较前尤胜。加以适逢五四运动潮流,一般受用国货之同胞,均以纺绸为最流行,以故营业极为发达,几有织不敷销之慨。[②]

> 绍属华舍地方居民皆男织女络,借以生活。该业董沈君正华改良制造以来,销路发达,机民乐业。[③]

1926 年华舍绸业仍然繁荣。"去岁五卅惨案发生后,志提倡国货,禁用外货,故各处绸丝业日见畅销,华舍镇各庄亦得利市三倍。"[④]"华舍镇为纺绸出产之区,自改造洋机以来,花样翻新,为各界所欢迎,销路日见兴旺。"[⑤]

那么,华舍绸业是如何成功经受住洋碱、劣丝的冲击的呢? 是绍兴商会在其间运筹帷幄的结果吗? 如果不是,那么是何种力量维系了华舍绸业的

---

① 《亟宜改良华舍的纺绸》,《越铎日报》1923 年 8 月 15 日,第三版。
② 《慈善家施粥惠贫》,《越铎日报》1920 年 7 月 25 日,第三版。
③ 《华舍绸业之悲观》,《越铎日报》1920 年 12 月 27 日,第四版。
④ 《华舍丝绸业之近况》,《越铎日报》1926 年 3 月 3 日,第六版。
⑤ 《华舍绸市议定红盘》,《越铎日报》1926 年 3 月 21 日,第六版。

经营秩序呢？而绍兴商会在秩序的维持中,发挥了何种作用,这种作用是否是无法取代的呢？事实上,华舍绸业能够生存下来,主要归功于华舍绸业组织——观成堂。华舍绸业组织在禁用洋碱、劣丝之事上,做了大量工作。

丝绸是用生丝织成,在销售之前,还需由练坊煮炼(也写作"练"),煮炼熟软后,方可销售。煮炼丝绸的方法,按照出现的先后顺序,分为"灰炼"与"胰炼"。所谓灰炼,是用显弱碱性的草木灰来煮炼生绸[①];所谓胰炼,就是用同样显弱碱性的肥皂(胰子)来煮炼生绸[②]。

一些炼坊为了节省煮炼的成本,便用碱性强一些的洋碱去煮炼生绸,致使煮炼出来的丝绸质量下降,不能耐久,最终影响华舍丝绸的销售。"光复以后,有一部分练坊贪图便宜,阴用洋咸(碱),私代灰汁,致所练纺绸咸(碱)性过猛,绸质内损,几度穿着,便成败絮。因之,各省销售逐渐减少,国货停滞,殊堪痛恨。"[③]

为了挽救华舍丝绸,华舍绸业具禀县公署,请求官厅发布告示,取缔洋碱煮炼生绸。1919 年 11 月,华舍绸业针对炼坊暗地使用洋碱取代草木灰的行为,向绍兴商会呈递说帖,请商会向县公署申请严禁使用洋碱的布告。[④]

后来华舍炼坊又发生使用洋碱代替胰子煮炼生绸的事情。华舍绸业董事沈正华邀集绸机两业,共同具禀县公署,请求出示严禁。"沈君察悉情形……乃邀集绸机两业,禀请公署出示严禁,不避劳怨,亲身纠察,体恤该业,议加炼金。因而华绸畅销全球,出洋赛会,得邀特等奖云。"[⑤]

之后,华舍又发生了炼业贩卖胰子的章阿奎串通行头,把持垄断,哄抬胰子价格之事,致使炼业商人为了节省成本,"少买胰子,掺和洋碱",损害丝绸的品质。为了保证丝绸质量,华舍绸业决定自行经销胰子,平价销售,"将事(胰)子一项收归自办,由观成堂主持向申购买,公价分开"。[⑥]

显然,在禁止使用洋碱的过程中,华舍的绸业组织主动采取各种补救措

---

① 《华舍观成堂具说帖》,1919 年 11 月 7 日,《绍兴商会档案》,绍兴市柯桥区档案馆藏,140-4-375。

② 《绸商公议整炼业》,《越铎日报》1922 年 3 月 31 日,第四版。

③ 《华舍观成堂具说帖》,1919 年 11 月 7 日,《绍兴商会档案》,绍兴市柯桥区档案馆藏,140-4-375。

④ 《华舍观成堂具说帖》,1919 年 11 月 7 日,《绍兴商会档案》,绍兴市柯桥区档案馆藏,140-4-375。

⑤ 《绸业董成绩可观》,《越铎日报》1922 年 3 月 15 日,第三版。

⑥ 《绸商公议整炼业》,《越铎日报》1922 年 3 月 31 日,第四版。

施,在禁用洋碱的过程中发挥了关键作用。

丝绸是用生丝织成,生丝质量的好坏直接关系到丝绸的品质。民国初年,由于生丝价格居高不下,部分机户贪图便宜,购买质量较差的劣丝纺绸,最终导致华舍丝绸销量的下降。"讵料丝价奇昂,一般奸商贩运外省劣丝,机户贪贱,买用织成纺绸,色黄似麻,以致各省滞销。"①

为了维护华舍的丝绸产业,绸业组织出示警告各机户,讲明使用劣丝的后果,"劣丝劣绸,虽可朦混一时,岂可朦混于将来"。并且,绸业还决定拒绝收购用劣丝织成的丝绸,一旦发现,将货退还,"嗣后各庄即便一时失眼而朦收,俟炼出后,原货退还"。②

可见,同禁用洋碱一样,在禁用劣丝的过程中,发挥关键作用的仍然是华舍的绸业组织。那么作为商人法定团体的绍兴商会在其间起到了什么作用呢? 商会的作用是否是不可或缺的呢?

根据笔者所见的史料,绍兴商会从来没有直接介入过华舍丝绸品质的管理过程。绍兴商会在丝绸品质管控中的作用,仅限于"通官商之邮",即是把华舍绸业请求绍兴县公署发布告示的说帖,转呈给绍兴县公署:

> 案据华舍绸业观成堂董事沈少帆、沈正华函称云云等情到会。据此,查练(炼)坊私用洋成(碱),成(碱)性过猛,绸质内损,洵于销行大有妨碍,非蒙贵知事布告严禁,不足以杜流弊。据函前情,相应函请贵知事查照,迅赐出给布告十纸送会转发。③

绍兴商会在此间的"通官商之邮"的功能,其实并不是必不可少的。事实上,清末民初的工商业者是可以绕过商会,直接与官厅打交道的,绍兴商人甚至还曾直接联系浙江省级机关。比如,1921年绍兴酒业直接向浙江省议会请愿,请求惩办第五区烟酒事务分局局长。④ 可以想见,华舍绸业组织应该是可以直接与绍兴县公署取得联系的,商会的居间功能并非不可或缺。

总之,纵观华舍丝绸的品质管控过程,在其间起到核心作用的,是华舍的绸业组织,而非绍兴商会。绍兴商会的作用,仅限于替绸业组织呈递说帖。而且商会此间的"通官商之邮"功能并非必不可少。

---

① 《华舍绸业之悲观》,《越铎日报》1920年12月27日,第四版。
② 《华舍绸业之悲观》,《越铎日报》1920年12月27日,第四版。
③ 《绍兴商会公函商字第八十四号》,1919年11月9日,《绍兴商会档案》,绍兴市柯桥区档案馆藏,140-4-375。
④ 《第五区酒烟公卖局长之八大罪状》,《越铎日报》1921年11月11日,第三版。

### 二、平水茶业的改良

绍兴地区的平水绿茶,原以欧美为主要市场,但是后来丢失欧美市场,依靠北非市场得以存续。[①] 平水绿茶之所以丢失欧洲、北美市场,是因为欧美市场对茶叶品质要求较高,对绿茶染色一项深恶痛绝,禁止进口染色茶叶。[②] 而绍兴的茶商却有着根深蒂固的染色恶习,茶栈为了加快资金周转速度,"他们将购入的绿茶,在上平灶时加入糯米糊及黛青色的颜料"。[③]

当时的大体情况是,虽然官厅、商会、茶商屡次禁止茶叶着色,然而总是以失败告终,最后平水绿茶只能退出欧美市场。那么,为什么无法彻底取缔给茶叶染色的行为呢? 绍兴商会在这场失败的改良中,又扮演了什么角色呢?

#### (一)官商各方的改良措施

根据现存史料,官商对平水绿茶的改良始于 1911 年。1911 年上海茶业商人得到消息,美国决定禁止进口染色茶叶,从该年的 5 月 1 日起,"凡有少许颜色之茶,一律不准进口"。上海茶商在茶业会馆集议,认为事关重大,非设立茶务讲习所宣传提倡不可。于是,上海茶商以茶业会馆的名义,一面呈报上海商务总会,一面上呈浙江劝业道,通过这两个机关来通知绍兴茶商设立茶业讲习所,革除染色陋习。[④]

上海商务总会、浙江劝业道接到上海茶业会馆的禀函后,又通过各自的渠道联系绍兴商会,请绍兴商会催促平水茶商进行茶务改良。上海商务总会直接照会绍兴商会,"希即劝导各茶商,按照该会馆所陈各节,切实改良,以维茶务"。[⑤] 浙江劝业道先是通过杭州商务总会联系绍兴商会,要求绍兴商会推动茶务改良,后来又通过会稽县催促绍兴商会"劝令茶商,赶速设立"。[⑥]

① 钜南:《绍兴平水绿茶简史》,《绍兴文史资料选辑》第一辑,第 105 页。
② 《洋商强迫茶户改良之手续》,《申报》1911 年 4 月 6 日,第二张第三版。
③ 陶承祚:《绍兴山区的茶栈》,《绍兴文史资料选辑》第三辑,第 112 页。
④ 《杭州商务总会照会绍兴商会》,1911 年 4 月 9 日,《绍兴商会档案》,绍兴市柯桥区档案馆藏,141-1-55。
⑤ 《上海商务总会照会绍兴商会》,1911 年 4 月 16 日,《绍兴商会档案》,绍兴市柯桥区档案馆藏,141-1-55。
⑥ 《会稽县照会绍兴商会》,1911 年 8 月 13 日,《绍兴商会档案》,绍兴市柯桥区档案馆藏,141-1-55。

绍兴商会在接到推进茶务改良的照会后,照会茶业业董,"为此照会贵董,请烦查照转告各茶商,一律改良,以期茶业起色,销行日广"。① 茶业商人接到绍兴商会的照会后,行动也算积极,很快就向绍兴商会呈递申请成立茶务业讲习所的说帖,"先在平水稽山公所内,附设茶务研究所,所有开办经费,拟纠合同志,各捐微资",请绍兴商会"据情移牒总会及劝业道宪并府县署立案施行"。② 在向商会呈递说帖的同时,茶商也传知各山户不要将茶叶染色,"已将此后不准再有加色茶一节,遍行传知山户"。③ 绍兴商会收到商人的说帖后,又召集茶商到商会开会,"敝会复开临时会,传邀众商到会,劝以营业所关,果能改良,非特为抵制外人,设想于茶业前途,势必日形发达"。各茶商在会场中的表现比较积极,"咸皆奋起承认"。④

表面上看,官厅、商会、茶商做了不少工作,而且态度都比较积极,禁止给平水绿茶染色的行动应该会取得成功。但事实上,官商革除染色恶习的行动并没有取得成功,"乃上年出口之平水茶,经西人试验,仍不免有颜色,因之未能销通,贬价贱售,各茶栈大受亏耗"。⑤ 而且茶商建立的茶业讲习所也不了了之,在以后的历史文献中再也没有出现。

1911 年禁止染色的改良失败之后,官厅、商会、茶商并没有放弃,他们仍然不断推出改良举措。1913 年浙江民政长鉴于平水绿茶染色可能导致的严重后果,"查绍邑平水绿茶,向来销行美国,为输出品大宗,乃竟有暗中掺和颜色,希图朦混,若不严行禁止,匪特有碍卫生,且将来我国所产之茶,信用一失,在外洋销路必至断绝,殊非所以挽回利源之道",要求绍兴县知事"仰该县知事克日出示晓谕,并转饬该县商会,邀集茶业各商,剀切开导,装潢务求其美,焙制力期其精,庶使华茶之销路得以日广"。绍兴县知事接到民政

---

① 《绍兴商会照会茶栈业业董》,1911 年 4 月 2 日,《绍兴商会档案》,绍兴市柯桥区档案馆藏,141-1-55。

② 《绍兴茶商具说帖》,1911 年,《绍兴商会档案》,绍兴市柯桥区档案馆藏,141-1-55。

③ 《绍兴商会牒上海商务总会》,1911 年 5 月 4 日,《绍兴商会档案》,绍兴市柯桥区档案馆藏,141-1-55。

④ 《绍兴商会牒劝业道》,1911 年 5 月 4 日,《绍兴商会档案》,绍兴市柯桥区档案馆藏,141-1-55。

⑤ 《绍兴县知事照绍兴商会》,1913 年 4 月 8 日,《绍兴商会档案》,绍兴市柯桥区档案馆藏,140-4-323。

长训令后,又照会绍兴商会,要求商会邀集茶商剀切劝导。① 绍兴商会又照会茶业董事,"为此照会贵业董请烦查照,希即设法向山户切实劝导,勿再掺和杂物,以畅销路而保利权"。②

绍兴的茶商也没有闲着,他们在杭州开会,集议取缔染色办法,形成了三条共识:

> 一禁止种户,如有茶叶掺色者看出,将茶焚毁,倘有将人赃并获者,向就近栈家报告,从重酬赏。
>
> 二各茶栈不得再做有色茶,以便正己正人,如有暗地做出,不论盛箱装袋,申栈不得经售,如违议罚。宁栈、杭栈不在此例。
>
> 三各茶栈一律在行收买,不得赶山,若暗地扳贩赶山,查明报告申栈,不得经售。至坐庄收买,议定七号节底过风出末,以昭划一,倘□出水客知情故买色茶者,同帮分发传单,将该水客处以重罚,并嗣□各栈永远不得录用。③

1913 年的改良也以失败告终,平水绿茶染色之弊仍未禁绝。1914 年浙江巡按使屈映光鉴于"茶叶掺和颜色者,仍属不少"④,特地下发白话告示,要求禁绝染色,"嗣后茶商山户,速宜痛改前愆,须知华茶畅销,才能裕国利民,倘敢仍旧着色,查觉定予严惩"。⑤ 绍兴商会又劝告茶商,"贵业亦须正己化人,切勿着色"。⑥

当然,官商在 1914 年的努力又是白费。1915 年绍兴茶商金昌运等人联名禀呈浙江巡按使屈映光,请求严禁着色,如有违背,即科以重罚。屈映光下发不许染色的禁令,"有发现确系掺和姣彩、滑石、佛青、煤糊等物制成之

---

① 《绍兴县知事照会绍兴商会》,1913 年 4 月 8 日,《绍兴商会档案》,绍兴市柯桥区档案馆藏,140-4-323。

② 《绍兴商会照会茶业董事》,1913 年 4 月 12 日,《绍兴商会档案》,绍兴市柯桥区档案馆藏,140-4-323。

③ 《茶商整顿出产品》,《越铎日报》1913 年 6 月 6 日,第三页。

④ 《官厅整顿茶业》,《越铎日报》1914 年 5 月 2 日,第四版。

⑤ 《浙江巡按使公署示》,1914 年,《绍兴商会档案》,绍兴市柯桥区档案馆藏,140-4-350。

⑥ 《绍兴商会函茶业商人》,1914 年,《绍兴商会档案》,绍兴市柯桥区档案馆藏,140-4-350。

茶叶者,并应准其就近报由警察验明销毁"。① 1915 年 7 月绍兴商会又上书浙江巡按使屈映光,要求按照贩卖私盐罪来处罚给绿茶着色者,"拟请饬下各县知事,严示谕禁,嗣后发见色茶,比照贩卖私盐例,一律办理"。②

进入 20 世纪 20 年代,平水绿茶的改良仍然屡战屡败。当时平水绿茶的销路已然停滞,"不知改良,销路渐塞,兼以欧战以后,俄国内乱不已,营业日见凋敝"。1921 年绍兴茶商为了振兴茶业,改良茶叶,"特发起平水绿茶联合讨论会,组织公司,改良茶业"。③ 1926 年绍兴各茶户为了振兴平水绿茶,又组织茶户公会,"惟各茶户对于制茶方法,类皆墨守旧习,未能改善。兹有就地茶户周某、金某等,发起创立茶户公会,以资研究"。④ 像以前一样,这些改革都以失败收场。

虽然官厅、商会、茶商采取了不少措施去改良平水绿茶,但是给茶叶染色的恶习并没有收敛。最终,绍兴的平水绿茶失去了广大的欧美市场。

（二）改良失败与组织缺失

既然官厅、商会、茶商都对禁绝茶叶着色很热心,那么为什么平水绿茶的茶叶着色屡禁不止呢?这里的关键是茶业商人缺乏一个有力的组织去制约茶业中人损害公共利益的行为,正是这种组织性的缺失导致平水绿茶改良归于失败。

绍兴平水茶商在此陷入的是公地悲剧。在公地悲剧中,个体追求个人利益的行动会导致公共利益的受损,公共利益的受损,又使个人利益无法实现。平水绿茶的声誉是所有茶商的公共利益,如果平水绿茶没有一个好的声誉,那么平水绿茶的销售就会受到影响,所有经营平水绿茶的商人都会受到影响。

茶商、茶户经营茶叶的目的在于获得利益。为了获得利益,他们在正常的经营活动之外,还有强烈的动机去以次充好,给茶叶染色,以使茶叶获得一个较好的外观。也许茶商们知道着色行为会败坏平水绿茶的品质,影响销路,最终损害整个平水茶业的利益。但利字当头,不能自已,毕竟对于商

① 《绍兴县公署函绍兴商会》,1915 年 4 月 4 日,《绍兴商会档案》,绍兴市柯桥区档案馆藏,140-4-345。
② 《绍兴商会具说帖》,1915 年 7 月,《绍兴商会档案》,绍兴市柯桥区档案馆藏,140-4-350。
③ 《平水绿茶公司之组织》,《越铎日报》1921 年 3 月 21 日,第三版。
④ 《茶业界创立茶户公会》,《越铎日报》1926 年 4 月 11 日,第七版。

人来说,有百分之五十的利润,他们就会铤而走险,有百分之一百的利润,他们就敢践踏一切人间法律。

要解决这个公地悲剧,就必须建立一套有效的品质管控机制,而要建立一套有效的质量控制机制,就必须建立一个强有力的组织,必须把茶商组织起来。诚然,茶商曾不止一次尝试建立茶业讲习所这样的专门从事茶业改良的组织,但是这些努力最终都归于失败。改良努力的失败,显然昭示绍兴茶商缺乏足够的组织性。绍兴茶商结构松散,组织涣散,时人已经知晓。民国初年一位茶商说:"至茶商知识之不足,组织之不善,团结之不讲,实较他商为尤甚。"[1]《越铎日报》记者认为茶业商人因为"无团体维持",所以每年"亏累者甚多"。[2] 此外,由于缺乏组织,茶商内部每多恶性竞争,"只知对境内同业施倾轧之手段,不能对海外同业具竞争之毅力"。[3]

既然改良的关键是建立一个有力的茶业组织,而绍兴茶商又组织松散,无力构建一个严格的质量控制制度,那么绍兴商会能否从外部推动茶商建立质量控制制度呢?很显然,绍兴商会有推动的行动,但是力度不够。虽然绍兴商会确实有推动成立茶叶品质改良组织——茶业讲习所,但是商会除了召集茶商到商会开会之外,没有什么切实、有力的办法去进一步监督、促进茶业讲习所的运作。茶业讲习所的虎头蛇尾,绍兴商会负有监督不力之责。

从现存史料来看,绍兴商会在茶业改良过程中起到的主要作用仍然是"上传下达"。"上传下达"本身并不能真正地促进质量控制体系的建立。绍兴商会并未能在加强茶商组织方面有所作为,充其量是浅尝辄止、半途而废。正是茶商本身组织力不足,商会又未提供足够强的外部助力以加强组织,使得平水茶业禁止染色的改良以失败而告终。

因为绍兴商会不能为行业改良提供足够的推动力,所以像华舍绸业、平水茶业这样的普通行业的改良的关键就在于行业组织的强弱。华舍绸业组织严密,因此绸业能够经受洋碱炼绸、劣丝织绸的冲击;平水茶商组织涣散,因此无法禁绝茶业着色的行为。在普通行业的改良过程中,绍兴商会的作用主要是通官商之邮,对绸、茶二业的改良并无实质性的介入。

综上所述,对于行业内的经济秩序而言,首要的是行业组织,是行业的

---

① 《改良平水绿茶业之函陈》,《越铎日报》1921 年 6 月 3 日,第三版。

② 《平水绿茶公司之组织》,《越铎日报》1921 年 3 月 21 日,第三版。

③ 《改良平水绿茶业之函陈》,《越铎日报》1921 年 6 月 4 日,第三版。

自律能力。但是行业的自律能力有限,这就为商会、国家介入行业秩序提供了契机。绍兴商会通过介入行规的产生过程,通过介入行业纠纷的调解,在行业秩序的维护中发挥了重要作用。绍兴商会介入行业秩序的形式并不单一,就调解行业纠纷来说,虽然对于不同类型的行业纠纷,绍兴商会均有介入,但是商会的介入方式会随纠纷的不同而变化,对于单纯的市场因素类行业纠纷,商会是在官批民调的形式下介入纠纷,而对于重要行业的劳资纠纷,商会则是在官主民辅的形式下介入纠纷。此外,对绸业、茶业改良的研究表明,绍兴商会没有能力推动行业秩序的改良。

# 第五章　绍兴商会与地方秩序

绍兴的各业商人在同一时空中进行工贸活动,他们都处于生产、分配、交换、消费这一整套宏观经济体系内,面临同样的金融状况,面对同样的社会治安,使用同样的基础设施,也就是说,这些绍兴商人承受着同一个宏观经济—社会秩序。各业商人的利益与这一套地方秩序息息相关:金融形势的起伏影响商人的资金状况;社会治安的好坏关系到商人身家性命;交通秩序的优劣牵涉到百货流转的难易。因此,地方秩序需要得到不断的保护、调整,这样才能给各业商人提供一个良好的市场环境,使地方经济不至于陷入衰退的境地。

## 第一节　绍兴商会对地方秩序的保护与调整

史料证明,作为绍兴最重要的商人团体,绍兴商会是参与到地方秩序的治理中的。绍兴商会介入了多项公共事业,从维护治安到开拓交通,从调节金融到推广商学,这些事业都是对地方宏观商业秩序的维护与推动。绍兴商会参与的这些公共事业大体上可以分为两类:第一类是直接维护商业秩序的活动,特别是维护金融秩序的行动;第二类活动虽然对商业秩序有益,但是更接近公益(而非商业)活动,比如稳定社会秩序、兴建基础设施。

### 一、直接维护宏观商业秩序的活动

对于清末民初的绍兴商界来说,最能影响宏观经济运行的经济因素是金融。各行各业都需要货币作为资本去进行贸易,各业商人之间以货币为媒介进行交易,因此金融状况的好坏牵涉到所有商人的利益,"窃惟市面衰旺,全视金融为转移,商业亨否,必赖银根为周旋";①由于金融状况与绍兴商人息息相关,所以绍兴商会非常重视金融运行情况。如果金融市面出现异常情况,绍兴商会就会介入其中。

绍兴市面中货币价格的高低是由钱业商人公议决定的,有时钱商因在日拆、汇水问题上无法达成一致意见,从而导致市面货币价格无法开出,最终影响商业运行。这时绍兴商会往往会从中调解,以期钱市早日开市。这一点在上一章中曾有所介绍。

有时其他行业的商人,可能会为了追求厚利而不遵守钱业公议的市价,从而扰乱金融秩序。这时绍兴商会也会出面阻止。1917年绍兴越安轮船公司压低角洋价格图利,当时市面上一角洋的价格为九十八文,间或达到百文以上,可是越安公司在日常营业中却是以每角九十文与顾客交易,实际上是压低角洋的价格,以获取额外利益。在这种情况下,绍兴商会出面干预,"前闻有商会函咨责问,该公司以火油及机匠等均要付出现洋之设词抵制"。②

当市面上出现伪钞,金融秩序岌岌可危之时,绍兴商会同样会出面解决。1914年绍兴市面发现浙江银行五元面值的伪钞,绍兴商会立即召开各业会议,议定各业商人停止使用浙江银行的钞票,之后商会又呈请官厅饬令浙江银行到绍兴分设经理处收兑钞票。"商务分会邀集各业议定办法,限期止收,请转呈令饬该银行,于该地分设经理处,随时收兑。"③

有时一些辅币的价格,由于某种原因偏离应有价值,造成市场混乱,引起商人不满,这时绍兴商会会介入货币价格的制定过程,有时甚至会召开各业商人大会讨论货币价格问题。

1921年绍兴商会因广东新角问题召开会议,议定广东新角的流通方法,"本会即刻召集各业公同讨论,结果前项广东新角,不拘各业进出,一律以二八搭用"。④ 1917年2月绍兴商会在其新年会上议定铜元价格,"次提议铜元价格,谓今日市面铜元以现时洋价计,每枚可作制钱十文,惟各营业不同,

---

① 《请求减拆之文章》,《越铎日报》1919年12月2日,第四版。
② 《钱市紊乱之诉讼》,《越铎日报》1917年11月11日,第三版。
③ 《伪钞票案之余波》,《越铎日报》1914年4月16日,第四版。
④ 《绍兴县商会通告》,《越铎日报》1921年2月2日,第四版。

恐为折耗,定作九文通用。如此则商家、主顾,两得便宜云云"。①

绍兴商会的乡镇分支组织亦有规定钱币价格的行为。1919 年斗门分所将铜元的价格规定为七厘五毫,由于该价格较过去的时价偏低,还招致了《越铎日报》记者的批评。② 1920 年 9 月,姚家埭分所在召开常会时讨论铜元行使问题,最后议决铜元价码依钱市日报为准,"议决,照市计算,以钱市日报所定价格为标准"。③

由于货币的价格会随货币的供给状况的改变而变化,所以绍兴商会需要不断地调整货币价格。又因为金融与各业商人的利益皆有关系,所以在调节货币价格的过程中,各行各业的商人都会参与其中。调节货币价格的过程,在很大程度上是商民群体自我调节的过程。

我们先来讨论绍兴商会、商民对制钱价格的调控。如果绍兴市面上制钱充斥,供过于求,那么制钱显然就会掉价。此时如果商场中规定的制钱价格没有及时下调,那么那些大量收入制钱的大零售业(如布业、首饰业、米业)就会有不少亏耗。

民国初年绍兴市面制钱过多。时任绍兴商会领袖总理钱允康应布业、首饰业之请,调整制钱价格,定下"什一升钱"的制度。④ 比如甲向乙买物,甲付的制钱一旦超过十个,就需多付一枚制钱。如某物价值制钱十一枚,甲需向乙多付一枚制钱,即付制钱十二枚;某物价值制钱二十二枚,因两次超过十,甲需多付两枚制钱,即付制钱二十四枚。也就是说,对于价格在十枚制钱以上的商品,购买者需要付更多的制钱。这实际上是下调制钱的价格,以与制钱充斥的金融现状相符。

但是这种"什一升钱"制度是对那些小商小贩不利的。比如菜摊菜贩,他们在卖菜过程中,顾客付给的制钱数常常不过十,因此没有升钱。但是当他们进货时,他们付给供货商的制钱一定是过十的,就需要升钱。这进无升而出有升,自然使小商小贩的利益受损。可见,"什一升钱"制度是有利于大零售商而不利于小商小贩的。

正是因为"什一升钱"制度不利于小商贩,所以该制度受到很多人的批评。酒业董事沈秀山曾化名"蝶梦生"批评该制度,"什一之升钱,钱侩巨贾

---

①　《商会新年会记事》,《越铎日报》1917 年 2 月 20 日,第三版。
②　《陡亹商会之特权》,《越铎日报》1919 年 4 月 29 日,第三版。
③　《乡商会常会纪事》,《越铎日报》1920 年 9 月 10 日,第三版。
④　《忠告绍兴商会之文章》,《越铎日报》1917 年 11 月 19 日,第一版。

厚获其利,肩贩小民受累不堪"。①

后来绍兴市面上的制钱数量开始减少,制钱供给的减少,使制钱的实际价格走高。这样原本就在进出过程中利益受损的小商小贩,其损失就更大了。废除"什一升钱"制度的呼声也越来越高。沈秀山面商商会领袖高鹏,请求商会废除"什一升钱"制度。② 首饰业业董陶文谷也称"什一升钱"制度不合理。

不满声音的高涨,意味着商业秩序的基础正在被侵蚀。在这种情况下,绍兴商会出面重新制定制钱价格,巩固商业秩序。1917 年 11 月绍兴商会邀集各业商人开会讨论制钱问题,会上除米业之外的其他行业都赞成取消"什一升钱"之制。最终,大会决定"什一升钱"取消。这样,绍兴商会通过重新确定制钱价格,平衡各方利益,使商业秩序得以继续稳定。

取消"什一升钱"制度一两年之后,突然有大批制钱涌入绍兴市场。"自上年平现以后而现水革除,钱俭相随短抑,仅以每钱一千易洋一元,因之由外县贩入来绍者盈千累万,而小钱充塞市上者处处皆是。"③这样,原先制定的制钱价格就变得虚高,商人的利益、商业秩序都受到了伤害。"别处贩运小钱入市,商业均受影响,而呼痛号泣之声充耳触目。若不力谋良策,革除弊病,则绍县商业几无振兴之日。"④在这种情况下,绍兴的各业商人强烈要求绍兴商会解决制钱危机。为了促使商会尽快解决问题,各业商人甚至威胁停止缴纳商会会费。

> 故吾各业公议,前于四月初五日为始,钱市出入,一律加一贴水者,实为贫苦小商及人民计,绝对非为吾各业减除暗中之抱耗计也。现在各业复于昨日自行开会,公同议决,此次商会既有通告,自应遵照。于十三日以前,暂勿加贴。是日开会各业业董,全体□不出席,静待议董解决。定于四月十四日起,钱串出入,一律加一贴水,成埠上角,仍用银元、铜元照市进出,暂维近状。于银串未解决以前,各业应输商会会费,暂行停缴。⑤

在各业商人的强烈要求下,绍兴商会不得不开会集议。后来商会议决,

---

① 《一纸书针砭商会》,《越铎日报》1914 年 4 月 9 日,第三版。
② 《忠告绍兴商会之文章》,《越铎日报》1917 年 11 月 19 日,第一版。
③ 《绍兴钱价之病商》,《越铎日报》1919 年 4 月 20 日,第四版。
④ 《绍兴钱价之病商》,《越铎日报》1919 年 4 月 20 日,第四版。
⑤ 《钱业加水一问题之近讯》,《越铎日报》1919 年 5 月 12 日,第三版。

仿照杭州的商业习惯,使制钱价格盯紧铜元,制钱与铜元挂钩,"嗣后市上行用铜元,以十文计算,制钱兑易银元,应照铜元之市价为市价,以归一律"。①绍兴商会集议之后,又将决议呈报官厅备案,以增加决议的公信力。

由上可知,绍兴商会之所以多次介入金融事务,是因为金融秩序出现了问题,商业秩序危机四伏。绍兴商会是为了维持秩序才介入货币事务。而商会对金融的干预,也确实达到了稳定经济秩序的目的。

### 二、日货风潮中的商业秩序维护

#### (一)1919 年的绍兴反日运动

1919 年,巴黎和会上中国的外交失败,激起了全国性的民族主义情绪,一场激烈的反日运动在中华大地澎湃而起。受外界民族主义运动之激励,绍兴的反日火焰喷薄而出。当时绍兴商学各界都举起民族主义大旗,反对日本对中国的欺凌。

商人常被认为是对政治冷淡的群体,一般认为他们热心追求的是商业利益,对政治运动没有多少热情。但是在近代山河破碎的政治局势下,受澎湃的民族主义运动之激励,近代商人开始超越老旧的"在商言商"的樊篱,投身民族主义运动。当时的绍兴商人,"概自青岛问题发生以来,稍有良心之商人,无不从事某国货之抵制"。②

绍兴安昌镇李诚新酱园经理包世华鉴于"国事日亟,非谋抵制不足以图存",主动印刷提倡使用国货的传单,"劝告亲爱父老兄弟,嗣后俱色用国货,振兴商业,挽回利权,前途发达,未可限量焉"。③

书业商人开会议决,一方面由书业公会致函上海各供货商,"不得夹带进办仇货,并函致各出版家,书籍等纸张等原料,请求改用国产出品",另一方面令各书店刊刻爱国标语,提倡国货,"令各书店自己刻一'良心救国''抵制仇货''推广国货'等木字,盖在包纸、发票、信壳等处,以醒人民之耳目等"。④

当时绍兴商人还组织了专门提倡国货的团体。丝业伙友就组织了"丝业劝用国货会",提倡使用国货,"迩间,丝业中伙友攒首,先发起组织丝业劝

---

① 《关于钱市之近讯》,《越铎日报》1919 年 5 月 27 日,第三版。
② 《绍兴中等学校学生之宣言》,《越铎日报》1919 年 8 月 14 日,第三版。
③ 《酱园经理之爱国》,《越铎日报》1919 年 5 月 25 日,第三版。
④ 《书业关于外交之警讯之会议》,《越铎日报》1921 年 12 月 13 日,第三版。

用国货会,不购某国货为宗旨。平日互相劝勉,以冀不忘国耻,借作各业之先导云"。① 绍兴商界成立了"提倡国货会常会",以绍兴著名绅商丁星阶为会长。②

连政治冷淡的商人群体都主动参与民族主义运动,行事激进的学生群体自然是更加激烈地从事反日活动。巴黎和会消息传到绍兴,学生界极为激愤,"绍兴学界自青岛问题失败以来,甚为愤激"。③ "浙江第五师校学生,日闻交涉失败,极为愤慨,一致发起抵制日货会,已组织就绪。"④为了能更有效地推动反日运动,绍兴各校学生成立了各校联合组织——国耻图雪会。⑤

激烈的反日倾向引导学生群体逐渐走上焚烧日货之路。工业弱国抵制工业强国的工业制成品,由于违背经济学机会成本最小化的原理,所以只有用强大的意志力才可能做到。当时绍兴的一些爱国团体,非常强调内心的主观意志,"公理虽湮,良心不死,民气犹未堕也","越王遗迹,□为美训,救国之心,谁不如我"。⑥

在反日运动初期,学生群体焚烧日货就是为了激发爱国意志。1919年5月,绍兴五中、五师、越材等校学生,通过销毁自己的日货来激发反日思想:"收集校内绝对可废之日货(如玩具、日用品、消耗品等),及由各人之预意收集向对可废的日货(如洋伞、法朗器等),毁弃□市,以激起社会力排日货之思想。"⑦禹会乡区立第一国民高小学校的学生也通过销毁日货来激发救国意志,"卧薪尝胆,沼吴雪耻","阖校学生将所存日货尽行焚毁,以为先导"。⑧

由于焚烧日货的最初目的并不是威吓买卖日货的商人,所以在反日运动的初期,对于日货的主张是将日货充公,而不是焚毁。"监督各肆,除存货销尽外,有续行秘密销售日货者一察出,登报揭破,或处以货物充公之严罚。"⑨

但是随着反日运动的进一步发展,绍兴的学生群体开始焚烧日货,焚烧

① 《劝用国货》,《越铎日报》1919年5月16日,第三版。
② 《提倡国货会常会纪闻》,《越铎日报》1919年7月15日,第三版。
③ 《绍兴学界愤激之函电》,《越铎日报》1919年5月15日,第三版。
④ 《抵制日货会之发起》,《越铎日报》1919年5月17日,第三版。
⑤ 《国耻图雪会开筹备会纪事》,《越铎日报》1919年5月19日,第三版。
⑥ 《绍兴救国十人团之响应》,《越铎日报》1919年5月20日,第三版。
⑦ 《学界之提倡国货热》,《越铎日报》1919年5月18日,第三版。
⑧ 《乡校爱国之热忱》,《越铎日报》1919年5月28日,第三版。
⑨ 《绍兴救国团进行日记》,《越铎日报》1919年5月27日,第三版。

日货的目的是警告那些买卖日货的商人,"自抵制日货问题发生后,一般绍兴奸商,依旧私进日货。现由国耻图雪会调查部,查出绍地商人所私进之日货如东洋纸,如东洋缎,如玻璃等多件,大众决议,于今日午后四时,在大校场焚毁,以警其后云"。[1] 1919 年八、九月间,绍兴学生群体多次焚毁日货。

学生群体搜查、焚毁日货的行为,自然与商人的利益发生了冲突。商人反对学生焚烧日货的行为,认为学生群体无权检查日货,"不知该学生从何命令,又不知依据何条法文,竟可任意强取商店货物也"。[2]

学生群体与商人群体的冲突,给绍兴商会带来了巨大的挑战。学生群体要求商会配合,将日货焚毁;商人群体要求商会保护私有财产:商会夹在中间,处境尴尬。"各处响应拒绝日货,而商会之地步,处于应付俱穷矣","受学界之责言,被商店之责问,调停苦口,仍无解决之方",以至于当时绍兴商会的会长冯纪亮提出辞职:"惟有决心辞职,别举贤能,使纪亮得以谢罪。"[3]

（二）学商矛盾之间的商会作为

虽然学生和商人之间的矛盾,使夹在中间的绍兴商会左右为难,不过最后的结果却颇令人意外,绍兴商会居然成功解决矛盾、平息风潮,"风潮迭兴,调解无方,赖同人之辅助,得以支持"。[4] 那么绍兴商会是如何平息风潮,解决矛盾的呢?

绍兴商会做的第一件有利于纠纷解决的事情是举起民族主义大旗,表明自己的反日立场。这样做之所以有助于解决学商矛盾,是因为只有如此才能使绍兴商会有机会与学生群体对话。毕竟,激进反日的学生组织是不可能与对日态度暧昧的组织、个人理性交流的。

绍兴商会会长以谢绝寿庆的方式,来表达自己的爱国立场。1919 年绍兴商会会长冯纪亮恰逢五十岁寿辰,别人要为他举办寿宴,他以国事为由拒绝,"以当此闽事告急,宜以国家为单位,个人事宜之属于无关得失者,亟应废弃以表谢绝之意"。[5] 不管冯纪亮谢绝寿庆是否出于本心,他的举动必然

① 《进日货者大家看看》,《越铎日报》1919 年 8 月 13 日,第三版。

② 《洋广货业公所具说帖》,1919 年 8 月 14 日,《绍兴商会档案》,绍兴市柯桥区档案馆藏,140-4-375。

③ 《商会诸会董诸会员公鉴》,《越铎日报》1919 年 8 月 16 日,第一版中缝广告。

④ 《商会长谢绝选举》,《越铎日报》1920 年 10 月 17 日,第四版。

⑤ 《商会长谢绝寿庆》,《越铎日报》1919 年 12 月 17 日,第三版。

表达了一种民族主义的立场。

绍兴商会与农会、教育会等团体筹组绍兴救国团，"本县教育界主张联合各界组织一绍兴救国团等情，已志昨报。兹悉商会农会及自治办公处等各机关，日昨（二十六日）在商会讨论进行办法，定今日午后四时开各界联席会议筹备一切云"。① 商会参与的绍兴救国团对于日货有明确的抵制主张，是一个民族主义团体。

（甲）调查日货，随时报告于社会。

（乙）提倡国货，随时介绍，并负确实之保证，以杜混冒。

（丙）监督各肆，除存货销尽外，有续行秘密销售日货者一察出，登报揭破，或处以货物充公之严罚。

（丁）随时注意日商之托名，或改换商标等。

（戊）□组织各区陈列所。②

绍兴商会的民族主义立场，与学生群体有明显的差异，绍兴商会的民族主义总路线是"提倡国货，不烧日货"。绍兴商会认为，"若欲维持，非提倡国货，以为抵制不可"③，所以绍兴商会极力提倡国货，"前经本会开会通告，一面以实力维持国货为抵制"。④ 1919 年 8 月，绍兴商会开临时大会，商会会长冯纪亮"敦劝各商家总以提倡国货为进行"。⑤

绍兴商会做的第二件有利于矛盾解决的事情，是对商人进行约束，约束商人贩卖日货的行为。对于买卖日货的大户——洋广货业，绍兴商会致函该业业董，请其通知洋广货业各商号，千万不要再进日货，以免引起纠纷。"凡有贵业前进日货，请勿再行陈设。昨已在会当面确切相嘱，用再函告，务望邀齐各同业即日照行，并勿以日货冒充国货，致生枝节。"⑥

绍兴商会还致函上海、宁波、杭州商会，请其转告商人勿寄日货，"应请贵总会预为传告各帮商，照单配寄，万勿以冒牌之货抵充，倘发生此种货物，

① 《绍兴救国团进行日记》，《越铎日报》1919 年 5 月 27 日，第三版。

② 《绍兴救国团进行日记》，《越铎日报》1919 年 5 月 27 日，第三版。

③ 《绍兴商会通告》，1919 年，《绍兴商会档案》，绍兴市柯桥区档案馆藏，140-4-375。

④ 《商会提倡国货之热心》，《越铎日报》1919 年 5 月 25 日，第三版。

⑤ 《商会临时大会记》，《越铎日报》1919 年 8 月 15 日，第三版。

⑥ 《商会提倡国货之热心》，《越铎日报》1919 年 5 月 25 日，第三版。

到绍后一经查出付焚，绍商店不能负责，并勿以此种货物悬寄来绍，徒增损失"。①

绍兴商会做的第三件有利于学商矛盾解决的事情，是与学生群体进行沟通，请求学生组织手下留情。当绍兴学生组织扣住商人办来的日货，并准备焚烧时，绍兴商会常常会从中婉劝，希望不要焚烧。"在各业非不佩诸学生爱国之心，惟营业性质，店中不能断货，又苦国货供不应求，则购运亦非得已。现议决逐渐替代，即逐渐减少。"②1919 年 8 月，绍兴商会为了阻止学生的国耻图雪会焚烧日货，以血本攸关为辞进行劝说，"开谕该会，只能劝导，不能烧毁，并嗣后不得将货物扣留、扛抬入于该会，须知各货皆关血本，该会确无烧毁之权"。③

当商人的货物被学生扣留时，商会会与学生群体沟通，努力解决冲突。起初绍兴商会是一件一件地协调商人与学生之间的冲突的。比如 1919 年 6 月，学生团体搜得杭州华章寄送绍兴纸业商人的日货，经过绍兴商会与学生团体国耻图雪会的协调，将日货发回杭州华章。"曾于六月七日亦由该会学生团在航船检查得纸件送会，经敝会邀同该纸号再三与图雪会长磋商，该会始允将纸件寄还原发来之号。"④从绍兴商会会长辞职时的说法"受学界之责言，被商店之责问，调停苦口，仍无解决之方"⑤来看，像华章这样的事件，绍兴商会应该是处理了很多的，不过效果往往不好。

后来，绍兴商会开始把多件与学生团体的冲突一次性地与学生团体协调处理。1919 年 8 月 12 日，绍兴商会与国耻图雪会逐件协调会中所存日货的解决办法，"所有存会纸货、缎匹、玻璃、棉纱等件，由会长与国耻图雪会逐件磋商，以冀和平解决，而使各商店有所观□，经图雪会认可发还退回"。⑥

再进一步，绍兴商会于 1919 年的 12 月，与学生团体召开讨论大会，希望制定一个规则，全面地解决因抵制日货而发生的纠纷。"八号午后，商学

---

①《绍兴商会函杭宁沪商会》，1919 年 12 月 11 日，《绍兴商会档案》，绍兴市柯桥区档案馆藏，140-4-375。

②《庇护奸商提倡日货之绍兴商会》，《越铎日报》1919 年 8 月 14 日，第三版。

③《绍兴商会呈绍属戒严司令部》，1919 年 8 月，《绍兴商会档案》，绍兴市柯桥区档案馆藏，140-4-378。

④《绍兴商会函杭县拱宸桥商会》，1919 年 7 月 19 日，《绍兴商会档案》，绍兴市柯桥区档案馆藏，140-4-375。

⑤《商会诸会董诸会员公鉴》，《越铎日报》1919 年 8 月 16 日，第一版中缝广告。

⑥《商会临时大会记》，《越铎日报》1919 年 8 月 15 日，第三版。

两界假座商会开商学讨论大会,双方解决。嗣后誓不再进日货,倘在各埠航船,经学界查出,情甘将查出之货,全数交商会当众验明烧毁及加倍处罚,各号经理人均签字于后。至于旧存日货,由学生联合会查明盖印发卖,如有未能盖印之处,当再双方讨论办理云。"①

协议的签订自然有助于事态的平息。此时学生团体也开始意识到焚烧日货方法失当,部分学生认为"惟应行焚毁之物,或分给贫人,或拨入育婴堂、养老院等处,则既可补益于公众,又可免暴殄天物之讥"。② 所以,后来绍兴虽然仍有焚烧日货的事情发生,但整体上趋于平静。我们虽然不能把绍兴后来没有发生激烈的焚烧日货事件完全归功于绍兴商会的斡旋,但绍兴商会在平息焚烧日货风潮中的作为是不可忽视的。

绍兴商会对学商矛盾的调解,实际上是对商业秩序的维护。突然爆发的反日运动,使学生群体敢于扣押、焚烧商人的货物,而这无疑是一种对经济秩序的破坏。绍兴商会在反日风潮中的作为,是努力在不反对民族主义运动的前提下,减少反日学生对商业秩序的冲击,从而维护经贸秩序。

### 三、对非商业秩序的维护与改良

除了在商业秩序出现危机时直接对商业事务进行安排,绍兴商会还会管理那些与商业秩序并无直接关系,但是会间接影响到地方经济的事务,比如电力事务、社会治安、粮食和交通。

1917 年,绍兴商民与电灯公司因电价问题发生风潮,幸而绍兴商会及时介入将风潮化解。当年 4 月,经营绍兴电灯事业的华光电灯公司决定增加电价,每盏电灯增价四角。这引起了城区商民的反对,有人散发传单,要求齐心抵制。"兹当月底收费之期,特于日昨遍发传单,布告各商号,齐心抵制。"③后来绍兴商会从中协调,邀请各业会员与华光公司到商会开会调停,双方各让一步,每盏电灯增价两角。"经该会正会长高云卿竭力调停,决定廿五支光每月加价两角。"④最后,在绍兴商会的协调下,电灯公司和用户达成和解,一场风潮得以化解,绍兴的用电秩序回归正常。

标度社会治安状况的社会秩序与商人身家性命密切相关。清末民初,政潮不断,时局不稳,社会秩序常常处于倾覆的边缘,作为商人团体的绍兴

---

① 《绍兴学界与商界之提携消息》,《越铎日报》1919 年 12 月 10 日,第三版。
② 《学生联合会临时会纪事》,《越铎日报》1920 年 1 月 19 日,第三版。
③ 《浮加灯费激公愤》,《越铎日报》1917 年 4 月 20 日,第三版。
④ 《电灯公司垄断市利之尾声》,《越铎日报》1917 年 4 月 23 日,第三版。

商会对社会秩序异常关切,一旦地方出现风吹草动,绍兴商会便会出面维持。

1912年,浙江都督蒋尊簋任张伯岐为绍防统带,率军驻绍。由于张伯岐所部军纪散乱,"其属下尤多桀骜不羁之徒,以故滋扰闾阎之事接踵而起"[1],所以绍兴人士竭力反对张伯岐驻绍。七月十九日,商会代表等地方领袖在绍兴新园集会,"众情一致,分电省垣拒绝"。[2] 绍兴商会又独自上书蒋尊簋,说明绍兴商民已经在预谋罢市,委婉地要求撤销对张伯岐的任命。[3]

洪宪时期,政局动荡,绍兴亦是风声鹤唳、草木皆兵。当时绍兴有家昇记舞台,这家舞台由于演唱淫戏,且未领取许可证就擅自开演,被官厅勒令停演。这本是一场正常的行政处罚,但是在当时动荡的时局背景下,绍兴民众认为昇记舞台是因为浙江政局即将有变而停演的,"一般无知愚民四处造谣,声称戏园停演,定系另有一种原因"。这些谣言还引起了地方商业的恐慌,"风声所播,不无摇惑,人民纷纷向各金融机关探听消息"。[4]

由于谣言牵动地方商务,绍兴商会认为如果昇记舞台继续停演,谣言进一步传播,那么地方商业就会受到影响。为了消除流言,稳定社会秩序,绍兴商会呈请浙江巡按使准许昇记舞台继续演出。商会共拍发两封电报,分别如下。

电文一:

项据昇记舞台帖称,该舞台成立时,前县知事漏未详报。现奉道尹函饬暂行停演,一面另行详报组织情形等情前来等因。查本台包银已付五千余金,一旦停演,损失甚巨。乞为维持等因。查该舞台陈说,自属真实,如果停演,人民多所误会,地方、商务将均受影响。乞速面禀巡按使维持市面,暂缓停演,乞速电复。绍兴商会。元。[5]

电文二:

屈爵使钧鉴。绍兴戏馆奉县署转奉令饬,以前知事漏未详报,饬令暂行停演等情。查吾绍自滇事发生以来,商业恐慌,现下开市在即,一

① 《张伯岐可为绍军统带耶》,《越铎日报》1912年7月19日,第二页。
② 《换制张伯歧来绍》,《越铎日报》1912年7月20日,第二页。
③ 《绍兴商会上蒋都督书》,《越铎日报》1912年7月27日,第一页。
④ 《昇记舞台停演三天》,《越铎日报》1916年2月18日,第三版。
⑤ 《昇记舞台停演三天》,《越铎日报》1916年2月18日,第三版。

经戏馆停演,谣诼烦兴,易滋误会,现水飞涨,地方、商务均有关系,除将取缔情形由县另行详报外,合行电乞暂免停演,以安人心而维大局。绍商会。①

清末民初的绍兴县是缺米地区,经常发生饥荒,影响社会的安定。为了稳定社会秩序,在米荒之时,绍兴商会会开导各米商体察民情,下调米价。辛亥革命时期,绍兴商会应军政府的命令召集米商,协调平抑米价。当时,王金发照会绍兴商会,要求"邀集各米行铺代表,体察情形,酌量平价可也"。② 绍兴商会接到照会后,便依照王金发的要求,邀集米商平价,最后取得了一致意见。其详细过程见商会的如下呈文:

> 山会商务分会为呈复事。
>
> 本年元月二十一号接奉照会内开,照得民食为民天云云,共保治安等因。奉此,仰见关怀民食,钦佩莫名。遵经邀集城厢米业各行铺商人,剀切劝导,酌量平价。各商人均深明大义,公同酌议,自二月四号起,无论籼晚,起码每升六十文,并议定所售白米并不掺和糠秕。每人市米,亦不限定升斗,从前积弊,一律革除。饬令该商等妥为营运,以资接济外,奉照前因,理合备由,呈请贵分府察核批示祗遵,实为公便。须至呈者。
>
> 呈绍兴军政分府王③

1920 年绍兴发生灾荒,民食维艰,绍兴商会与绍兴县知事开联合会议,邀集各米商到商会商议平价问题。绍兴商会会长首先发言,要求各米商酌量降低米价:"惟现在米价日贵,要诸位米商略尽义务,将米价减平一点。"接着县知事发言,请米商降低米价:"兄弟要请求各位米商,略尽义务。此后,米价不要再加,趁钱照本发卖。"后来,各米商又各抒己见,最后定下价格,"现在议定白米起码,每石以八元为最"。④ 显然,绍兴商会平抑米价的行为,是一种稳定秩序的努力。

---

① 《昇记舞台停演三天》,《越铎日报》1916 年 2 月 18 日,第三版。

② 《绍兴军政分府都督王照会绍兴商会》,1911 年 12 月 31 日,《绍兴商会档案》,绍兴市柯桥区档案馆藏,140-4-316。

③ 《绍兴商会呈绍兴军政分府》,1912 年 2 月 4 日,《绍兴商会档案》,绍兴市柯桥区档案馆藏,140-4-317。

④ 《余知事维持民食之会议》,《越铎日报》1920 年 6 月 17 日,第三版。

交通与水利也是地方秩序的组成部分,绍兴商会对二者也有涉及。
1919 年,绍兴商会接下辖的汤浦分事务所报告,在一个叫作"小江口"的交通
孔道,江面上的电报线太低,妨碍航船通过,"小江口两岸对植电柱,电线横
贯江上,线低桅高,往来船桅动辄兜触"。绍兴商会接到报告后,立刻致函绍
兴电报局,请其设法改正。[①]

绍兴是浙东水乡,境内河湖密布,水利设施的质量关系千万人的身家性
命,"绍兴襟江带海,向称泽国,全持塘闸以资捍卫"。1915 年,绍兴商会趁巡
按使巡视绍兴的机会,建言拨款修理三江闸,"三江大闸,年久失修,闸洞渗
漏,岌岌可危,若再因循,日甚一日,近来修费更巨,诚不可收拾之势。如岁
蒙拨款,克日估工,限期藏事,从此江有塘以资捍卫,湖有闸以资启开,绍虽
水乡,有水之利,无水之害"。[②]

可见,绍兴商会的确参与了很多的地方公共事务,为地方秩序的稳定做
出了很多努力。

## 第二节　绍兴商会参与地方公共事务的方式

绍兴商会对公共事务的参与,是分为多种形式的。有时绍兴商会只是
扮演信息的传递者的角色;有时绍兴商会是作为一种地方权威以协调各方
利益的形式去介入地方事务;有时绍兴商会是为地方事务提供经费;有时绍
兴商会则是自己管理公共事业,甚至自己创立公共事业。

### 一、传递信息

在很多情况下,绍兴商会在公共事务的运作中,只是扮演信息的传递者
的角色,或者是把公共事业管理者、运营者的要求告知会中各商家,或者是
把商人的诉求转告给公共事业的相关责任人。

当时,绍兴地方官厅几乎是全方位地介入地方公共事业,官厅有很多关
于地方公务的通知。绍兴商会在很多时候就承担了将官厅政令传递给商人
的任务。民初绍兴城区已经引入夜间照明设施了,但是城区各商铺的广告

---

① 《绍兴商会公函商字第九十九号》,1919 年 12 月 2 日,《绍兴商会档案》,绍兴市柯桥
区档案馆藏,140-4-382。

② 《绍兴商会具说贴》,1915 年 7 月,《绍兴商会档案》,绍兴市柯桥区档案馆藏,
140-4-350。

招牌过于巨大,以至于影响灯光,而且这些招牌还妨碍行人通过,所以绍兴官厅决定取缔过街招牌。1920 年绍兴商会应官厅命令讨论过取缔招牌一事,形成取消办法三条,并随即通知各商号执行。[①] 但是无奈商号多虚与委蛇,拖延不执行。1921 年绍兴警察所致函商会,要求商会通知各商号按照规定改良招牌。商会接到警察所信函后,将信函内容如实传递给会内商人:

> 为通告事。本年五月二十一日,准警察所公函开,以前次取缔各商店屋檐所挂招牌,其改良者固多,而悬挂招牌之横铁杆未经改短而仍旧挑出屋檐者,亦尚不少。应请贵会通告各商店,一律将横铁杆改短,以符前议等因。除开大会请各会员传告同业照改外,恐未周知,特此通告,务希一律将横铁杆改短,将招牌与墙垣或摇牌贴连,不得离开为盼。[②]

公共事业除了官厅之外,还有其他管理者,这些人也时常通过商会向各商号传递信息。比如绍兴引进现代电灯之后,不少商号学徒、伙友私拉电线、私接电灯,盗取电灯公司的电力。作为电灯的经营管理者,华光电灯公司请求商会劝导各商号体恤营业,熄灭私灯。绍兴商会接到请求后,就立即知照会中各商熄灭私灯。

> 为通告事。据华光电灯公司函称,敝公司因灯额增加,添购引擎汽锅,原冀加足灯光,稍增收入,乃灯额所加无几,而流电则日增未艾,实由私灯充斥所致。除禀县出示晓谕,并将查灯日期登报外,应请贵会通告各业会员,劝诫学生、栈司体恤。敝公司为血本关系,务请查察,有则速令停熄等情到会。亟通告,即希贵会员传知各同业,倘学生等有私自装灯者,务请一律停熄,该公司为营业起见,持论极主和平,庶得彼此顾全也。此致先生大鉴。
>
> 绍兴商会谨启 三月廿三日 [③]

无论是传达官宪的命令,还是转达其他公共事业管理者的要求,绍兴商会在这种转达中付出的成本是很低的,通常只是"等因奉此"地写几纸通告,然后发给各业业董就可以了。与此相比,向上传达绍兴商民、民众想法,特

---

① 《取缔招牌之公函》,《越铎日报》1920 年 9 月 30 日,第三版。

② 《改良路政之通告》,《越铎日报》1921 年 5 月 31 日,第三版。

③ 《绍兴商会通告各会员》,1920 年 3 月 23 日,《绍兴商会档案》,绍兴市柯桥区档案馆藏,140-4-386。

别是还希望政府在一些事情上做出让步，付出的成本就要大一些。

为了改善绍兴的商务局面，促进地方发展，绍兴商会会把绍兴的实际情况以正式公文的形式上呈官厅。在这些例子中，最著名的莫过于1915年绍兴商会向当时的浙江巡按使屈映光呈报绍兴商务情况的事件。

1915年浙江巡按使屈映光奉袁世凯政令巡视浙属各地，"本使遵奉大总统申令，历巡各属"。① 屈映光巡视到绍兴时，绍兴绅商各界竞相向屈映光呈递说帖，请求浙江省宪扶持绍兴的发展。绍兴商会作为法定商人社团，自然会有所建白，向屈映光上呈十份说帖，"所有说帖十件，谨具文详送，罔知干冒上渎"。② 绍兴商会的十份说帖分别为：

　　1、为债权执行困难，敬陈管见，以维信用事；

　　2、为请帖免苛捐事；

　　3、为分运单效用期促，请饬从宽规定事；

　　4、为塘闸关系重要，请发岁修经费，以卫田庐而资保障事；

　　5、为丝商苦捐，敬陈管见，以期补救事；

　　6、为茶业衰落，谨呈管见，以资救济事；

　　7、为茧商折阅，敬陈管见，以冀维持事；

　　8、为棉种亟宜改良，敬陈管见，以维农业事；

　　9、为箔受侵销，敬陈管见，以资扶植事；

　　10、为酒业因于捐税，势将消灭，敬陈管见，以存工艺而维生计事。③

这十份说帖不仅有关于商业的内容，还有关于法律和水利的内容。可以说，绍兴商会是把它认为亟须改良的社会经济事业向屈映光做一个总的汇报，以期取得屈氏的重视。

这样地向官厅报告绍兴当地的情况，需要集思广益，并把各方观点汇成文字，揣摩官厅心意，修改润色，这一系列的成本，非"等因奉此"地下达官厅政令可比。不过，上呈地方情况的成本并不能与实实在在的公共管理的成本相提并论。

---

①　《巡视绍兴县宣言》，1915年，《绍兴商会档案》，绍兴市柯桥区档案馆藏，140-4-350。

②　《绍兴商会详浙江巡按使》，1915年，《绍兴商会档案》，绍兴市柯桥区档案馆藏，140-4-350。

③　绍兴商会呈浙江巡按使十份说帖，1915年，《绍兴商会档案》，绍兴市柯桥区档案馆藏，140-4-350。

### 二、对地方事务进行管理

与传递信息不同,切实地管理地方公共事务,意味着绍兴商会必须真正地行动起来,有所作为。绍兴商会对地方公共事务的管理、干预也是分为多种形式的,有的是以平衡各方利益、调解突发纠纷的方式进行的管理,有的是以提供经费的方式进行管理,有的是直接管理,甚至是自己创立公共事业。

有很多公共事务,是突然产生的。本来某项事业运行有序,因为某种原因,原有的秩序被打破,绍兴商会介入其间,对各方利益进行再平衡,重建秩序。这样的事件,金融最为突出。像前面描述过的,当金融因为纠纷而秩序错乱的时候,绍兴商会常常会对纠纷各方进行协调,努力恢复秩序。

有的公共事业,绍兴商会并不直接介入,而是以为其筹措资金的方式间接介入。在筹措资金方面,商会拥有的整套的组织体系使其能够较从容地筹措资金。绍兴商会就是以这种形式参与绍兴商团的管理的。

一般说来一地的商团是由当地商会组织成立的,并且附属于商会。比如苏州商团就是苏州商务总会的从属组织。[①] 但是 1912 年到 1914 年之间的绍兴商团并不是绍兴商会的附属组织。虽然绍兴商团的确是绅商群体创建的,但这一群体是通过当时的绍兴社会党创办的:

> 绍兴社会党孙寅初、钱镜清、马谟臣、冯虚舟、陆文魁、高联芳诸君,咸系商界巨子,且均热心公益。近以时事日非,拟组织商团,以保商铺,日前邀集徐保林、陶文谷二君,借社会党事务所开谈话会。[②]

不仅绍兴商团的组建过程与商会无关,商团的日常运作也独立于绍兴商会。1912 年 7 月 24 日绍兴商团选举职员的活动,完全独立于商会。这次选举大会与商会最大的联系,恐怕就是大会邀请绍兴商会总董钱允康担任检票一职。[③] 商团的日常训练事宜,完全与绍兴商会无关。

不过,绍兴商会曾以筹措资金的方式介入过商团事务。绍兴商团开始组织时,其启动资金由各发起人捐助,初次举行成立商团的谈话会时各发起人"当场认定开办费洋五百余元"。[④] 后来,又有发起人陆续认捐,"当时又有

---

① 马敏、朱英:《传统与近代的二重变奏——晚清苏州商会个案研究》,第 86 页。
② 《组织商团之先声》,《越铎日报》1912 年 5 月 31 日,第二页。
③ 《商团选举职员》,《越铎日报》1912 年 7 月 26 日,第二页。
④ 《组织商团之先声》,《越铎日报》1912 年 5 月 31 日,第二页。

沈墨臣、陈寿生等各认十元"。[①] 后来商团购买枪械的费用,也是通过捐助得来,"名誉团董鲍清如补助巨款,各职员次第捐输,得向绍兴民团总局购备枪弹,呈请陆前知事烙印,即于冬防时使用"。[②] 但是,商团事务繁多,支出浩繁,特别在其起步阶段,经费异常支绌。为了弥补经费不足,绍兴商团曾经请商会帮忙筹集经费。

为了给商团筹集经费,绍兴商会邀集各业董事召开会议。当时的商会总董钱允康认为,商团现在组织完好,但经费异常支绌;商团若是失败,功亏一篑,着实可惜;绍兴商会应该为其筹措经费,"若不为之捐助,功亏一篑,殊为可惜,并何以对办事者之初意。所称维持等情,本会天职尔尔"。最终,经过大会讨论,由各业董持捐册向各商号劝捐,"互相讨论,由到会各董,分携捐册,向各店劝募"。[③]

显然,绍兴商团从组建到运行,都是独立于绍兴商会的。绍兴商会是不直接管理商团事务的。但是商会利用其组织体系为商团筹措资金,这也是一种对商团管理事务的介入。也就是说,绍兴商会通过为商团筹集资金的方式,间接地介入了商团的事务。

绍兴商会还创办或直接管理着一些地方公共事业。根据现在的史料,可以知道绍兴商会曾经创办过公共典当、同安施医局。

受北伐战争的影响,绍兴各典当停止营业,这就给贫苦小民典质物件带来困难。有鉴于此,绍兴商会召集城区各典,设立公当,以惠贫民。"县商会召集各典经理开会讨论办法,结果在仓桥厢内设柜估当,每人以五角为限,凡金银铜锡一律不当。"[④]

绍兴商会还曾设立医疗机构,1918 年绍兴商会创立同安施医局,"敝会同人,于民国七年起,在城区东如坊创设同安施医局,聘请单观澜主任该局医务"。[⑤]

绍兴商会还曾管理过城中的公共事业。比如清末民初绍兴的路灯就是由商会管理的。"绍城所有各街岗灯向归警署雇人燃点,自城议事会成立

---

①　《组织商团之进行》,《越铎日报》1912 年 6 月 13 日,第二页。

②　《商团取消后呈文》,《越铎日报》1914 年 4 月 8 日,第三版。

③　《商会开会记》,《越铎日报》1912 年 11 月 17 日,第三页。

④　《典业组设贫民公当处》,《申报》1927 年 1 月 8 日,第三张(九)。

⑤　《绍兴商会函绍兴警察所》,1921 年 10 月 4 日,《绍兴商会档案》,绍兴市柯桥区档案馆藏,140-4-401。

后,将前项路灯议归商会及自治会合力办理。"①

综上所述,绍兴商会是以多种形式去参与地方公共事务的。有时地方秩序因各方的冲突而被破坏,绍兴商会以平衡各方利益的方式去恢复秩序;对有些公共事业,绍兴商会并不直接管理,而是为其提供资金支持;有些公共事业,绍兴商会是直接进行管理的,而且绍兴商会本身还创办了一些公共事业。

## 第三节　绍兴商会介入地方公共秩序的原因

既然知道绍兴商会是以多种形式介入地方公共秩序的,那么一个问题便随之而起,即绍兴商会为什么要介入地方公共秩序呢? 对于这个问题,应该说既有商会主动的因素,又有被动的因素。影响绍兴商会主动参与地方公共事务的因素,既有经济因素,又有道德因素。

### 一、主动介入

绍兴商界作为绍兴地方社会的一部分,商人利益与地方秩序有着千丝万缕的联系。这种利益上的共生关系,促使绍兴商界可能超越狭隘的群体利益,在保护、拓展自己利益的同时,一并维护、优化地方秩序。绍兴商人会为了保护、拓展自身利益而去参与地方公共事业。

#### (一)利益因素

史学界在解释近代商人的行为模式时,曾提出过"产权—秩序"模式。该模式认为,近代的革命、战争、运动会破坏社会秩序,危害商人财产的安全。为了保护自己的财产,保护自己的产权,商人、商会会出面维护社会秩序,投身公共事务。这便是如下逻辑:

逻辑Ⅰ:地方秩序崩溃→损害商人利益→商人要维护私人利益→促使商会维持地方秩序。

前文提及的绍兴商会阻止张伯岐驻绍一事以及商会介入昇记舞台停演一事,都是属于此类逻辑,即地方秩序出现问题,影响商业运行,商会出面维持秩序。

逻辑Ⅰ把注意力集中在秩序的失范上,对秩序稳定时期商会对公共事

---

① 《派出所呈请分点街灯》,《越铎日报》1914 年 4 月 12 日,第三版。

务的参与缺乏足够的关注,忽视了商会提供的公共服务有促进地方经济发展、繁荣地方商贸的作用,忽视了商会出于增进商人利益而投身公益事务的动机。也就是说,从利益的角度来看,商会还有一个逻辑。

逻辑Ⅱ:商人要扩张私人利益→落后的交通等事业妨碍商贸的繁荣→商会要求改善经商环境→商会对地方秩序进行优化。

支持逻辑Ⅱ,即商会为了商人利益的扩张而参与地方事务,这样的史料也是很多的。比如1920年绍兴教育会成立商业补习所,向各商店伙友讲授商业知识。绍兴商会积极配合教育会,先是通知各业伙友、学徒积极报名,"此举纯为培植商界人材,增长商人学识起见。凡贵界、业各学生有志向学者,请一并传知,开具姓名,前赴□县教育会报名可也"。[①] 后来绍兴商会又发布通告,劝导各商家放长眼光,不要阻碍店中伙友参加商业补习所。

> 近一商业智识日益进步,为商人者不可不及时求学。教育会茹会长有鉴于此,爰附设商业补习学校,现距学业不过一学期,惟听讲各生间有因职务关系或作辍者,亦有未得店中经理之同意致中途辍学者。当此商业竞争时代,苟及时求得健全之学识,非特个人直接受其利益,即于商店上亦有许多便利之处。兹本会为促进商学起见,用特谆劝各听讲生,于每晚前往听讲,借以增长智识,并劝各经理人略采开放主义,伙友之利,亦即店中之利。[②]

商会通告中的"伙友之利,亦即店中之利",虽然是鼓励商店让伙友参加商业补习所的说辞,但是从中亦可知道商会之举有为商人利益着想的一面。也就是说,绍兴商会之所以介入商业补习所事务,是有着眼于扩张绍兴商人利益的因素。

改善交通状况是优化地方秩序的重要内容。1924年绍兴商会与杭州、宁波两商会一起请求增加义渡经费,"钱江义渡原有轮帆不敷周转,行旅之苦,拟添购汽轮四艘、拖船二十只以相济"[③],这个举动无疑也是有方便地方商贸,扩充商人利益方面的考虑。

总而言之,利益取向,无论是保护商人利益不受损害,抑或是方便商人贸易,实现商人利益的扩张,确实是促使商会介入地方事务,维护地方公共

---

① 《绍兴商会致各业函》,1919年,《绍兴商会档案》,绍兴市柯桥区档案馆藏,140-4-375。
② 《商业补习校近讯》,《越铎日报》1920年9月9日,第三版。
③ 《商会呈请追加钱江义渡费》,《越铎日报》1924年6月5日,第六版。

秩序的因素。

(二)道德取向

绍兴商会之所以参与地方秩序的维护,商会领袖的道德素养也是重要因素。商会参与地方公共事业的逻辑前提是,商会领袖具有一颗"公心",他们本着一心为公的思想,投身地方事务,维护地方公共利益。道德取向虽然很难通过史料来证实,但是在逻辑上有必然性。

假设绍兴商会的领袖不具备"公心",凡事皆以私利为目的,那么我们便会发现,在这种情况下商会领袖很难有动机去投身地方秩序的改良与建设。第一,绍兴商会作为法定商人社团,其领袖是纯粹的义务职务,并不支取薪水,更不要说奖金了,所以商会领袖并无经济动机去参与建桥、铺路这样的公共事业。第二,商会领袖参与公共事业,会耗费大量的时间,耽搁自己的经营。也就是说,商人投身公益事业要承担不菲的机会成本,这显然会使商人对兴办公益望而却步。第三,兴办公共事业,需要不少的经费。这些经费又常被分摊到商人们头上,因此兴办公益事业容易引起商人们的不满。这样,如果商会领袖参与地方秩序的维护与改良,那么他们容易受到商人们的侧目之视。可见,商会领袖实际上没有什么利益激励去投身公共事业。

作为一个要吃、要穿、要赚钱润屋的人,商会领袖要想突破个体限制,去投身无利可图的地方公益事业,只能尽量发挥自己的主观能动性,激发天良,摒除私心,以一种大公之心去超越对利益的追逐,以一种出世的态度投身到地方秩序的改良与维护中。

由于商会作为法定团体,几乎是天然地要参与到地方商务、地方公益事业之中,因此商会领袖必须具备能够超越私利的道德素养。当时绍兴地方人士也的确是这么要求商会领袖的。

1924 年 9 月 30 日,绍兴地方报纸《越铎日报》刊发了一篇名为《商会会长的人选》的文章。文章认为,县镇级商会的会长,于地方商务的发展有重要的关系。文章的最后列出了商会会长须具备的三点素质:

第一、须富于进取精神,远大眼光,能曾经到过国外,目睹商战情况的更佳。

第二、须能热心任事。

第三、须要有肝胆,能担当责任。①

---

① 《商会会长的人选》,《越铎日报》1924 年 9 月 30 日,第六版。

　　这里的二、三两点，实际上便是要求商会领袖拥有一颗能够超越私利的公心。可见，道德素养是商会领袖的必备条件，是商会参与地方公共事务的私人因素。

　　如果私德是商会领袖带领商会参与地方事业的因素，那么一定会有如下的推论，即私德薄弱，不肯自我牺牲的人担任商会领袖，商会及其从事的各项公共事业会走向低谷；而品德高尚、操守正直的人担任商会领袖，商会及其事业会得到发展。

　　事实也的确如此。商会及其参与的各项公共事业能否顺利发展，商会领袖的私德确实是重要因素。以绍兴商会的斗门分所为例，当其领袖私德败坏时，斗门商会的发展就不会太顺利，甚至可能陷入困境；当其领袖私德优秀时，斗门商会的发展就会非常的顺利。

　　在民国前期，绍兴商会斗门分所曾有两个领袖（董事），一个叫郭森美，一个叫陈曰沅。郭森美的私德不佳，沉溺赌色，不仅对分所的商务不闻不问，甚至连自己商号的经营也不上心。"绍属斗门镇商务分会董郭森美（系福号南货店经理），自任事以来，置商务于不顾，一味务外沉溺赌色，以致该店亏负甚巨，已于去年终倒闭。"由于郭森美对分所事务漠不关心，当时绍兴商会斗门分所陷入巨大的困境之中，按照时人的说法，那是"该镇分会虽有若无，形同虚设"。[①]

　　后来斗门商会改选，选举陈曰沅为董事。陈曰沅出身绅富，是绍兴巨绅陈达卿之子，在其学生时代就热心参与社团活动，"曾毕业五中，游学沪上，历任全绍各界联合会干事、绍兴学生联合会会计暨副评议长等"。[②] 毕业之后，陈曰沅一方面潜心商务，经理钱盐诸业，另一方面积极投身公益，创办斗门保卫团。"斗门绅士陈曰沅，热心公益，九月初一日成立保卫团，认真办理，带领潘排长暨团丁全夜梭巡，遇的笃班戏，劝阻解散，以绝匪长，殊堪嘉尚。"[③]时人称其"少年英俊，果敢有为"。[④] 热心公益，果敢有为的陈曰沅一经上任，即开始大力整顿斗门分所的会务。当时报刊报道：

　　　　绍属陡门镇商会新选会董陈曰沅，自经该会一再开会，要求承认等情，迭志本报。兹悉该会董已允暂予维持，至今为时月余，对于该镇商

---

①　《陡门商会之黑幕》，《越铎日报》1920 年 7 月 24 日，第三版。

②　《陡门商会改选谈》，《越铎日报》1923 年 1 月 25 日，第四版。

③　《各乡保卫团尽力防务》，《越铎日报》1926 年 10 月 26 日，第六版。

④　《陡门商会改选谈》，《越铎日报》1923 年 1 月 25 日，第四版。

务及地方公益,热心整顿,不遗余力。以该立警察最为当今急务,该会董尤为赞同,特于日昨召集全体会员,当众宣布,当经一致承认,并由文牍桑晴初起草,函商薛所长将斗门临时警察改为永久设置云。①

经过陈曰沅的整顿,斗门分所的会务大有起色,"绍兴斗门镇商会,自改选陈曰沅氏为董事长以来,积极进行,办事井井有条,毫不紊乱"。②

从斗门商会的事例可以知道,商会领袖私德的好坏,极大地影响着会务的进行。这也意味着,商会领袖的私德极大地影响着商会参与地方公益活动,私德好的领袖比私德差的领袖更热衷于参与各项地方公共事业。

综上所述,对于哪些因素促使商会主动地介入地方秩序,笔者以为这个问题需要从利益与道德两个因素进行考察,而利益和道德两个因素都发生着作用。从利益的角度来看,保护商人利益、扩张商人利益两方面都可以推动商会参与地方公共事业。从道德的角度来看,商会领袖的私德是商会参与公益事业的关键,私德优秀的商会领袖更热衷于参与各项公共事业。总之,利益与道德共同构成商会介入地方秩序的原因。

**二、被动介入**

绍兴商会除了自身主动投身公共事业外,作为法定团体,绍兴商会还在官厅的行政命令下去参与地方公共事业。在这种情况下,绍兴商会是"差役式"地承担官厅的任务,国家的意志是绍兴商会参与公共事业的原因。

最直接体现绍兴商会秉承官宪之意参与地方公共事业的,自然是商会把官厅涉及地方事务的政令传达给商民群体。比如说,在疾病防控方面,绍兴商会多次按照官厅的意志,把防控疾病的相关信息告之商民群体。1920年绍兴爆发瘟疫,绍兴商会应官厅之命,把治病方法告之商民。以下是绍兴商会通告会员传布治病方法的函件:

> ……会稽道尹函开,据访闻并各处报告,近来发见一种流行病,症状轻重不一,致头痛恶寒,软强闷热,胸部烦躁,全身不安,呕吐,重者或咯血、昏睡、妄语,呼吸不利,痛无定处,小便不利,痉厥口噤,手足抽搐,内热闷结,重者不过二十分钟毙命。舌苔或白或红,中医谓之春瘟,西医谓之脑膜炎。此病治法,先须保护其脑风气开通之处,可以冷水浸湿手巾时盖脑部,否则以酒精擦脑部亦可。用药须先通大小二便,不宜用

---

① 《斗门商会之近讯》,《越铎日报》1923 年 4 月 3 日,第三版。
② 《斗门商会改选记》,《越铎日报》1924 年 10 月 18 日,第六版。

温燥之品，以致不救，是为至要。事关人命，特专函达，即希察照，迅将
上列治法广为传布，不胜盼祷等因。奉此，除分致外，相应函达查照，希
即转知各商业，务将上列治法广为传布等由。准此，除分别通告外，相
应函请贵会员查照，希将上列治法转知同业广为传布。至纫公谊。此
致先生大鉴。

绍兴商会谨启　五月五日①

在这里，绍兴商会的确是在参与地方公共事务，具体地说是参与了绍兴
地方的疾病防控事业。但是，绍兴商会的这种参与，是以官厅的意志为前提
的。官厅的意志是绍兴商会传播疾病防控知识的原因。绍兴商会的这种参
与，是一种"差役式"的参与。

更能鲜明地体现绍兴商会差役式地参与地方秩序治理的例子，是绍兴
商会对钱江义渡的参与。当时为了管理钱塘江义渡，设有义渡评议会，评议
会由杭州、绍兴、宁波三处商会推举代表组成。但这个义渡评议会并非由杭
宁绍三处商会主动设立，而是三处商会应官厅政令才组织的。

1924 年钱江义渡局上书浙江省长，称钱江义渡非常重要，"非他种航政
所可比伦"，请求浙江省长命令杭州、宁波、绍兴三处商会组织钱江义渡评议
会，"拟乞钧长令之三商会，于绅商界推举若干人，组一评议会"。② 浙江省长
见到义渡局的呈文后，立即批令钱江义渡局会同三处商会成立评议会，并拟
具评议会章程，"拟由杭绍甬三商会，推举人员，组一评议会，系为集思广益
起见，事属可行。即由该局协同各该商会，妥拟会章呈核，仰即遵照。此
令"。③ 后来，义渡局与三处商会拟定评议会简章，成立了钱江义渡局评
议会。

钱江义渡局评议会简章④

（一）本会设于钱江义渡局，以改良渡政，便利行旅为主旨。

---

① 《绍兴商会致各会员》，1920 年 5 月 5 日，《绍兴商会档案》，绍兴市柯桥区档案馆藏，140-4-387。

② 《钱江义渡局呈浙江省长》，1924 年，《绍兴商会档案》，绍兴市柯桥区档案馆藏，140-4-409。

③ 《浙江杭州总商会公函十三年商字第二百十三号》，1924 年 6 月 26 日，《绍兴商会档案》，绍兴市柯桥区档案馆藏，140-4-409。

④ 《钱江义渡局评议会简章》，1924 年，《绍兴商会档案》，绍兴市柯桥区档案馆藏，140-4-409。

（二）本会设评议员十五人，由杭绍宁三商会推举，呈报省长备案。

（三）本会评议员，任期一年，连举连任。

（四）本会评议员，应再推主任一人，主持本会□□□□本会名义，呈报省长备案。

（五）本会每月开常会一次，为发生重要事故，经义渡局长或评议员三人以上之提议后，临时召集会议。

（六）本会开会时，义渡局长酌到会陈述意见，但不列入表决之数。

（七）本会评议员，对于钱江渡政应兴应革事宜，酌提出议案，开会议决，交由义渡局长照案执行，或呈有署核示。事关重大者，并由本会建议于省长，以备采择。

（八）本会议决事项，义渡局长认为于法律事实，确有违碍，须声明理由，提交复议。

（九）本会评议员，对于义渡局收支款项及一应设施有疑义时，须提出质问，要求义渡局长答复。

（十）义渡局职员，对于本会评议员实地调查时，应据实报告，不准拒绝。

（十一）本会由主任评议员延用书记一人，专司文牍、庶务各事宜。

（十二）本会主任评议员及评议员，均为名誉职，会中一切杂支，由三商会所捐助之基金利息项下拨用。

（十三）本会己事细则，由评议员自定之。

（十四）本简章自奉省令核准日施行。

除了应官厅政令成立钱江义渡局评议会外，绍兴商会还应官厅之令管理义渡公款。钱江义渡局有一笔公款存放在绍兴典当业生息。官厅通过绍兴商会去管理这批钱款，这管理包括定期把利息汇至浙江省财政厅，以及最后收回这批存款时把存款从各当铺收回并汇给财政厅。比如，下列公文就是绍兴县知事应财政厅要求，命令绍兴县商会向各典当收取息金的公文：

迳启者。本年五月三日奉财政厅第七三一号训令内开，案查该县各典存领钱江义渡公款，应缴丁巳年（1917）秋季起息金，前因未据报解，即经检发息折，专令催缴在案。现在时隔数月，仍未解到，实属玩延，合再令仰该知事遵照，迅即查照前令，按典催收齐全，即日报解，毋再任延，致干委提等因。奉此，查此案前于七年十二月间，曾奉财政厅令催，当经敝知事将清单息折函送贵会，并请转知各典照缴在案，迄已数月，未准缴到，兹奉前因，合再函请贵会，希即查照前函，克日转知恒德等典，迅将欠缴七年四季及六年秋冬两季前项息金，如数备足现洋，并息折一并缴由贵会送署，以便转解，幸勿再延，实纫公谊。此致绍兴县商会。

知事　王嘉曾①

绍兴商会在收缴息金时的角色，显然不是独立于官厅的商人团体，更像是服从国家调度的承差者。最后，官厅也是以一纸公文命令绍兴商会连本带利地收缴存放各当的义渡公款的："奉查是项存典各款，前奉令催，即经函请转催解缴在案，并奉前因，相应函达贵会查照，希即转催各典收领存□款，连同息银，并前送息折，克日缴由贵会汇送过署，以便分别转解，幸勿再稽是罚。至盼。"②在公文的最后，官厅以"是罚"相要挟，由此可见这份公函不是平等主体之间的往来文书。在公文中，官厅与商会的贵贱高低，一目了然。

通过以上分析，我们找到了绍兴商会介入地方公共事业的另一因素，即官厅的政令。在官厅的政令下，绍兴商会不是以独立社团的形式去参与公益事业，而是以一种"低官一等"的承差人的角色去参与公共事业。

总之，绍兴商会对地方秩序的介入，既有主动的介入，也有被动的介入。在主动方向，绍兴商会有保护商民利益的动因，也有扩张商民利益的原因，还有商会领袖私德方面的因素；在被动方面，绍兴商会是在官厅的政令下参与公共事业的。

## 第四节　商人利益与地方秩序的冲突

商人的利益追求能够促使绍兴商会介入地方秩序的建设。但值得注意的是，商人对私人利益的追求，往往与地方公共利益相悖，不仅可能削弱商会兴办公益的努力，而且在商人怂恿下，绍兴商会甚至还会做出于公共秩序不利的事情。

---

① 《绍兴县公函中华民国八年绍字第一○八号》，1919 年 5 月 6 日，《绍兴商会档案》，绍兴市柯桥区档案馆藏，140-4-358。

② 《绍兴县公函中华民国十二年绍字第四百号》，1923 年 6 月 20 日，《绍兴商会档案》，绍兴市柯桥区档案馆藏，140-4-358。

### 一、商人对商会维稳努力的破坏

有时商人的私人利益与秩序的稳定相悖,也就与商会为了维护公共秩序而付出的努力相冲突。米价的调控便是这样的事例。

虽然绍兴商会为了地方的稳定,确实努力对米价进行调控,要求米商限制米价的涨幅,但是这显然与米商的利益相悖。从米商的角度来看,米价的涨幅越大,上涨得越快,越符合个体米商的利益。在遭遇米灾,粮食短缺的时期,绍兴米商常常撕毁定好的协定,抬高米价,以获取私利。

如在 1912 年,虽然二月初商会便邀集米商协议平抑米价,而且在会议上米商也同意了限制米价上涨的方案。但是会议之后,米商却没有执行协议,依旧高抬米价。当年 5 月,绍兴米商借口外地进价日涨,抬高米价。而实际上米商卖出的都是囤积的存货,米商只不过是以外地粮食涨价为借口抬高绍兴米价以获取私利罢了。

> 郡城自入春以还,米珠薪桂,一般贫民因度日维艰,以至食秕果腹,遍地哀鸿,嗷嗷待哺,惨状几难言尽。现自本月十号起,米价忽又奇涨至七八角之多,计起码早米价须八元以外,而头号羔米每石计九元有另。今闻昨今两日,又复每石骤涨四角。平常谋生活之家,至此亦难支持。若贫者流,惟有坐而待毙,无一线生机者矣。确查本城各米铺,近日均系售卖旧日囤积之货,因知上江与墅河各路报信,各档米价稍涨,以故逐日提增,有询之者,则皆因进货贵,故出售亦贵耳。讵不知均为囤积存货。噫,该米侩等垄断居奇,故斗米千钱,始见于今日之共和民国。伤哉,吾同胞其何以堪此耶?[1]

当时虽然绍兴米价已经可以使米商从中获取厚利,但是他们仍然拒绝出售,意图等米价进一步高涨时才出售。"五云门外衍泰米行,从宁波运来米三百余石,核与进价,每石已可获利六角,现尚不肯发卖,意在居奇。"[2]

虽然 1920 年商会与县知事联合开会平抑米价,把米价的上限确定在每石八元。但是后来米商并不遵守协议,依旧高抬,绍兴米价有增无减。当时报纸分析米价高涨的原因时认为:"近来我们绍兴市上的米价,有涨无跌,这是什么缘故呢?因为一般米蛀虫,抹煞天良,虚抬价格,借杭州的禁运为名,

---

① 《米侩之肉其足食乎》,《越铎日报》1912 年 5 月 23 日,第二页。
② 《民食之愁云泪雨》,《越铎日报》1912 年 5 月 30 日,第三版。

贪图厚利,不顾大局。"①

　　显然,商人对私人利益的追求,使绍兴商会为维护地方稳定而进行的米价调控成为空文。即是说,商人对私利的追求,可以破坏绍兴商会维护公益的努力。

### 二、私利与商会破坏秩序的行为

　　商会维护秩序的努力会因商人对私利的追逐而失败。在这个失败中,商会本身的作为还是于地方秩序有利的。只不过,这种努力被商人们破坏了。在史料中,还存在另一种情况,即是绍兴商会受利益相关人的运动,在地方利益、地方秩序面前,商会做出了于商人利益有利,于地方公共秩序不利的举动。

　　(一)甘蔗船阻碍交通案

　　绍兴地区水系发达,以船舶为主要交通工具,绍兴城区内更是以船代步。但是每逢冬春二季,河道狭窄的绍兴城区就会出现二三十条客帮甘蔗船,影响交通秩序,"查城区小江桥至探花桥一带河道狭窄,行船络绎,稍有拥挤,阻碍交通"。

　　而且行驶甘蔗船之人,脾气暴躁,态度恶劣,经常与其他船只发生冲突。曾有邮船因河道较窄,无心碰撞甘蔗船,结果被甘蔗船中人群殴,"去年三月间,邮局包封小船,因路经该处,河道拥塞,致向该蔗船稍有碰撞,即被群起逞凶,竟将邮船扣住,肆行毒打"。春季城中交通繁忙,城中水道因被蔗船占据,"以致往来扰攘,时形拥挤,每日叫嚣之声,纷争不已"。并且,甘蔗船中人,态度极差,总是不肯挪船让路,"该蔗船形同狼虎,视若无睹,匪惟不肯撑开,直敢大肆毒殴,疾首痛心,莫可言喻"。②

　　对于破坏交通且态度恶劣的甘蔗船,绍兴城中的商民忍无可忍,1915年3月,城中五十余家商户联名呈请县公署发布禁令,严禁甘蔗船进入绍兴城中。这时与经营甘蔗的客帮商人关系密切的人和水果行运动商会出面说情,要求变通处理。"旋准商会函,以据人和水果行帖请收回成命,并专用民元年奉俞前知事核准,有以蔗船到绍先后为序,分别停泊城内、城外之示谕,应请仍照前议等由。"③

---

　　①　《米行家听者》,《越铎日报》1920年7月6日,第三版。

　　②　《甘蔗船阻碍交通》,《越铎日报》1917年2月7日,第三版。

　　③　《甘蔗船阻碍交通》,《越铎日报》1917年2月7日,第三版。

商会跟人和水果行提出的方案,即以蔗船到绍的先后,分别停靠城内外,表面上似乎有一定的道理。但是,这个方案有着致碍难行的弱点,即究竟该有多少蔗船入城,多少蔗船在城外呢?蔗船入城的过程由谁来进行监督呢?即使限制部分蔗船入城,入城的那部分蔗船是否仍然会堵塞河道呢?所有这些,该方案并无详细说明。后来这个方案就不了了之了。

本来绍兴城中的商户是集体要求驱逐客帮商人的甘蔗船的,可是商会在人和水果行的运动下提出所谓的折衷方案,使得城中商户驱逐甘蔗船的努力付诸东流。在这个过程中,商会的介入是有关键性作用的。而驱逐甘蔗船一事的没有下文,虽然维护了客帮甘蔗商人、人和水果行等水果业商人的利益,但显然不利于城区交通的顺畅。

1918年绍兴发生了甘蔗船聚众殴警,捣毁巡船,劫夺军械的恶性案件,事件由军警弹压方才得以解决。① 事件由甘蔗船堵塞河道,不服水警管制而发生,时人事后认为,整个事情的罪魁祸首是甘蔗船,只有把甘蔗船一律驱逐出城才可杜绝复发,以前商户要求驱逐甘蔗船的呼吁确有见地,“当日地方人士一再请求县署,令甘蔗船停泊于城外,实不为无见云”。②

我们可以这样来看待商会与甘蔗船、水警冲突的关系。如果1916年绍兴商会不为人和水果行所动,没有阻止驱逐甘蔗船,那么甘蔗船与水警的冲突很可能就不会发生。由此可见,商会当年折衷理处驱逐甘蔗船一事,实际上不利于绍兴的公共秩序,不利于绍兴的长远公共利益。

(二)柯桥分所妨碍路政

绍兴虽然是水乡,但是陆路依然是重要的交通手段,特别是在城镇内部。按照一些学者的商会降低地方交易成本的观点,商会应该是致力于兴修道路才对。可事实上,当时绍兴商会有许多于路政不利的举动。此处以绍兴商会的柯桥分事务所为例略作说明。

例一:不支持兴修小菜场。柯桥镇是民国时期绍兴最发达的市镇。市镇一旦发达,市镇内部街道中的摊贩自然就多。可是柯桥镇街道狭窄,摊贩一多,不惟交通受阻,市镇卫生状况也让人堪忧。“柯桥一镇,人烟稠密,店铺林列,不亚城厢。惟街道狭小,菜鱼鸡鸭等类摊列满市。际此夏令方新,浊气薰蒸,卫生有碍。”③

---

① 《水警干涉甘蔗船之风潮再志》,《越铎日报》1918年3月25日,第三版。
② 《水果行栈司与水警冲突平议》,《越铎日报》1918年3月24日,第三版。
③ 《设小菜场先声》,《越铎日报》1912年5月14日,第二页。

摊贩占道摆摊的情况,引起了柯桥巡警署高叔安的重视,他邀请柯桥各团体在柯桥镇融光寺开会讨论建设小菜场的问题,"邀集各团体于1912年七月二号午后假融光寺开会,讨论组织小菜场办法,拟分设二处,以大沙滩头及融光寺内为目的场址"。① 按照初次开会时,多数赞成建设小菜场,并且同意经费如有不足,由各商家分担的情况来看,起初绍兴商会柯桥分所是同意建设小菜场的。但是后来商人们开始担心,一旦建成小菜场,街头巷口的摊基便要取消,便不能在街道上摆摊,于是商人们开始反对建设小菜场,这导致参加七月三号讨论建设小菜场会议的人寥寥无几。②

这样绍兴商会柯桥分所转向消极,对建设小菜场一事不闻不问。柯桥警署邀请柯桥分所讨论,柯桥分所不置一辞,"邀请自治会暨商会共同商议办法,乃皆置之不问"。③最后,柯桥镇建设小菜场一事不了了之。

显然,在发起建设小菜场这件事情中,绍兴商会柯桥分所并没有努力地促成小菜场的建设,只是在一旁冷眼旁观,事不关己,高高挂起,这肯定是不利于小菜场的建设,不利于柯桥镇路政的改良的。

例二:省道改线。如果说在建设小菜场一事中,柯桥分所还只是态度消极,并未明目张胆地反对建设小菜场,那么在公路改道一事中,绍兴商会柯桥分所可是明确提出了反对动工的意见。1922年绍兴要修筑省道,道路途经柯镇上市头一段(俗名龙舌嘴)。由于牵涉到拆迁,该处商民竭力反对,运动柯桥分所与柯桥镇自治委员向上呈文反对。于是柯桥分所向上级官厅呈文:

> 兹因柯桥商务繁兴,街道逼窄,市廛林立,民居云稠,现列绍兴第二工段范围以内,购地兴工,为期不远。倘准测量时所钉初椿,以之进行,非特经筑龙舌嘴凿确数千百年地方习惯上永禁建筑之谶壤(龙舌嘴向称谶壤,偶一动土,街上先遭灾厄,虽事出迷信,然屡验不爽,故地方上公认悬以永禁)。且此处属南市中心,民屋市房鳞次栉比,一旦令该拆让,纵使收用土地,给价购买,章程规定,不无体恤,但利一害千,得不偿失,有碍商业,妨害民庐,违反舆情,实非浅鲜,传贻肆因地方民情迭次诉吁,敢不揣冒渎,为此据情会呈,仰祈贵委员鉴核俯赐指定日期,会同工程师先行履勘,酌量改迁,终使路政商情兼筹并顾,两得其所,实为公

---

① 《小菜场之组织》,《越铎日报》1912年7月4日,第二页。
② 《设小菜场之会议》,《越铎日报》1912年7月5日,第二页。
③ 《小菜场前途之多艰》,《越铎日报》1912年9月28日,第三页。

便之至。谨呈绍兴县知事兼省道特派委员顾公鉴。柯镇商务分会董事长沈传贻、自治委员张子家。①

仔细阅读柯桥分所的呈文,其实并无修路会损害柯桥商业的切实证据。为了让省道改线,柯桥分所甚至连风水之说都搬了出来。而所谓"利一害千"也不过是那些不想拆迁的商户反对修筑省道的含糊之辞,严重缺乏说服力。

修筑省道显然是有利于地方社会经济发展之举,是于地方利益有利之举,可是绍兴商会柯桥分所却以含糊不明、荒唐滑稽的理由去要求省道改线,这显然是从少数人之私利,不顾多数人之大局的非分无理之举。绍兴商会柯桥分事务所的举动,显然于地方秩序的改良有碍。

总之,我们在注意到绍兴商会维护、改良、优化地方秩序的时候,还应该清醒地意识到,商会还可能有于地方秩序不利的举动。而商会与公共秩序之间的张力,则是根植于商人私利与公共利益的内在冲突。

## 第五节  官绅体系与商会的功能竞争

根据前面的讨论,我们知道绍兴商会介入了地方秩序的改良与优化,参与了地方公共事务的运行与管理。但是迄今为止,我们只是知道绍兴商会对地方公共事务有参与,并不知道商会参与地方事务的边界在什么地方,不知道绍兴商会对什么样的事务很少参与。根据现有史料,笔者的结论是:绍兴的官绅体系是商会参与地方事务的边界,即一些地方公共事务,由于能被官绅体系很好地完成,使绍兴商会没有参与这些事务的必要;官绅体系与商会体系存在功能竞争关系。需要解释一下的是,这里的士绅群体指的是商会之外的士绅。

这里的官绅体系,指的是绍兴地方政府部门与地方士绅组成的合作治理体系。根据常识,我们可以知道,在清末民初的绍兴县,参与地方事务管理的,除了商会组织外,还有地方政府和士绅群体。根据史料,当时绍兴进行地方治理的官绅体系主要由警察系统、自治委员群体和城区的坊董群体构成。

---

① 《商民要求省道改线之呼吁》,《越铎日报》1922 年 8 月 31 日,第三版。

### 一、官绅体系的结构

在清末民初绍兴的官僚集团中,自然不可能只有警察群体才会介入地方秩序,绍兴县知事作为地方官僚的领袖介入了多种地方事务的管理。不过,可以完全确定,警察群体肯定是官僚集团中与地方公共秩序关系最为密切的群体,当时绍兴警察既要维护治安,又要管理道路交通,还要负责市容卫生。

（一）警察体系的结构

绍兴的警察肇建于 1905 年,是由一个胡姓的士绅用积谷捐创办的,[①]所以起初绍兴警察是绅办性质。不过到了民国初年,绍兴警察已经属于官僚集团的范围了,甚至县知事还兼任过警长一职。报刊材料显示,县知事曾以警长的身份处理警务。"绍兴县知事兼警察所长王嘉曾,以城区冬防巡逻队经费支绌,拟将每区裁减二名,业已示知各区巡逻队临时巡长知照矣。录其示文如下……"[②]在民国初年,绍兴不仅在城区建立了警察组织,还在一些重要乡镇建立了警察组织。以下是 1917 年和 1918 年绍兴警佐名单。

#### 1917 年警佐名单[③]

一等警佐:薛瑞骥(轶尘),瑞安县人;

四等警佐:章震元(莱川),富阳县人;王肇基(泳潇),绍兴县人;

教练员:翁澄(左青),杭县人;

消防队队长:胡春晖,绍兴县人;

书记:沈尔扬,绍兴县人;萧肃敏,温州人;

柯桥警佐:郑仲时,扬州人;

安昌警佐:邵文彬,江苏人;

皋埠警佐:吴萱谷,扬州人;

孙端警佐:金祖潜,绍兴县人;

东关警佐:姜之熊,浦江县人;

平水警佐:马昌龄,杭县人;

漓渚警佐:舒国华,嵊县人。

---

① 《警察开办》,《绍兴白话报》第 99 期。

② 《裁减冬防临时警》,《越铎日报》1918 年 2 月 1 日,第三版。

③ 《警所职员一览表》,《越铎日报》1917 年 12 月 1 日,第三版。

表 5.1 1918 年城乡警佐一览①

| 驻地 | 等别 | 姓名 | 字 | 籍贯 |
|------|------|------|------|------|
| 城区 | 一等 | 薛瑞骥 | 轶尘 | 瑞安 |
| 城区 | 四等 | 章震元 | 莱川 | 富阳 |
| 城区 | 五等 | 王肇基 | 詠濂 | 绍兴 |
| 柯桥 | 三等 | 符镇钰 | 志军 | 湖南 |
| 安昌 | 三等 | 沈毫 | 强夫 | 杭县 |
| 皋埠 | 三等 | 吴秀林 | 宣谷 | 江苏 |
| 临浦 | 三等 | 章易 | 文爻 | 东阳 |
| 东关 | 四等 | 穆都哩 | 昑斋 | 杭县 |
| 平水 | 五等 | 马昌麟 | 子云 | 杭县 |
| 孙端 | 五等 | 金祖潜 | 蛰夫 | 绍兴 |
| 漓渚 | 五等 | 李兰华 | 谷亭 | 广东 |

从上面两份名单我们显然可以看出,绍兴的警察体系已经从城区扩展到乡镇,像柯桥、安昌这样重要的市镇已经设置了警察。根据这两份名单,我们还可以进一步地确认绍兴警察的官僚性质。如果绍兴警察的性质是绅办机构的话,那么其领导成员应该以本地人为主,然而绍兴警察的几个负责人却以外地人为主,这显然不是绅办机构的特征。

一般来说,官僚体系在城市的力量较强,在乡村的力量较弱。作为官僚体系一部分的绍兴警察体系也是这样,城区警察的密度要大于在乡镇的密度。下面是绍兴警察在城区的分布情况。

### 城区巡长一览②

各所名称　　　　巡长姓名

驻县分驻所　　　陈子侯

第一分驻所　　　郑乾昇

第二分驻所　　　倪斌

第三分驻所　　　孙效朕

第四分驻所　　　叶刚

---

① 《城乡警佐一览表》,《越铎日报》1918 年 11 月 22 日,第三版。

② 《城区巡长一览表》,《越铎日报》1918 年 11 月 15 日,第四版。

　　第五分驻所　　　　金寿鹏

　　第六分驻所　　　　林云生

　　第七分驻所　　　　孙萃庭

　　第八分驻所　　　　黄子秀

　　第九分驻所　　　　陆嵩

　　第十分驻所　　　　王成炳

　　第十一分驻所　　　杨子珊

　　第十二分驻所　　　张茂淦

　　第十三分驻所　　　陈松年

　　我们可以看出,绍兴警察在城区共有十四个分驻所,密度是比较大的。另外根据《绍兴商会档案》内1924年的《绍兴县城乡警佐姓名一览表》我们可以知道当时城乡各警所的人数,如表5.2所示。

表5.2　城乡警察人数①

| 序号 | 警所名称 | 警员数(名) |
|:---:|:---:|:---:|
| 1 | 城区县警察所 | 77 |
| 2 | 城区第一分所 | 33 |
| 3 | 城区第二分所 | 44 |
| 4 | 城区第三分所 | 55 |
| 5 | 柯桥分所 | 44 |
| 6 | 安昌分所 | 49 |
| 7 | 皋埠分所 | 29 |
| 8 | 东关分所 | 22 |
| 9 | 平水分所 | 22 |
| 10 | 漓渚分所 | 22 |
| 11 | 孙端分所 | 22 |
| 12 | 临浦分所 | 11 |

　　从表5.2可以知道,绍兴当时共有警员430人,其中城区共有209人,各

---

　　① 《绍兴县城乡警佐姓名一览表》,1924年,《绍兴商会档案》,绍兴市柯桥区档案馆藏,140-4-408。

乡镇共有 221 人。表面上看各乡镇警察总数多于绍兴城区警员总数,但是乡镇幅员广大,面积远大于绍兴城区,这样乡镇的警察分布密度要远小于城区。由于乡镇警察密度太小,所以绍兴乡镇的许多地方均无警察的驻防。比如,绍兴东浦虽然商市繁盛,但是没有警察驻防保护,以致盗案迭出。"西郭门外东浦镇户口繁盛,商铺林立,既无警察之设立,又乏防御之方针,且距城区柯镇较远,盗匪屡屡垂涎,是以抢劫之案,经年迭出。"①绍兴党山乡也没有警察驻防,士绅不得自行组织冬防。"绍兴安昌附近之党山乡,地处偏僻,接近海滨,宵小易以匿迹,难免乘机窃发……该处又无警所,非组织冬防团不足以资防范。"②

可见,当时绍兴警察在城乡之间的分布是不平衡的,城区的警察密度较大,保护较为得力,乡镇警察的密度较小,甚至不少地方并无警察驻防。

(二)士绅群体的结构

作为绍兴官僚体系一部分的警察是城乡分布不均的,城区的力量强大,乡镇的力量弱小。这种力量分布不均的现象,在士绅群体中也有出现。商会之外的士绅的力量,在城区比乡镇相对集中。不过,造成城乡士绅力量不均的原因,并不是城乡士绅数量的差异,而是城区士绅的组织性强于乡镇士绅。

民初绍兴士绅群体的组织体系主要有两种,一是自治委员体系,二是城区的坊董体系。自治委员体系建立于民国初年,其初次出现是在 1914 年的《越铎日报》上:"道墟乡自治委员章永钦,以该乡区域广大,人口众多,自地总改革以来,差遣无人,拟仿照袍渎等乡办法,设立乡警,已函请县署核办矣。"③

自治委员是城区与各乡镇皆设一名,由本乡本土的士绅充任,为士绅的性质,并非官僚的性质。由表 5.3 可知绍兴当时的自治委员在城乡均有设立。

---

① 《东合乡冬防成立》,《越铎日报》1919 年 12 月 13 日,第三版。
② 《党山乡组织冬防》,《越铎日报》1923 年 11 月 14 日,第三版。
③ 《道墟乡拟设乡警》,《越铎日报》1914 年 5 月 2 日,第四版。

表 5.3 绍兴县城镇乡自治委员一览①

| 区别 | 姓名 | 字 | 住址 |
|------|------|-----|------|
| 绍兴县 | 陈均 | 坤生 | 育婴堂 |
| 绍兴县 | 张钟沅 | 琴荪 | 老浒桥 |
| 绍兴县 | 胡□ | 坤圃 | 观桥 |
| 绍兴县 | 许枚 | 仲桢 | 南街 |
| 城区 | 张嘉谋 | 贻庭 | 南门头 |
| 东皋镇 | 陆凤锵 | 紫仪 | 东陈 |
| 长水乡 | 鲍元庆 | 清如 | □彊 |
| 广德乡 | 韩钦祉 | 介甫 | 淡竹坞 |
| 盛德乡 | 秦斅章 | 赞庭 | 富盛 |
| 涌德乡 | 严锦 | 安稽 | 山公会 |
| 化德乡 | 郑德 | 和鸟 | 石方□ |
| 宝麓乡 | 王枚 | 显卿 | 旧埠 |
| 东关乡 | 孙庆谷 | 介凡 | 东关 |
| 曹娥乡 | 王树槐 | 植三 | 曹娥 |
| 长松乡 | 杜正帆 | 焱孙 | 伧塘 |
| 长兴乡 | 王恩同 | 少寅 | 保驾山 |
| 云凤乡 | 何人瑞 | | 何家溇 |
| 画黛乡 | 任启贤 | 午生 | 湖村 |
| 汤浦乡 | 吴秉周 | 鲁卿 | 汤浦 |
| 安仁乡 | 宋玉清 | 祯祥 | |
| 德政乡 | 郑雨田 | 漱芳 | 八郑 |
| 东升乡 | 陶寿鸿 | 星桥 | 王坛 |
| 东恒乡 | 蒋玉琳 | 明球 | 蒋村 |
| 柯一乡 | 陶曾培 | 熙庭 | |
| 稽东乡 | 金城 | 仲丹 | 平水 |

① 《绍兴县城镇乡自治委员一览表》,《越铎日报》1920 年 10 月 16 日,第四版;《绍兴县城镇乡自治委员一览表》,《越铎日报》1920 年 10 月 17 日,第四版。

续 表

| 区别 | 姓名 | 字 | 住址 |
|------|------|-----|------|
| 龙南乡 | 陈齐生 | | 楼下陈 |
| 朱泽华 | 贾鉴蕃 | 夙齐 | 贾村 |
| 清水乡 | 陈德藻 | 鹿萍 | 清水闸 |
| 镜西乡 | 俞弥 | 少村 | 蓉山 |
| 只山乡 | 何峻 | □山 | 峡山 |
| 集庆乡 | 钱从善 | 择三 | 漓渚 |
| 柯镇 | 姚谟赞(辞职后尚未选充) | | |
| 桑渎乡 | 吴延庆 | | 桑渎 |
| 开泰乡 | 章寅 | 杏院 | 阮社 |
| 一镜乡 | 李锡钧 | 谷恒 | 湖塘 |
| 袁梅乡 | 黄维翰 | 聿声 | 中梅 |
| 赏访乡 | 胡义谭 | 仲书 | 赏祊 |
| 夏履乡 | 徐仁寿 | | 夏履乡 |
| 延寿乡 | 陈寿鹏 | 祖龄 | 下浦王 |
| 新安乡 | 陆遵 | 鸿飞 | 后梅村 |
| 前梅乡 | 高启鸿 | 云宾 | 前梅村 |
| 九曲乡 | 钱端 | 成章 | 宾舍 |
| 南钱清乡 | 沈企吾 | 达三 | 钱清 |
| 天乐乡 | 汤寿嵒 | 农仙 | 临浦 |
| 所前乡 | 李度 | | 所前 |
| 芝凤乡 | 孙家骥 | 子松 | 昌安街 |
| 会龙乡 | 张寿丰 | 韵史 | 松林 |
| 东合乡 | 曹鸿佑 | 子献 | 东浦 |
| 凤林乡 | 傅永泉 | | 恂兴 |
| 朱尉乡 | 马渊 | 亚声 | 瓦窑头 |
| 盛谷乡 | 陈家珍 | 宝儒 | 盛港 |
| 安昌镇 | 寿振亚 | 萱阁 | 安昌 |

续 表

| 区别 | 姓名 | 字 | 住址 |
|------|------|------|------|
| 禹会乡 | 胡大祐 | 宝田 | 张溇 |
| 嘉会镇 | 孙铸 | 申甫 | 阳嘉龙 |
| 齐贤乡 | 韩元卓 | 迪周 | 下方桥 |
| 陶里乡 | 俞世茂 | | 陶里 |
| 党山乡 | 陈霖 | 霁生 | 党山 |
| 感凤乡 | 谢云烂 | 霞亭 | 菖蒲溇 |
| 安墟乡 | 杨寿康 | 达仙 | 安城 |
| 袍渎乡 | 金英 | 衡甫 | 袍渎 |
| 禹门乡 | 缪蔚昭 | 星斋 | 陡亹 |
| 东九乡 | 王张喜 | | 堰头王 |
| 荷湖乡 | 郁成坤 | | 濠湖 |
| 三江乡 | 曾忠睿 | 亦范 | 三江 |
| 杨望乡 | 黄袯 | 介卿 | 杨望村 |
| 澄富乡 | 王会 | 子卿 | 潞家庄 |
| 马鞍乡 | 沈一鹏 | 廉卿 | 马鞍 |
| 玉带乡 | 陈友道 | 節生 | 朱儒 |
| 嵩湾乡 | 裘宏镐 | 子京 | 王家埭 |
| 贺湖乡 | 范为栋 | 葵生 | 皇甫庄 |
| 武胜乡 | 东振声 | | 后堡 |
| 孙端乡 | 孙秉彝 | 德卿 | 后端 |
| 吴融乡 | 钟霁 | 槑生 | 吴融 |
| 姚江乡 | 施仁 | 兰臣 | 姚家埭 |
| 道墟乡 | 章劼抑 | | 甫休花溇 |
| 啸唫乡 | 阮廷渠 | 成斋 | 哨唫 |
| 六社乡 | 顾諟 | 康侯 | 寺东 |
| 合浦乡 | 王长庆 | 吉庵 | 蛏浦 |
| 沥海乡 | 邵荫棠 | 子瑜 | 沥海所 |
| 陶堰乡 | 陶廷珍 | 上林 | 陶堰 |

城区与乡镇皆设置自治委员一名的自治委员体系,没有使城区士绅群体拥有比乡镇更强的组织性,是城区的坊董体系使力量的天平偏向城区。我们知道绍兴城自宋代之后,逐渐形成了坊厢格局。民初的绍兴共有四十三个坊①,每个坊均设有坊董一职,由坊董负责坊内的公共事务。坊董由坊内居民公举产生,是士绅的性质,这一点可由当时的地方报刊证实。1919年城区坊董召开的关于肥缸问题的联合会议,被《越铎日报》称为"各坊士绅联合会",显然可见坊董在时人心中是士绅的性质。

坊董之下,设有坊警一职,坊警实际上又是地保。1919年绍兴城区迎恩坊地总王福年老退休,《越铎日报》的报道中有这样一句话:"兹该坊警(即地总)王福,因年已老迈,病患咳嗽,服务为难。"②由此可见,坊警便是坊内的地保。坊内地保的充任,需要坊董担保。王福年老退休,希望其子接替地总之位,便向县警所禀明所请。县警所的批文要求其寻求坊董的担保:"如果尔因年老,不能服务,尔子确有充当资格,应由本坊董正式具保,并来所验看,方准接充。"③

坊董经常与城自治办公处(自治委员领导)、警察所开会讨论应办应革的事项。坊董通过开联合会等方式,与自治办公处、警察所建立一种松散的协作关系。坊董之上的机构是绅办的城自治办公处。在史料中时常见到城自治办公处召集坊董开会的材料。

> 逐启者。现奉县公署函开,近因米价昂贵,贫民谋食维艰,特于本月二十九日,由县自治办公处邀集城镇乡各自治委员公同议决,按照民国元年成案调查贫民户口,办理平粜,事出公益,为时已迫。为此函邀贵坊董协行办理。兹定□旧历四月十七日下午二句钟,在城自治办公处开会集议,届期务乞台驾□临,是所盼祷云云。④

城自治办公处实际上是由城自治委员主持,城自治办公处召集坊董开会讨论问题,实际上就是城自治委员召集坊董开会。除了坊董外,县警所遇到需要坊董帮助的事情时,也会召集坊董开会讨论。比如1915年绍兴警所希望在城区办理冬防,便邀请坊董到会讨论。"县警佐薛瑞□有鉴于斯……

---

① 《清折》,1919年,《绍兴商会档案》,绍兴市柯桥区档案馆藏,140-4-372。
② 《迎恩坊地总更替》,《越铎日报》1919年4月8日,第四版。
③ 《迎恩坊地总更替》,《越铎日报》1919年4月8日,第四版。
④ 《筹办平粜之进行》,《越铎日报》1920年6月3日,第三版。

故特面商宋知事,拟办冬防。业于前日函请城区各坊董到所筹议方法。"①
1917年绍兴警察局长薛轶尘因编查户口问题向城区坊董群体求助,"惟兹事
体大,尤须各坊董协力赞助,庶可早日告成,遂于本月二十一日由轶尘君函
邀各坊董开会集议"。②

　　由于绍兴每坊都设有坊董,而且坊董下面还设有坊警(地保),这使得坊
董具有一定的基层治理能力,能够完成一定的财政汲取与社会建设工作。
而坊董和城自治办公处(自治委员)、警察所形成的松散关系,使得官绅(警
察、自治委员)可以通过这种建构出来的关系去利用坊董完成一定的公共
事务。

　　不过,坊董只在城区有设置。在现有的史料中,并没有发现柯桥、安昌
这样的市镇在民国初期设置过坊董一职。这样,坊董的存在使城区士绅的
组织性强于乡镇士绅,使城区士绅的社会治理能力强于乡镇士绅。加之城
区警察的力量也强于乡镇,我们显然可以认为绍兴官绅在城区的力量强于
在乡镇的力量,官绅体系在城区的治理能力强,在乡镇的治理能力弱。

　　(三)官绅体系的职责范围

　　警察、自治委员和坊董承担了很多的公共职责,他们的职责范围很广,
从道路交通到公共卫生,涉及绝大部分公共事务。

　　1. 警察的职责

　　绍兴当时的警察主要负责治安与路政。警察的最主要任务是维持治
安,"设有警察分所,原为保护治安起见"。③ 当时绍兴警察在城区和乡镇都
设有岗哨,由岗警站岗,保卫治安。

　　除了负责治安外,绍兴警察还要负责市容、卫生、路灯等事务。前文提
及的柯桥镇警察为了市容卫生发起设立小菜场,就是警察在执行其在市容、
卫生上的职责。绍兴城区粪缸林立,城区警察不时对其进行清理,这也是在
执行警察在卫生方面的职责。"绍兴县警察所薛警佐对于取缔肥缸一案,近
日积极进行,不遗余力。前日曾将抗违不迁之段金水一名拿入所中拘留,已
志本报。"④

　　像路灯这样的事务,也曾在警政的范围之内。"城区路灯经费,向由房

────────────

① 《筹办城区冬防巡逻队》,《越铎日报》1915年11月24日,第三版。

② 《会议户口编查进行办法》,《越铎日报》1917年11月25日,第三版。

③ 《柯镇所慎重冬防》,《越铎日报》1920年12月14日,第三版。

④ 《取缔肥缸日严厉》,《越铎日报》1918年11月13日,第四版。

捐项下拨给,每月计二百元之则,曾由警察所兼办。"①不过,后来路灯事务主要由自治委员负责,有时一些路段路灯昏暗,时人只指责自治委员而不指责警察:"城区大辛坊内自装设公共路灯阅时未几,而天后宫前及叶家弄口两处路灯泡即被就地无赖偷窃,以致行人不便等情。……何办理兹事之坊董及城自治委员竟置诸不问闻耶?"②

由于当时警察管理事务太多,加之警员终属有限,而且有时(比如冬季)治安案件频发,绍兴警察组织没有足够的力量去应付,不得不与自治委员群体、坊董群体、商会体系合作。

2. 自治委员的职责

自治委员承办的事项范围很大,治安、卫生、路灯、平粜几乎无所不包。

治安:1918 年 11 月,绍兴县知事要求城镇乡创办临时警察,便致函城乡各自治委员,要求实力创办。"兹闻王知事以事系属切要,自非急筹不可,特又于日昨拟函百道,致城镇乡各自治委员及镇乡保卫团团总,会同各管辖警所,刻日筹议,实力进行,俾收戢匪安民之效云。"③

卫生:似乎一切卫生事务均有自治委员的身影。在治理染坊污染河流的事件中,染业商人曾运动自治委员以图继续排放污水,"十七号晚延请自治委员等,欲施故技"。④ 1919 年在绍兴取缔肥缸,建立公厕的运动中,自治委员邀集坊董讨论实施办法。⑤

路灯:早期的绍兴路灯曾由绍兴商会管理,后来路灯被划归自治委员负责了。绍兴路灯原系煤油灯,后来由自治委员办理,改换为电灯。"前知事曾有鉴于斯,商诸城自治委员张诒庭君讨论改良办法,经议决更装电灯,当由该自治委员与光华电灯公司经理王某正式缔约,以期实行。"⑥后来每当路灯出现问题,人们一般都是要求自治委员出面解决。

平粜:绍兴作为缺粮地区,每逢凶年,贫民便难以为继。官厅为了社会大局计,不得不办理平粜,把社仓中积累的备荒之粮散放给贫民。而在备荒粮的散放过程中,城镇各自治委员发挥了关键作用,他们是城镇平粜活动的

---

① 《阴世弄中路灯谈》,《越铎日报》1920 年 8 月 7 日,第三版。
② 《路灯虽设夜无光》,《越铎日报》1920 年 10 月 4 日,第三版。
③ 《函请筹办临时警》,《越铎日报》1918 年 11 月 26 日,第三版。
④ 《染坊董置酒运动》,《越州公报》1918 年 12 月 18 日,第四版。
⑤ 《城区筹备清洁所之进行》,《越铎日报》1919 年 11 月 14 日,第三版。
⑥ 《阴世弄中路灯谈》,《越铎日报》1920 年 8 月 7 日,第三版。

组织者。1920 年时逢饥荒,绍兴县知事召集城乡自治委员,商量平粜事宜。"本县知事余少舫,以现在米价奇昂,平民谋食艰难,开办平粜,难以从缓,特邀集城镇乡自治委员,于日前在县自治办公处筹议办法等情。"①

### 3.坊董的职责范围及活动形式

坊董几乎要为坊内的一切公共事务负责,从卫生、到路灯再到治安,皆有其责任,其职责范围与警察、自治委员的范围基本重合。坊董对公共事务的参与主要分为两种形式,第一为筹集款项,第二为实地建设。

第一,筹集款项。绍兴城区的坊董也有筹集款项的功能,在这一点上,他们和商会类似。坊董由于就在任职的坊中居住,与该处居民天然地熟识,且坊大小合适,所以坊董可以挨户劝募经费。1919 年城区大辛坊创办公共厕所时,坊董便是手持捐册,挨户上门募捐,"该坊董持簿挨户捐募,每户五元、十元不等,共集洋三百余元之谱"。②

坊董所具有的地理上的便利性,使其具有筹款上的优势,以致坊董成为官绅劝募钱款的重要帮手。绍兴城区的历次冬防款项都是由坊董劝募。1915 年绍兴冬防经费便是坊董按坊筹募。"其经费由各坊董认募,分大中小三等,大坊每月捐洋三十六元,中坊每月捐洋二十四元,小坊每月捐洋十二元。"③

第二,实地建设。坊董群体与任职坊域在地理上的便利性,还使他们能够更方便地对坊内的事务进行管理,能够实实在在地对坊中事物进行整治。民初绍兴城区修建公厕,修筑公厕的任务便是由各坊坊董实施。公厕的修筑都是由坊董亲自督率,当地报刊报道云:"前日余道经大菩提弄,见该坊董郭某正在督修公厕,满身淋漓(因是日下午天雨),不辞劳苦,其热心公益,亦可见一斑矣。"④

通过以上各节的分析,我们至少知道两点内容:第一,由警察、自治委员和坊董构成的士绅体系,在城区比在乡镇发达;第二,警察、自治委员和坊董的治理对象基本相似,都是以道路、卫生、治安等公共事务为治理对象。

### 二、官绅体系、商会治理的空间分布

既然官绅体系以公共事务为治理目标,而且在城区部分的组织性较强,那么我们有理由相信官绅体系能够在不需要商会介入的情况下应付治安、

---

① 《办理平粜之进行》,《越铎日报》1920 年 6 月 2 日,第三版。
② 《不肖坊董的成绩》,《越铎日报》1920 年 6 月 3 日,第三版。
③ 《筹办城区冬防巡逻队》,《越铎日报》1915 年 11 月 24 日,第三版。
④ 《大辛坊坊董称职》,《越铎日报》1919 年 12 月 3 日,第三版。

卫生等公共事务。下面,我们将以冬防、肥缸治理和平粜为案例,来考察城区官绅体系的治理能力。

（一）冬防

民初局势动荡,地方不靖,为了保卫公共安全,绍兴县城乡都在冬季推行冬防。所谓冬防,就是花钱雇佣一些人,成立冬防巡逻队,或者保卫团,去保护冬天的地方秩序不被土匪、盗贼破坏。绍兴城区的冬防,一般是雇人成立冬防巡逻队。

那么,民初的绍兴商会是否参与了城区的冬防事业呢？是否为城区的冬防巡逻队提供过资金支持呢？笔者的答案是否定的,绍兴商会从未介入过民初绍兴城区的冬防事业。绍兴城区的冬防其实是由县知事、警察、坊董共同运行的。

冬防的运作主要由两部分构成,一是冬防资金的筹集,二是巡逻队及原有警察的管理。冬防的资金完全是由坊董按坊筹集的,甚至坊董还借一些器具给冬防巡逻队使用。

当冬季临近时,警察所长或县知事,便会邀集城区各坊坊董开会讨论冬防事宜。比如 1915 年的冬防是警察所长邀请坊董到所开会,"业于前日函请城区各坊董到所筹议方法"。① 1919 年冬季临近,绍兴县知事发函各坊坊董,请他们到警察所开会讨论成立冬防事宜,"兹定十二月十一日,即阴历十月二十日午后一时,在会稽城隍庙内警察教练所开会集议,届期务希驾临赐教,无任公感"。②

这样的会议会确定冬防的规则,并确定冬防经费数额,而冬防经费是由各坊坊董募集的。1915 年的会议决定:"由薛警佐添招临时巡警一百名或八十名,日间调集训练,夜则分驻扼要处,按段巡逻。其经费由各坊董认募,分大中小三等,大坊每月捐洋三十六元,中坊每月捐洋二十四元,小坊每月捐洋十二元,自阴历十一月起到翌年正月底止计三个月。"③1919 年的官绅会议则决定缩短冬防期限,并且经费照上年的三分之二劝募,"本届冬防议决缩短间以两月为度,各坊应缴经费,无论如何为难,须照上年原派数三分之二"。④

---

① 《筹办城区冬防巡逻队》,《越铎日报》1915 年 11 月 24 日,第三版。
② 《筹办冬防巡逻队》,《越铎日报》1919 年 12 月 12 日,第三版。
③ 《筹办城区冬防巡逻队》,《越铎日报》1915 年 11 月 24 日,第三版。
④ 《冬防巡逻队成立有期》,《越铎日报》1919 年 12 月 21 日,第三版。

坊董除了为冬防筹集经费,还会借一些器具给冬防巡逻队。1918年初冬防结束,警察所便将借用器具点还各坊坊董,"所有各区借用器物等件,已饬该区代理巡长如数点还,不准缺少,将此备函通告贵坊董,希即察照云"。①

冬防体系的运行主要是由警察和坊董完成的。警察所在冬防时期,一方面要加强原有警察的布防,另一方面要合理安排招募的冬防巡逻队。对于原有警察,城区警察长有《冬防服务通则六条》,规定警察在冬防时节的注意事项,详细内容如下。

### 冬防服务通则六条②

(一)城区各警日夜照旧站岗,不准缺勤。如有万不得已事故请假或另奉指派他项公事出差时,应由该管巡长另派他警代理。

(一)城区各巡长应照各该管警佐所定查岗表,按班查察,并将查岗簿每日送请该管警佐查阅,仍于星期日汇送本所检阅,平时均须驻守分驻所,不得擅离职守,遇有紧急事务,即当时电告本所或该管警佐核办。

(一)各员警对于客栈宿寓及偏僻无主庙宇等处查察,务须认真严密,勿得稍事疏懈。

(一)各分所长警于每晚七时后,无论何事,不准请假外出,以为不测之防,□如敢阳奉阴违,惟该巡长是问。

(一)各警于日夜间站岗,对于一切勤务必须特别注意,如遇形迹可疑者,尤应认真盘诘。倘遇意外不及回所报告,应立时笛召邻岗协同办理。

对于招募的冬防巡逻队,警所也制定了《巡逻规则》。③ 当时警所把城区分为十二个区,让巡逻队分区驻防。④

第一区:大营白马庙;

第二区:蟋蟀桥;

第三区:光相桥;

第四区:新河弄;

---

① 《点还巡逻队器具》,《越铎日报》1918年3月13日,第四版。

② 《冬防城警之通则》,《越铎日报》1919年12月24日,第三版。因原始报刊残缺,仅录得五条。

③ 《再志筹办绍城冬防情形》,《越铎日报》1915年11月24日,第三版。

④ 《巡逻队分区驻扎》,《越铎日报》1920年1月14日,第四版。

第五区:下和坊;

第六区:偏门头;

第七区:舍子桥;

第八区:塔子桥;

第九区:稽山门内;

第十区:禹迹寺;

第十一区:第一祠;

第十二区:云西楼。

坊董是参与冬防巡逻队的管理的。根据当时的《巡逻规则》,各坊的坊董要充当冬防巡逻队的董事,协助巡逻队的队长、分队长处理冬防事务。"董事:每坊一员,以坊董充之。其重要职务如左:一,筹办经费;二,协助队长、分队长稽查坊内有无匪类、盗贼等之匿迹;三,稽查坊内地悉、流氓及形迹可疑之人,函报查究;四,协助队长、分队长帮查巡逻□警之勤惰,函报赏罚。"①

城区的官绅体系基本上承担了冬防的筹备与运行。而民国初年绍兴冬防运行良好,而且绍兴商会从未参与冬防的运行,可见绍兴的官绅体系有能力管理冬防。

(二)肥缸治理

肥缸是存放屎尿的容器,当时绍兴城中商民人等的排泄物都是存放于肥缸之中。肥缸一般都摆放在路边,臭气熏天,非常影响市容。孙中山访问绍兴时,就注意到绍兴肥缸之多,"孙先生还指出绍兴有三多,即石牌坊多,坟墓多,粪缸多。前两多占用生产土地,后一多妨碍卫生"。② 为了改善市容,改良城区的卫生状况,绍兴县知事于 1916 年决定取缔肥缸,"知事再四思维,拟招商人筹办肥料公司,由官厅监督之,并酌设改良厕所,有当街摆列之肥缸,一律勒令撤去"。③

绍兴县知事决心取缔肥缸后,取缔工作的具体实施由谁负责呢? 绍兴商会作为绍兴县最重要法团,在取缔肥缸工作中发挥了什么作用呢? 事实上,绍兴商会在取缔肥缸一事中,完全没有发挥作用。肥缸的取缔工作主要

---

① 《再志筹办绍城冬防情形》,《越铎日报》1915 年 11 月 24 日,第三版。

② 朱仲华述、单文吉记:《回忆孙中山先生莅绍经过》,《浙江辛亥革命回忆录》,中国人民政治协商会议浙江省委员会文史资料研究委员会编,杭州:浙江人民出版社,1981 年版,第1页。

③ 《筹划绍兴兴革事宜之条陈》,《越铎日报》1916 年 11 月 7 日,第三版。

由警察和城区各坊坊董负责。

当时城区警察非常重视取缔路边肥缸,"绍兴警察所薛警佐迩来对于清道一端,加意整顿,各处街道,有碍交通之石块、竹木以及沿路摊摆肥缸,业经通饬各分驻所长警,次第取缔"。① 1918 年 4 月警察通过报刊得知大路义生药材行左近路边摆有肥缸,便立即前往该处路段将该肥缸取缔。②

各坊坊董是实施取缔肥缸的另一支重要力量。城区大辛坊的肥缸便是由坊董主持取缔的,"自此次整顿肥缸事起,该坊董郭某出而主持,所有露天肥缸,一肃而清"。③ 1919 年 8 月,大云坊坊董发现坊中摆有肥缸数只,便具函县警所派员取缔,"大云坊观桥□等处,发现露天肥缸数只,为坊董鲍香谷、胡坤圃、姚蔼生诸君查悉,具函县警察所。经薛轶尘警佐当饬就近十三分驻所巡长严行取缔矣"。④

取缔肥缸的同时,绍兴县还招商成立了负责收买城区肥料的肥料公司。可是肥料公司在经营过程中,却凭借自己的垄断地位上下其手,"讵该公司利令智昏,不问住户、商铺之肥料,短价谋买,否则借官厅以胁迫之"。过去二三十人的商店,卖店中肥料可得二三十元,该公司却以四五元这样的极低价格谋买,"今该公司视同秦越,不顾商艰,以十分之二之短价(如二三十人之商店,每个乡农承买在二三十元,今只四五元)胁迫谋买"。⑤

肥料公司的举动引起了绍兴城内商民、住户的极大不满,全城居民反对肥料公司,全城商铺罢市。⑥ "一般乡农以其重价罔利,群起反对。昨竟聚众暴动,将公司捣毁一空。"⑦虽然在风潮初起时,绍兴商会曾出面介入,但是事实上在整个风潮的平息过程中,绍兴商会并未起到多大作用。

偌大的风潮总得寻找办法弭平。肥料公司风潮爆发后,城区的坊董群体立即行动起来,寻找风潮的善后办法。各坊董在绍兴著名士绅程丙臣的带领下开会讨论善后之法,"丙臣等目击情形,难安缄默,业经会集城区各坊绅董讨论多次,公议城区各坊公厕,由各坊士绅自行集资建筑,以重卫生,应

---

① 《当路肥缸应取缔》,《越铎日报》1918 年 6 月 15 日,第三版。
② 《线路肥缸魔力大》,《越铎日报》1918 年 4 月 28 日,第三版。
③ 《大辛坊尚能清道》,《越铎日报》1919 年 4 月 8 日,第四版。
④ 《露天粪缸遭取缔》,《越铎日报》1919 年 8 月 13 日,第四版。
⑤ 《衣店业说帖》,1919 年 1 月 18 日,《绍兴商会档案》,绍兴市柯桥区档案馆藏,140-4-383。
⑥ 《臭风潮中小冤鬼》,《越铎日报》1919 年 3 月 2 日,第四版。
⑦ 《杭州快信》,《申报》1918 年 12 月 27 日,第二张(七)。

请将城区商铺住户及公厕之肥料,须仍照旧惯,由农民入城,自由买卖"。①最后坊董讨论出善后办法七条,并将这七条办法呈报官厅。

后来各坊坊董按照议定办法,一方面在本坊中取缔肥缸,另一方面建设公厕。各坊坊董还数次开会,交流各坊的工作进度。比如,在一次集议中东如坊坊董介绍:"本坊路缸已去十之七八,其余限日迁移。公坑四所,已成其三。公厕八所,已成其四。"稽山坊坊董介绍:"本坊路缸已严行取缔,公坑兴工建筑。"②

除了建设公共厕所外,坊董还将地方人物的诉求上呈给官厅。在反对肥料公司垄断把持的风潮中,带头反抗的东如坊仓桥街居民章鉴铭和阮恒,被绍兴县官厅拘留。仓桥街各商号在各坊董召开坊董联合会时,联名禀请各坊董向官厅请求释放章、阮二人。联合会认为二人属东如坊,决议由东如坊坊董单月洲向官厅呈情释放。③ 在坊董们的请求下,章、阮二人得以保释。④

显然,肥缸的取缔,主要是由警察和坊董这样的官绅体系负责的,肥料公司风潮的善后主要是由城区坊董完成的。我们可以说,城区的官绅体系很好地完成了肥缸治理事务。此外,对这两项工作,绍兴商会基本没有发挥什么作用。

(三)城区的平粜

民初绍兴的平粜,指的是把社仓中的粮食或社仓账上的款项分发给需要粮食充饥的贫民。我们在这里需要关心的是,城区的官绅体系能不能在不需要绍兴商会介入的情况下开展城区的平粜工作?这个问题的答案是肯定的。绍兴商会的本体(城会)事实上并未介入城区的平粜工作,平粜工作实际上被自治委员—坊董系统相当出色地完成了。

绍兴商会与城区平粜存在直接关系的事情,据现存的史料看来,只有两件。一件是绍兴商会副会长冯敬纶致函绍兴县知事,请县知事命令社仓及时采购米粮,"以实仓储而裕民食"。⑤ 另一件是 1920 年召集砻工砻米。平粜需要把社仓中的稻谷砻成大米。可 1920 年的平粜恰逢农忙,"号召砻工,一时难于集事",县知事请绍兴商会帮忙召集砻工,"希即传知各米行酌派向

① 《城区士绅对于肥料善后之呈请》,《越铎日报》1919 年 3 月 1 日,第三版。
② 《各坊士绅联合会详志》,《越铎日报》1919 年 3 月 8 日,第三版。
③ 《肥料问题中又一场会议》,《越铎日报》1919 年 3 月 13 日,第三版。
④ 《肥料风潮中之一鳞一爪》,《越铎日报》1919 年 3 月 28 日,第三版。
⑤ 《县商会关心民食问题》,《越铎日报》1921 年 10 月 5 日,第三版。

有砻工到仓，以便赶速开砻"。① 后来绍兴商会召集米业讨论砻米办法，议定"柯桥认砻十部，西郭五部，五云共二十部，定阴历五月廿九日，再暂赁义仓内，将储谷开砻"。②

这两件事，与平粜的关系并不深入，毕竟平粜的最重要工作是把粮食或现款分发给贫民。绍兴城区的平粜工作主要是由自治委员—坊董完成的。

绍兴城区的平粜当然属于绍兴总体平粜工作的一部分。绍兴总体上的平粜方案，是由县知事与自治委员开会制定的。"本县知事余少舫，以现在米价奇昂，平民谋食艰难，开办平粜，难以从缓，特邀集城镇乡自治委员，于日前在县自治办公处筹议办法等情。"③

绍兴城区的平粜方案，是由城自治委员与城区的坊董共同议定的。1920 年绍兴城区办理平粜，自治委员函请各坊董到城自治处开会商议，"函致各坊坊董于本月三号（即旧历四月十七日）下午二钟，在城自治办公处开会集议等情"。会议最后拟定城区平粜办法五条。④

而米粮、钱款的具体分发，则是由坊董负责进行的。绍兴《越铎日报》中有一条笔飞坊坊董许某办理平粜，因托事于坊警金四一而被蒙蔽的新闻："近日办理平粜，调查贫户，亦任凭四一理值，谎报户口数目甚夥。许某不加察觉，竟为朦蔽。"⑤这虽然是一条揭露平粜办理未善的新闻，但是显然可以从中看出坊董是分发米粮、钱款的负责人。

以下是承恩坊办理平粜的具体情况：

> 本坊调查贫户二百十七户，计大七百零四口，小四百六十九口。分给二次款项，及办理平粜二次，第一次白米售价每升洋七分八厘算，第二次白米售价每升洋六分算。⑥

总之，可以说绍兴城区的自治委员—坊董系统出色地完成了城区的平粜工作，而绍兴商会实际上并没有真正介入城区的平粜工作。

① 《绍兴县知事函绍兴县商会》，1920 年 7 月 8 日，《绍兴商会档案》，绍兴市柯桥区档案馆藏，140-4-388。

② 《绍兴商会公函第一三五号》，1920 年 7 月 12 日，《绍兴商会档案》，绍兴市柯桥区档案馆藏，140-4-388。

③ 《办理平粜之进行》，《越铎日报》1920 年 6 月 2 日，第三版。

④ 《城区各坊董会议平粜办法》，《越铎日报》1920 年 6 月 5 日，第三版。

⑤ 《平粜声中舞弊谈》，《越铎日报》1920 年 7 月 3 日，第三版。

⑥ 《承恩坊平粜报告》，《越铎日报》1920 年 8 月 19 日，第四版。

（四）商会对乡镇公共生活的参与

上文曾说过，绍兴的警察组织重城区轻乡镇，城区警力较多，乡镇警力薄弱。各乡镇只设一名没有僚属的自治委员去管理公共事务，而且乡镇又缺乏像坊董那样的有一定治理能力，能够辅助警察、自治委员工作的群体。因此乡镇的官绅体系无法完全承担起公共服务。而恰恰在这样的组织环境中，绍兴商会的各乡镇分所突出地介入了地方公共事务。

第一，路灯。我们已经知道绍兴商会很早就不介入城区路灯的运营了，城区路灯由煤油灯改为电灯是自治委员筹划的。可是在乡镇，我们却发现，绍兴商会的乡镇分所参与了路灯的管理。史料中有柯桥分所管理路灯的记载。柯桥镇的路灯虽然设立了，但是电灯公司管理不善，致使镇中路灯黯淡无光。绍兴商会柯桥分所见此情况，将路灯款项截留，迫使路灯公司改良，"前月间该镇商会，以其形同虚设，将解款截留，当经全体通过。该公司闻悉之下，为维持营业计，特加改良，于前日居然光明大□"。①

从柯桥分所可以截留路灯经费这一点来看，柯桥镇路灯的收支肯定是由柯桥分所负责的。那么很显然，我们可以看出在乡镇，绍兴商会的分所是参与路灯的管理的。

第二，平粜。绍兴商会是基本不介入城区的平粜工作的，城区的平粜主要由城区自治委员与坊董负责。由于乡镇没有坊董群体，所以乡镇自治委员不得不求助于乡镇中的热心人士，与他们合作进行平粜。而乡镇商会，作为乡镇之中组织化程度较高，具有一定治理能力的团体，便介入了平粜工作。由绍兴商会东关分所改组而成的东关镇商会，就介入了东关镇的平粜工作中。东关镇商会与该镇自治委员协商，向县社仓购米二百四十七石，照价七元八角出粜，"阴历六月初一日，在商会地址设局收价给米"。② 可见，与未介入城区平粜工作的绍兴商会不同，乡镇商会介入了乡镇中的平粜工作。

第三，冬防。虽然绍兴商会并不介入城区的冬防，但是大量史料可以证明，乡镇各分所深入地参与了乡镇冬防的实施。

柯桥镇的冬防，就一直是由绍兴商会柯桥分所筹集资金开办的，"柯桥原有警力单薄，往届冬防由商会集资招集临时警察，以资防卫"。③ 齐贤乡分

---

① 《柯镇电灯增光明》，《越铎日报》1923年3月20日，第四版。
② 《东关乡平粜详情》，《越铎日报》1920年8月2日，第三版。
③ 《冬防成立之指令》，《越铎日报》1920年12月8日，第三版。

所亦曾主动发起举办冬防,"昨前由该处商会发起,假绸业会馆为会场,到者有安昌警佐郑齐贤,巡官叶及韩、胡、陈等绅商数十人,议决以原有警察外,更添八人为临时警察,驻扎于东市,以资镇慑云"。① 斗门分所同样是主动参与冬防,"昌安门外斗门商务分董王君迪臣,以时届冬令,宵小易乘,特于日前开会议决,仍照上年成案,请求县署及警所拨派临时警察十二名,以资防守"。②

绍兴商会的乡镇分所不仅为冬防筹集资金,还监督冬防工作进行得是否得当,柯桥分所曾巡查冬防巡逻站岗情况。"兹闻沈、王二会长对于冬防巡逻站岗,□非常注意,顾念商铺所出经费六百余元,不忍徒供虚糜,遂邀集全体职员,讨论巡查办法。"③

显然,绍兴商会的乡镇分所深入地参与了乡镇冬防的实施。这与绍兴商会丝毫未参与城区冬防的情况,形成鲜明的对比。

通过以上讨论,我们可以知道在乡镇,商会是深入地参与路灯、平粜这样的地方公共事务的。而在城区则明显不同,绍兴商会从未真正参与城区的这类公共事业。而之所以出现这种城乡差别,是由于官绅体系城乡力量分布的不平衡。

由于官绅体系在城区的力量较强,能够承担起公共秩序的维护与改良,所以商会组织没有必要介入公共事务;但是在乡镇,官绅体系的力量较为薄弱,如果不联合具有一定组织性、具有一定治理能力的乡镇商会组织,公共事务就难以得到妥善的处理。

① 《齐贤乡设临时警》,《越铎日报》1922 年 11 月 18 日,第三版。
② 《陡亹冬防进行记》,《越铎日报》1922 年 11 月 26 日,第四版。
③ 《商会职员查冬防》,《越铎日报》1921 年 12 月 3 日,第三版。

# 第六章　绍兴商会与政商秩序

秩序的类别与商人的交往对象密切相关:商人在个体之间发生的经济交往,如买卖交易、相互借贷、合伙经商,产生了商人个体层次的经济秩序;同行业商人之间的经济交往,形成行业集体利益,产生行业层次的秩序;商人是作为地方社会的一分子参与地方社会交往的,因此商人无法脱离地方秩序而存在。

事实上还有一种秩序与商人有关,那就是政商秩序。商人在日常的贸易活动中,总会有事要向政府部门求助,而政府也总要对商人开展征税等行政活动,总之就是政商之间存在一定的交往。这样,商人与政府部门之间就有一种秩序关系,即政商秩序。政商秩序包含两个方面的含义,一是商人将自己的诉求向官厅传递,这是上传的路径;二是政府部门将"帝力"下及于商人,对商人实施行政管理,这是下达的路径。

学界很早便认为近代商会在官商的交往秩序中发挥着作用,用当时的学术话语是商会有"兼官商之任,通官商之邮"的中介性质。[①] 这样的表述是对商会与政商秩序的关系的高度概括,难免失于泛化。就商人联系官厅来说,有时是作为个体的商人去与官厅联系,有时是商人集体去与官厅联系,在商人不同形式的与官厅的联系中,商会所起的作用是否相同,这是"通官商之邮"无法回答的。要想回答这一问题,必须分门别类地对政商交往类型进行分析,分析商会在不同类型交往中的作用。

---

① 马敏、付海晏:《中国近代商会通史》第一卷(1902—1911),北京:社会科学文献出版社,2015年版,第197页。

## 第一节　绍兴商会与商人个体的沟通官厅

在日常的贸易中,商人个体在许多方面需要与官厅沟通。在营业受到地痞流氓的骚扰时,商人需要官厅的帮助;在遇到税政人员的额外苛求时,商人需要向官府疏通门路;在营业活动上需要官厅的行政审批时,商人需要一个可畅通无阻地与官厅交流的门路。那么,绍兴商会在商人个体与官厅的联系中发挥了什么作用呢?

### 一、上报治安案件

清末民初的绍兴社会秩序混乱,治安不靖,不良人物横行乡里,鱼肉乡民。商人经商贸易,即使不预外事,也会受到侵扰。清末民初的绍兴经常发生地痞、乞丐骚扰商民之事。绍兴合浦乡就有一名乞丐头目经常纵容手下骚扰居民。"绍属合浦乡有满清丐头叶福迁者,性情凶恶,动辄纵容各丐,强讨硬索,扰害居民,今虽丐头名目经省会议决裁汰,而叶某仍盘踞如故,种种不法,较甚于前。"[1] 在诸业商人中,最容易遭到骚扰的是典当业商人。绍兴甚至存在这样一种陋习,当一家新典当开张时,地痞、乞丐等人要上门滋扰,索要钱款,"惟是绍兴陋俗,凡遇新开典当,每有不法棍徒挕当硬质,以及各界有强质军械、制服、徽章,并有丐人等乘间骚扰等情"。[2]

面对地痞流丐的骚扰,绍兴商人自然要寻求官厅的帮助。在很多时候,商人是直接报官的。1917年开设的厚昌衣庄为了避免骚扰,要求警所给予保护,"城区小保佑桥下新开厚昌衣庄,该店主恐有地痞、恶丐来店滋扰,特于前日十五号向县警所禀请给示保护"。[3] 在这里,厚昌衣庄是自行联系官厅的。

绍兴商会作为法定团体,与官方有着天然的联系,商会能够很有效地与官厅疏通。因此,自从绍兴建立商会组织以后,很多商人倾向于借重商会的路径去与政府沟通。比如1915年开张的和济当铺,便是通过绍兴商会请求官厅给发示谕:

---

[1]　《前倨后恭之丐头》,《越铎日报》1913年6月17日,第四版。
[2]　《维持营业之布告》,《越铎日报》1917年10月30日,第三版。
[3]　《警所给示保商铺》,《越铎日报》1917年12月17日,第三版。

惟绍俗,新开典当,每有地痞、游棍有揑当破烂衣物,并军界有强质军装、制服、徽章,以及流丐人等有乘间骚扰情事。兹届开张在即,若不先期呈请示禁,深恐临时滋酿事端,于营业实多妨碍,理合将前项帖捐暨公费洋元,连同结领,一并呈缴。仰乞贵总理察核验收转解,并请迅赐详颁和济牌号偏僻当帖一道,转发给领,以重信守。一面分别转请绍兴县公署暨警察所长查核,准予先期一体给示谕禁,以资保卫而利营生,实为公便。①

商人除了通过绍兴商会来寻求官厅的保护,还会通过商会向官厅报案。以绍兴商会为中介的报案,需要呈递正式说帖,说明事情经过,还常被要求开具被盗物品的清单。1910 年商人沈桂林的店铺遭贼,沈氏便向商会呈递说帖,认为绍兴商会"系保卫商界机关",请求商会备文牒请山阴县令追缉盗贼。当然,沈桂林呈递给绍兴商会的,除了说帖外,还有记录被盗物品的清单。② 以下是沈桂林说帖的部分内容:

际此立宪时代,新政实行,贵会系保卫商界机关,今身商铺内被贼窃去巨赃,若不帖请牒县缉究追惩,特于商界大受影响,即保卫宗旨未便背谬。为此开单,帖请总董大人钧鉴,迅赐备文,牒请邑尊赶速勘缉究追,以免日久赃消,实为德便。须至帖说者。③

1909 年,永孚当铺遭遇盗匪,损失在两万大洋以上。官厅办案效率低下,"迄今几将半月,缉捕尚事因循"。永孚各股东担心盗贼远飏,请绍兴商会牒文会稽县令"严限饬缉"。绍兴商会接到说帖后,以事关重大,立刻"进县面陈"。同时,又责令永孚当抓紧开具损失清单,并将其送交官厅。④

有的商人基于便利的原因,是请绍兴商会下辖的分所代为呈递说帖,使商人的请求经分所→绍兴商会→官厅的次序进入官厅的视野。1910 年新埠头祥和号货船,在从上海向绍兴运输货物的途中,在南汇县海面遭遇海盗,

---

① 《吴士钦等具说帖》,1915 年 7 月 31 日,《绍兴商会档案》,绍兴市柯桥区档案馆藏,140-4-357。

② 《沈桂林具说帖》,1910 年 11 月,《绍兴商会档案》,绍兴市柯桥区档案馆藏,141-1-49。

③ 《沈桂林具说帖》,1910 年 11 月,《绍兴商会档案》,绍兴市柯桥区档案馆藏,141-1-49。

④ 《永孚当具说帖》,1909 年 4 月 11 日,《绍兴商会档案》,绍兴市柯桥区档案馆藏,141-1-42。

惨遭洗劫。被劫商人一面经由当地防营报官,一面报告孙端商务分所,由分所呈报绍兴商会牒官。"当经敝分所派员前往调查,询诸该船经理袁如宝当时被劫情形,与帖相符,拟合备文,牒请贵会查照,迅赐转移邑尊察核备案,并移请南汇县会营协缉究办,以靖盗风而安商旅。"①

其实,劫案发生后,受害商人是完全可以选择自行报官的。商人为什么要多此一举地请绍兴商会代为报官呢? 这个问题,需要从两个方面展开分析,首先需要考虑绍兴地区恶劣的治安环境,以及警政人员的尸位素餐,其次需要考虑个体商人的组织环境对劫案的反应。

清末民初的绍兴,社会治安异常混乱。1914 年,绍兴茧业商人称当时的治安状况是"盗风日炽,抢劫频仍"。② 1922 年,与绍兴相邻的萧山县甚至发生了某省议员家被抢劫两千余元的大劫案。③ 造成这种恶劣治安形势的,除了当时异常尖锐的贫富分化外,还有当时基层警政人员的消极怠工。

在商人沈桂林店铺被盗一案中,案发时正有一名岗警坐在沈氏店铺的门口,该警员"既不帮同缉捕,又不闻惊喊报"。警察的岗哨简直形同虚设。④ 当时,不仅是岗警怠工,警政人员的破案效率也是低到了匪夷所思的程度。水上警察"警务废弛,盗案迭出,从无破获一匪"。⑤ 绍兴王城镇自光复后,"各店屡被盗劫,迭经呈请缉追,迄无破获"。⑥

在这种治安环境下,面对如此不作为的基层警政人员,商人自然是希望自己的案件能够得到官厅的重视,被优先处理。一个商人的被劫案件,如果想要被优先处理,那么或者该商人能够通过私人的关系网络去疏通官场,使绍兴官厅中的上层人物重视此案,或者该商人能够获得名正言顺的社会力量的支持。1927 年之前同业公会尚未在绍兴普遍建立,所以大部分行业的商人无法通过同业组织去与官厅沟通,而劫盗案件又很难引发同业商人以集体行动的方式去向官厅施压,因此作为有护商义务的法定团体的绍兴商会,成了商人们求助的对象。

---

① 《会稽孙端商务分所为牒请转移事》,1910 年 12 月 14 日,《绍兴商会档案》,绍兴市柯桥区档案馆藏,无编号。

② 《茧商请兵护款》,《越铎日报》1914 年 5 月 10 日,第三版。

③ 《今岁冬防之管见》,《越铎日报》1922 年 11 月 23 日,第三版。

④ 《沈桂林具说帖》,1910 年 11 月,《绍兴商会档案》,绍兴市柯桥区档案馆藏,141-1-49。

⑤ 《又是一篇水上警察罪恶史》,《越铎日报》1915 年 1 月 25 日,第三版。

⑥ 《王城镇筹办商团》,《越铎日报》1919 年 12 月 14 日,第三版。

### 二、沟通解决税务纠纷

商人与官厅之间的税务纠纷,由小到大可分为三种:第一种是个体商人与税收人员的纠纷;第二种是某个行业与税政部门之间的纠纷;第三种是多个行业就某项税收共同与官厅发生的纠纷,简单地说即是商界与官厅的纠纷。这里要讨论的是发生在个体商人与官厅之间的税务纠纷。

商人个体之所以会与税务人员发生纠纷,其原因比较复杂,一方面商人倾向于偷税漏税,尽最大可能地少交税捐,另一方面税务人员在工作中,时常上下其手,勒索商人。不管如何,纠纷中的商人自然是需要用某种手段来使自己的损失最小化,这种手段用通俗的话来说,便是"走关系"。根据商人走关系的方式的不同,笔者把商人不经由商会来解决税务纠纷的方法分为两类,一类是自行疏通,另一类是托人疏通。在"托人疏通"中,按照所托之人的社会影响力,可以把托人疏通分为托一般人疏通与托权势人物疏通。

自行疏通是指纠纷中的商人自己与税政部门疏通关系。1915年绍兴水上警察在办理营业航船牌照时,四处骚扰,事外勒索。一月的一天,元升煤油行的船只在运输过程中与水上警察发生冲突,两名船夫被打,船橹被扣。事后元升煤油行自行打电话给水警警长祁文豹,沟通联络,平息了纠纷。① 元升煤油行之所以能够与水上警署祁文豹直接联系,乃是因为该煤油行是具有一定实力的大洋行,自身便拥有直接沟通水上警署的能力。

1919年绍兴安昌镇警察检查商家有无偷漏印花,查出松记水果店的簿据未按规定方式粘贴印花,将簿据带回警所,准备处以罚金。该店伙友恰好与该处的警察巡长是莫逆之交,便暗中送出角洋五十枚,把偷漏印花税的事情摆平。② 显然,自行疏通的前提条件是商人有足够的社会资本,能够疏通税政人员。

由于大部分个体商人的社会资本有限,没有办法疏通税政人员,所以托人疏通关系是极为常见的处理税务纠纷的手段。

第一,托一般人疏通。这里的一般人是指那些虽非地方强势人物,但与处理税务的工作人员有一定私交的人,他们可以利用其私人交谊去解决问题。

1920年绍兴安昌警所的张巡长带队检查印花,查出韩裕昌酒家簿据偷

---

① 《水上警察逞蛮耶》,《越铎日报》1915年1月21日,第三版。
② 《查印花擅吸角子》,《越铎日报》1919年8月28日,第四版。

漏印花税,韩裕昌酒家店东托成裕庄店主代为说情,罚洋五元了事。[①] 1923年印花税稽查员施荣福到啸唫乡检查印花,部分商店被查出有偷漏情形,该商店情急之下请陈奎庭、孟静轩、阮维葆等向稽查员说情,最后各家罚洋数元寝事。[②]

第二,托权势人物疏通。有时商人是委托士绅这样的地方权势人物去向税政部门疏通关系的。1920年8月绍兴吴瑞源扇庄请船户寄送一包自家生产的蚕丝,在运输过程中统捐局巡丁认为这包生丝未经报捐,船户虽与之理论,但货物仍被扣留。吴瑞源庄家仅女流,到统捐局申诉,"局长毫不理睬"。不得已之下,吴瑞源庄女东只好向地方士绅哭诉,"仿佛申包胥秦廷泣血",乞求士绅代为关说。士绅可怜她,于是代为情恳,使本案以六元之处罚了结。[③]

1912年12月31日,一鱼商运三船鱼货入绍时,被统捐局以捐数不足为由扣留,"渔商百端抵抗,势将暴动"。后鱼业公所请民团团长徐叔荪[④]与商会会长钱静斋出面调解,以"货先放行,再行补捐"的方式解决此纠纷。[⑤] 此处需要说明的是,这个案例中的钱静斋实际上像徐叔荪一样,是以地方士绅的身份介入纠纷的,而不是作为商会的代表来调解税务纠纷。

绍兴商会成立后,有不少商人寻求通过绍兴商会来疏通税务纠纷,以恢复经济秩序。绍兴商会作为国家的法定团体,其在税务纠纷的解决中扮演的角色自然与一般解决形式中的疏通者有所不同,但是绍兴商会解决个体商人税务纠纷的方式在一定程度上存在着对"权势人物解决模式"的路径依赖。

与一般的委托疏通模式相比,商会解决税务纠纷的方式显得很正式。商人向绍兴商会求助要出具正式的说帖,商会向官厅疏通要出具正式的公函。有很多纠纷,还是经由绍兴商会的正式组织体系传递到会的。

1914年恒大、文裕两家药行所购的货物被统捐局巡丁以私货的名义扣留。事情发生后,由药业业董报告商会,并说明药业的报捐习惯,指出该货不是私货。绍兴商会再向绍兴统捐局局长出具正式公函,请求免予处罚:

---

① 《调查印花罚角子》,《越铎日报》1920年5月19日,第四版。
② 《啸唫乡印花罚款》,《越铎日报》1923年10月18日,第三版。
③ 《安昌统捐分局违法虐民记》,《越铎日报》1920年9月14日,第三版。
④ 即徐锡麒,徐锡麟之弟。
⑤ 《绍兴统捐兼洋广货捐总局局长朱颜照会》,1913年1月26日,《绍兴商会档案》,绍兴市柯桥区档案馆藏,140-4-376。

迳启者。顷据药业业董来会报告,该业冬术一项,产地在会山内,该货由产地进城,并无经过局所,俟到城报捐。此历来办法。今年因天时亢旱,水道浅处多断绝交,不得已改由陆路发□进城,仍有恒大、文裕两行来货五篓四袋,行至城外渡东桥地方,被贵局丁看见,即以私货扣留议罚。查该货本以过局做捐,乃于兹无捐局之区见而扣为私货,商人情何以甘,苦将曷诉?来会请将实情代达,用特具函奉陈,务希贵局长察核查明,饬将该货遵率报捐,免予处罚。至纫公谊。此致绍兴统捐局长朱。

总理高鹏[1]

1910 年绍兴马鞍一家名为宋源兴的牙行装运一批棉花运往安昌通裕行内新记公栈,不料船在中途被厘卡司巡李明甫意外勒索,运送棉花的地户不愿出钱,掉转船头返回,从而触怒司巡。该司巡指控宋源兴牙行偷捐,请山阴县派差役到宋源兴拘人。宋源兴见此情形,便出具说帖向安昌商务分所求助,安昌分所调查核实后再请绍兴商会牒县。[2]

与这种行文正式性相表里的,是绍兴商会的关说在很大程度上是一种非自然人的说情,是法人的说项。1919 年久和纸栈运输点铜偷漏统捐一案,当时的统捐局长王榕桂致函商会会长的公函表明,统捐局是顾及商会情面才从宽处理的。

顷准贵会函开,以久和纸栈偷漏点铜,查获拟罚一案……准此,查该行偷漏点铜,被安昌门巡船查获送局,经敝局长查核情形,委系有意偷漏……本应严予处罚,唯承函嘱,自当酌与从宽,以示薄惩而儆将来。[3]

显然,王榕桂把绍兴商会这个集体作为一个团体来看待,在此他不是因为商会会长私人的关说而手下留情的,而是因为商会这一法定团体的介入而从宽处理的。

虽然商会的疏通具有正式性,而且在很大程度上商会是作为一个法人去帮助商人求情。但是笔者发现,总有一些蛛丝马迹表明,在绍兴商会对税

---

① 《绍兴商会公函商字第一百六十三号》,1914 年 10 月 21 日,《绍兴商会档案》,绍兴市柯桥区档案馆藏,140-4-330。

② 《山会商务分会为据情牒请事》,1910 年 11 月 13 日,《绍兴商会档案》,绍兴市柯桥区档案馆藏,无编号。

③ 《绍兴统捐兼洋广货捐征收局公函第三十三号》,1919 年 7 月 19 日,《绍兴商会档案》,绍兴市柯桥区档案馆藏,140-4-381。

务纠纷的解决中,商会总理与税政官员的私人交谊在发挥作用。

假如绍兴商会与官厅之间的交涉纯粹是公对公的交流,那么它们之间应该是完全以公文往还才对。但是在一些关乎商人个体性利益的税务纠纷中,恰恰有一些来往文件是商会领袖与官员的私函。

1915 年升大、公大药行寄送的几包药材因涉嫌偷漏捐税被统捐局扣留,商人通过绍兴商会去索回货物。商人给商会的说帖和商会给统捐局函件都是正规的公函,但是最后统捐局局长却是以私函的形式回复商会总董高鹏的。这封函件的具体内容如下:

> 云卿先生大鉴:
>
> 顷奉正函具悉。一是日前……不得不一并扣留。弟明知商贩取巧,以为数无多,姑从宽办理,已于三日前一律释放矣。弟自办理厘金以来,即以恤商为宗旨,在义桥值河水干涸,即据情代为请命,竟有展限至二三十日者,宁自己受过,不使商家有一货两捐之累。……□□市恩于商家,聊以表我心耳。当望贵会随时开导各商人,激发天良,苟能踊跃以输将,俾免稽查之烦琐,庶几以重捐务而顾大局。叩请公安。
>
> 弟朱潞复上①

在这封信中,时任绍兴统捐局局长朱潞虽然也有把绍兴商会这一法定团体作为接洽对象的意识,说了一句"当望贵会随时开导各商人",但是朱潞更多的是以私人身份去回复高鹏,这从该信中反复出现的"弟"字可以看出。

这样的私函,在 1919 年庆余当铺因偷漏印花税被处罚一案中也有出现。当时绍兴主管印花税稽查的绍兴警察所长薛轶尘用私函与绍兴商会时任会长冯纪亮交流。在这封信中,可以看出薛轶尘在某种程度上是基于私人情面去处理此事的。信的内容如下:

> 纪亮先生大鉴:
>
> 昨奉惠书,为哨唵庆馀典罚金一事,弟因公事上有种种困难之处,不便再用正式公文饬令办理。惟察阅该典陈述情形,不无可原之处。现将来函,由弟函发齐警佐酌情办理矣。俟得有覆音,再行奉告。此请公安。
>
> 弟名正肃 八月八日②

---

① 《朱潞致高鹏函》,1915 年,《绍兴商会档案》,绍兴市柯桥区档案馆藏,140-4-353。

② 《薛轶尘致冯纪亮函》,1919 年 8 月 8 日,《绍兴商会档案》,绍兴市柯桥区档案馆藏,140-4-381。

显然,在绍兴商会对私人税务纠纷的处理中,商会领袖的私人因素是对矛盾的疏通起作用的。而私人的情面、交谊,恰恰是地方权势人物、精英人物关说税政官员的重要资源。因此,可以认为绍兴商会在解决私人税务纠纷的过程中,存在着对地方权势人物解决形式的路径依赖。

总之,与一般民间人士排解私人税务纠纷的方式相比,绍兴商会的疏通,一方面体现法定团体行使职能的正式性,另一方面显示出对"地方权势人物疏通方式"一定程度上的路径依赖。无疑,绍兴商会的介入,密切了政商关系,优化了政商秩序,这是有助于税务纠纷的解决的。

### 三、便捷商事审批

绍兴商会对政商秩序的优化,使商人可以便捷地向官厅提交商事申请。根据现有的史料,在绍兴商会成立后,商会组织几乎介入了所有行政审批的流程。商人申请牙帖、茧帖、当帖、专利、商标诸事,几乎都要经过商会组织这一环节。

从现有的材料看来,商人个体关于牙帖的这些操作都是通过商会的正式渠道完成的。商人自己出具所需文件,并向绍兴商会递交正式说帖,商会再把商人的证明、文件呈报官厅,由官厅定夺。

#### (一)牙帖、当帖的申请

对于申请牙帖来说,商人要按照牙行所处地点的繁盛、偏僻级别,准备相应的捐费洋,此外还要准备作为官厅下发牙帖手续费的公费洋。除去钱款外,商人还要准备把呈给官厅的"保结""领状"交给商会转呈。

1915年商人徐福祥打算在绍兴开设坛栈,按照坛栈所处地点,交纳公费洋六元、捐费洋一百二十元,并准备好保结、领状请绍兴商会转呈。"商人徐福祥,今于知事长台下。窃在绍兴县九都二图,开设晋和坛栈,销售窑货,请领偏僻下则长期牙帖一张,门牌一纸,遵章缴奉捐税银一百二十元,公费银六元正。"①绍兴商会在复核无异后,把商人的申请呈送绍兴县知事,并请官厅发下牙帖。"敝会复核无异,相应检同捐费洋元及保结领状,函请贵知事察收,赐即具文详颁九都二图晋和坛栈商人徐福祥……各偏僻下则长期牙帖一道并门牌,以资营业"。②

---

① 《徐福祥具说帖》,1915年3月,《绍兴商会档案》,绍兴市柯桥区档案馆藏,140-4-344。
② 《绍兴商会公函商字第三十六号》,1915年3月19日,《绍兴商会档案》,绍兴市柯桥区档案馆藏,140-4-344。

官厅在批准商人的申请后,会通过绍兴商会传递牙帖。1915 年恒祥乡货粮食行的申请经浙江省财政厅批准后,其牙帖便是由绍兴县公署交付绍兴县商会,请商会转给请帖的商人,"合将领到牙帖函送贵分会查照,希即转发该商潘吉生具领,以资营业"。①

有时因为牙帖年限到期等原因,商人的牙帖需要更换。更换牙帖的手续和申请牙帖的手续类似,都是通过商会向官厅提交相关文书。1914 年绍兴商人金德信因牙帖到期而请求换帖,他把捐洋、税洋、公费洋、旧牙帖、领状都交给绍兴商会,由商会代递县公署。②

如果商人决计停止代客买卖的牙行生意,那么他需要向官厅缴销牙帖,当然在这个环节,个体商人也是通过绍兴商会这一渠道来完成的。聚升昌米行领有偏僻中则牙帖一张,有代客买卖从中收取牙用的经营活动,1912 年年底该行决定停止代客买卖,专做门售经营,于是就缮具禀文,附带牙帖,请绍兴商会代为缴销。③ 接着,绍兴商会出具正式公函,说明商人声言的情况属实,"分会调查无异",请官厅俯予批准。④

在现有的关于牙帖的申请、改换与缴销过程的史料中,行业团体的身影从未出现。但是在当帖的申领过程中,笔者却发现了当业公所的身影。

当业公所对当帖的申请、变更过程的介入要强得多。当业公所对当帖申领的介入,一方面体现在当业公所在商人与绍兴商会之间扮演的文件传递的角色,另一方面体现在当业公所对商人所陈述情况的证明当中。不过要注意的是,当业公所最多只是作为商人个体与绍兴商会之间的中间环节,从未直接在商人与官厅之间传递文件。

第一,当业公所在典商与商会之间传递材料。在现存的档案材料中,大部分的典当业商人在申请当帖时,是直接把申请材料和钱款交给绍兴商会,请商会转呈官厅的。比如 1914 年商人许克丞申请开设泰升典当,就是直接把说帖递交绍兴商会,请商会向上呈报,"呈乞贵总理察核,俯赐咨请县知事

---

① 《颁给粮食行牙帖》,《越铎日报》1915 年 6 月 10 日,第四版。

② 《绍兴商会公函商字第一百六十号》,1914 年 10 月 17 日,《绍兴商会档案》,绍兴市柯桥区档案馆藏,140-4-334。

③ 《聚升昌具说帖》,1913 年 2 月 1 日,《绍兴商会档案》,绍兴市柯桥区档案馆藏,140-4-334。

④ 《绍兴县商务分会函浙江财政司长张》,1913 年 2 月 1 日,《绍兴商会档案》,绍兴市柯桥区档案馆藏,140-4-325。

转呈国税厅长查核,准予颁发典帖开张,以重执守"。<sup>①</sup>

但是笔者发现有时典商的申请材料与申请所需钱款,是先交给当业公所,再由当业公所转交绍兴商会的,裕和与德泰两家当铺的当帖的申请过程便是如此。当业公所收到材料后,向绍兴商会呈递说帖,商会再给县公署发公函,请求发给当帖。以下是绍兴商会为裕和当铺申请当帖所写的文件:

> 案据绍兴当业公所帖称文照叙等情,并附送裕和当帖捐银二百元,又公费银十元,领状保结各一纸到会。据此,敝会复核无异,除函知警察所出给布告外,相应将前项帖捐银元暨结领,一并函请贵知事察核转解,迅赐详情,颁给裕和牌号偏僻当帖一道。<sup>②</sup>

大部分的案例如图 6.1 所示。

**图 6.1　开帖、当贴的申请程序一**

裕和、德泰案例如图 6.2 所示。

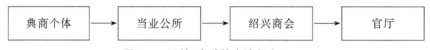

**图 6.2　开帖、当贴的申请程序二**

现有材料显示,绍兴商会在收到当帖后,是把当帖交给当业公所,由公所转交典商。1915 的 7 月,润泰典的当帖便是绍兴商会"交当业公所转交"。<sup>③</sup> 同年和济典当铺的当帖也是这样交给典商的。<sup>④</sup>

第二,当业公所会出面证明商人所述属实。有时官厅认为商人所申请的当帖的等级低于按规定应申请的等级,要求商人增加捐洋,申请更高等级的当帖。这时当业公所会出具说帖,为商人辩护。

1915 年典商鲍元庆申请在绍兴城内的中望坊开设润泰典当行,他申请

①　《许克丞具说帖》,1914 年 4 月 2 日,《绍兴商会档案》,绍兴市柯桥区档案馆藏,140-4-334。

②　《绍兴商会公函第八十八号》,1921 年 12 月 28 日,《绍兴商会档案》,绍兴市柯桥区档案馆藏,140-4-401。

③　《浙江绍兴县公函中华民国四年绍字第二百卅号》,1915 年 7 月 7 日,《绍兴商会档案》,绍兴市柯桥区档案馆藏,140-4-356。

④　《当业公所致绍兴商会函》,1915 年 8 月 26 日,《绍兴商会档案》,绍兴市柯桥区档案馆藏,140-4-357。

的是偏僻当帖,按照偏僻当帖应交纳的捐洋数目,他在向商会递交证明材料时,附带缴纳了两百元帖捐洋。① 但是官厅认为该典是设立在县城,按照规定,应该申请繁盛当帖,帖捐洋应该是四百元,而不是两百元,要求鲍元庆按照繁盛等级重新申请。②

绍兴商会收到官厅要求申请繁盛当帖的公函后,便照会当业公所,请公所通知鲍元庆按照官厅要求办理。③ 当业公所转知鲍元庆后,鲍氏缮文辩护,称中望坊虽在城中,但是地点实在偏僻,而且拟开的润泰典资本薄弱,希望按照偏僻则例申请。当业公所又向绍兴商会呈递说帖,证明鲍元庆所述均属实情,认为让鲍元庆照繁盛之例申请当帖,"未免稍有偏枯",希望商会转请官厅颁布偏僻当帖。④ 最后,浙江省财政厅批准了鲍元庆的偏僻当帖。⑤

鲍养田为容大典申请偏僻典当的过程与鲍元庆类似,也是由当业公所出面证明,最后成功申请偏僻当帖。

显然,与普通牙帖的申请不同,在当帖的申请过程中,出现了同业组织的身影。当业公所一方面在商人与商会之间传递文件,另一方面为商人出具证明,对申请过程的介入比较深。但是,我们要看到,在营业许可证的申请过程中,真正发生沟通官商作用的是绍兴商会,而非商人的同业组织。当业公所也只是在商人与商会之间进行沟通,从未绕开绍兴商会直接向官厅申请当帖。

总之,在牙帖这类营业许可证的申报过程中,绍兴商会在绍兴的个体商人与官厅之间扮演了一个桥梁的角色。虽然在个别行业商人申请许可证的过程中,存在同业组织介入的情况,但同业组织并未承担绍兴商会沟通官商的职能,充其量是在补充绍兴商会沟通商人的能力。

(二)商标、专利与优惠政策的申请

与营业许可证的报批过程类似,在商标与专利的申请过程中,绍兴商会也扮演着中介角色。当时的绍兴商人在开设一些新式企业或发明一些新产

① 《鲍元庆具说帖》,1915 年 3 月,《绍兴商会档案》,绍兴市柯桥区档案馆藏,140-4-356。
② 《浙江绍兴县公函中华民国四年绍字第一百七十号》,1915 年 5 月 26 日,《绍兴商会档案》,绍兴市柯桥区档案馆藏,140-4-356。
③ 《绍兴商会公函商字第八十一号》,1915 年 5 月 28 日,《绍兴商会档案》,绍兴市柯桥区档案馆藏,140-4-356。
④ 《当业公所具说帖》,1915 年 6 月,《绍兴商会档案》,绍兴市柯桥区档案馆藏,140-4-356。
⑤ 《浙江绍兴县公函中华民国四年绍字第二百卅号》,1915 年 7 月 7 日,《绍兴商会档案》,绍兴市柯桥区档案馆藏,140-4-356。

品时,会通过绍兴商会向官厅申请商标与专利。这里的专利是指禁止其他商人开设类似企业或生产类似产品的垄断性权利。

1910年绍兴商人王绍淇为其自制的新式绍酒向官厅申请商标。王绍淇鉴于当时绍兴黄业常有掺水着色之弊,有碍饮客健康,于是改良工艺,"拣用上白糯米,采选九龙甘泉,配合猪苓、泽泻、茯苓、山查、虎骨、木瓜诸药",并改用玻璃瓶包装,取名"美众卫生酒",请求劝业道给予商标。① 王绍淇的申请正是绍兴商会代为传递的,所以在县公署回函询问王绍淇制酒的详细情况时,王氏函谢商会领袖的帮助,"此次立案给商标,全赖贵会会长、诸会员洽助赞成,不胜感幸该之"。②

新式企业的创立,多伴有新式器具、工艺的引进。由于这些新企业投资较大,为了能够收回成本,投资方往往会向官厅要求一定的专利年限。绍兴1912年成立的越兴制布有限公司,其所用织机自日本引进,由于绍兴当地妇女不能熟练使用,所以开始时损失不小,"敝公司雇工学习,折阅甚巨,各系仿造,实同初创"。因此,越兴公司向绍兴商会呈递说帖,请绍兴商会转请县知事给予十年专利。③

1909年绍兴人李永康通过绍兴商会向官厅申请新式怀越花纱专利。新式怀越花纱是李永康独立研究的新式产品,受到各界好评,"绅商学界,均称脍炙"。李永康希望能仿照杭州蝉衣纱办法,准许拥有五年的专利期。为此李氏通过绍兴商会向官厅提交申请,并附上新式越怀纱样品。绍兴商会接到请求后,请杭州商务总会把材料转呈农商部,由部核断。④

当时国家鼓励改良工艺,对那些新工艺、新产品会在税收上提供一些优惠,商人对此自然是趋之若鹜。商人的申请,自然也是由绍兴商会代递的。1917年在绍兴建立织袜厂的商人杨汉三就是通过绍兴商会向官厅请求给予产品免捐待遇。⑤

---

① 《会稽县为照会事》,1910年10月26日,《绍兴商会档案》,绍兴市柯桥区档案馆藏,141-1-48。
② 《王绍淇具说帖》,1910年11月9日,《绍兴商会档案》,绍兴市柯桥区档案馆藏,141-1-48。
③ 《越兴制布有限公司具说帖》,1913年1月24日,《绍兴商会档案》,绍兴市柯桥区档案馆藏,140-4-315。
④ 《李永康具说帖》,1909年7月28日,《绍兴商会档案》,绍兴市柯桥区档案馆藏,141-1-42。
⑤ 《仿造洋货请免捐》,《越铎日报》1917年5月16日,第三版。

绍兴商会利用其交通官商的能力,使政商秩序变得有序,使商人的各种要求能够顺畅地到达官厅。于是,自建立之后,绍兴商会便成了个体商人交通官商的重要通道,绍兴商会在上报治安案件、解决个体税务纠纷和提交商事审批中发挥重要作用。

## 第二节 绍兴商会与行业层次的沟通官厅

通过上一节的研究,我们知道在商人的个体层次,绍兴商会在政商之间承上启下,非常关键。那么,对于作为一个整体的行业来说,绍兴商会在商人联系官厅的过程中,发挥了什么作用呢?为了回答这一问题,我们以帮助米业实现粮食流通与行业抗税为例,来分析绍兴商会在行业性商政沟通之中的作用。

### 一、米业的粮食流通

清末民初的中国,农业技术落后,农业生产无法满足社会需求,饥荒、民变时有发生,各地官厅、士绅都对粮食问题高度敏感,一有风吹草动,便会颁布禁令,禁止粮食流出辖境。绍兴是缺米地区,每年要从外地进口大量粮食,一旦外地封禁,绍兴米商便无法购买粮食,或者已经购买的粮食无法运回绍兴。粮食被扣之事,在清末民初的绍兴层出不穷,比比皆是。

浙江的杭县、兰溪是当时浙江的重要米市,绍兴米商经常从这两个地方采购粮食。但是杭县、兰溪常常禁米外运,这无疑给绍兴米商的粮食运输设置了人为的障碍。1920年,杭县禁米外运,这引起了绍兴士绅的不满,"在杭县之不顾邻封,似亦各自为政"。[1] 1912年年初,兰溪禁米外运,绍兴米商已购之米被扣留,无法运回,"现金华兰溪封禁,绍商购存之米均被截留"。[2] 1920年,兰溪官厅又发布运米禁令,绍兴米商购买的大量米粮滞留兰溪,无法运回,"蒙准兰邑尊下禁止运谷之通告","绍商购存之谷五千八百余袋,亦被封禁在内"。[3]

---

① 《自治委员维持民食之呼吁》,《越铎日报》1920年6月11日,第三版。

② 《绍兴军政公府王照会绍兴商务分会》,1912年6月1日,《绍兴商会档案》,绍兴市柯桥区档案馆藏,140-4-317。

③ 《柯镇分事务所函绍兴县商会》,1920年9月23日,《绍兴商会档案》,绍兴市柯桥区档案馆藏,140-4-388。

江苏无锡是绍兴米商采购食米的重要地点,同时江苏也是绍兴米商把安徽、江西等处粮食运回绍兴的必经孔道,可是人多地少的江苏省常常禁止粮食出省,这给绍兴商人带来许多的麻烦。1920年江苏米禁,初始是禁止食米出境,后来干脆连糯米也禁运了,这导致绍兴酒商无法酿酒,"苏省本年禁运米石出口以来,始则只禁粳米,谓为维持民食……近则并将糯米一律禁止输运"。① 1921年江苏省再次禁米出境,使得常向无锡县采购粮食的绍兴米商无所适从,"无锡属在苏境,禁米出口,敝业实感困难"。②

绍兴米商采购粮食的地区一旦禁米出境,米商便无法到该处买米,已经购买的粮食也无法运回绍兴。绍兴米商,特别是那些购买了粮食但尚未运回绍兴的米商,便会想尽办法,使地方官厅允许绍兴米商运输米粮。如果要把被扣粮食运回,或者要开放米禁,绍兴米商只能求助于官厅,毕竟只有官厅才有能力解除运输禁令。向官厅求助,就涉及与官厅交流的渠道问题。虽然像其他行业的商人一样,绍兴的米业商人也可以直接与官厅联络,但是史料表明当时处理粮食运输事宜的米业商人是依赖绍兴商会的管道去与官厅交流的。

（一）绍兴商会的孔道作用

在绍兴米商与官厅打交道的过程中,绍兴商会及其组织体系发挥了极其重要的作用。绍兴商会作为沟通官场的孔道,可以为绍兴米商争取很多利益,可以向官厅争取释放被扣粮食,可以要求官厅发放护照以便采购食米,甚至还要求取缔米禁。绍兴商会为护照的发放与收回提供了制度资源,使运米护照的发放与收回可以实现。

第一,争取释放被扣米粮。有时绍兴米商购买的粮食在外地被扣留,米商便通过绍兴商会去争取释放。1911年年初,绍兴恒润、大丰等米商在桐庐采购粮食,事情本极顺利,可是在运米回绍的途中,却被桐庐士绅宋志昂"借词禁运,拦途截劫"。恒润的粮食被宋志昂截夺,这使绍兴其他已经在桐庐采购完粮食的米商,不敢把粮食运回绍兴,"悉已装船,停泊东门,不敢开驶"。为了尽快把粮食运回,米商向绍兴商会呈递说帖,请商会"转呈府宪,照案电禀抚宪,迅檄水师派拨炮船赴桐护送"运粮,并拿办宋志昂,夺回被截

---

① 《绍兴酒商呼吁声》,《越铎日报》1920年12月6日,第三版。
② 《绍兴商会公函第九十二号》,1921年8月31日,《绍兴商会档案》,绍兴市柯桥区档案馆藏,140-4-398。

米粮。① 绍兴商会接到说帖后,迅速将此事报告杭州商务总会,由杭州商会将此事呈报浙江巡抚。②

有时米商是在买卖成交之后,突然遭遇米禁,致使已购米粮无法运回。1920 年江苏突然发布米禁,禁止粮食运输出省,一些绍兴米商已经成交的粮食因此无法运回绍兴。这些受困米商通过绍兴商会与官厅交涉,请求发放护照。庆成米行向商会呈递说帖,说明自己的粮食"因岁月云暮,不及装回",现在江苏实施米禁,已购之粮无法运回,希望官厅考虑到"买存不及装,与现买而待装者有别",能够"给发护照",以便装运。③ 绍兴商会接到受困米商的说帖后,立即联系绍兴县公署,"即希贵知事察核,迅予转呈咨行,将各该行寄存无锡之谷米,一律给发护照,放行运绍"。④ 庆成行申请的护照,后来应该是发下来了,因为在绍兴商会档案中有庆成行把米运回绍兴后缴销护照的文件。⑤ 显而易见,拥有便捷的沟通官厅渠道的绍兴商会,成为绍兴米商争取放行粮食的方便法门。

第二,形成制度化的粮食运输管理机制。商会组织体系在食米流通中的作用,不仅在于争取已经被扣粮食的释放,更在于为米禁时期的粮食流通提供制度化的管理机制。这种制度化的粮食运输管理机制,一方面基于绍兴商会交通官厅的功能,另一方面基于商会在商人社会的组织能力,使绍兴商会在传达官厅政策、发放运米护照、缴销护照中发挥作用。

首先,商会体系使官商的米禁政策能及时传递给米商。一地官厅颁布禁止运米出境的禁令后,必然期望米商能配合禁令。要想米商配合,就必须得让外地的米商知道米禁政策的具体内容。要使政策能被外地米商知晓,必须寻找合适的中介以传达政策。对于实施米禁的地方官厅来说,绍兴商会是向绍兴米商传达相关政策合适的中介。

1920 年江苏实施米禁,规定江苏所产粮食不许运输出省。江苏米禁的

① 《郡城米业具说帖》,1911 年,《绍兴商会档案》,绍兴市柯桥区档案馆藏,无编号。

② 《杭州商务总会照会山会商务分会》,1911 年 1 月 24 日,《绍兴商会档案》,绍兴市柯桥区档案馆藏,无编号。

③ 《庆成米行具说帖》,1920 年 3 月 27 日,《绍兴商会档案》,绍兴市柯桥区档案馆藏,140-4-390。

④ 《绍兴商会公函第六十一号》,1920 年 3 月 31 日,《绍兴商会档案》,绍兴市柯桥区档案馆藏,140-4-390。

⑤ 《各米行号护照张数已缴未缴单》,1920 年,《绍兴商会档案》,绍兴市柯桥区档案馆藏,140-4-390。

政策,以及米禁期间非江苏所产米粮的运输方法,均由官厅告之绍兴商会,请商会传达绍兴各米商,"相应抄件函请贵会查照,并希转知各米商为荷"。①1921年江苏省再次实施米禁,官厅也是通过绍兴商会向米商传达运米政策,"嗣后浙省运沪赈米,如验明确非苏米,随时放行等因……相应函达贵会长查照"。②

其次,商会成为申请、发放护照的中介。商会替官厅传递护照,除了已购粮食因米禁而无法运回时,商会为商人争取、转发护照外,有时米商欲外出采运粮食,又担心被外地官厅扣留,商会也会为商人申请并转发护照。比如,1920年绍兴柯桥镇米商欲赴宁波采办米石,便通过柯桥分所—绍兴县商会系统向绍兴县知事申请空白护照十张,由县商会分别具函县知事,"函请贵知事查照,准予给发空白护照十纸过会转给"。③后来这十张空白护照顺利地发到了柯桥米商的手中。④1920年绍兴沥海乡杜普记米号欲赴硖石采办米石,通过绍兴商会向绍兴县公署申请护照。绍兴商会接到申请后,立即函请县公署发给护照,请县公署把护照"交由敝会转给该商持赴该地购运回绍"。⑤

再次,绍兴商会还是绍兴米商缴销运米护照的中介。官厅为了严密管理,规定运米护照在使用结束之后,要缴回官厅销毁。缴销护照的中介便是绍兴商会。米商们把护照交给绍兴商会,由绍兴商会集中缴还县公署。1920年柯桥镇分所向绍兴商会缴销米商们使用完毕的护照,把米商们已经缴到的十七张护照寄给绍兴商会,由商会"汇集转缴核销",其余还未缴销的护照,等商人上交后再行寄递,"其余当有护照十三张,容俟各该行交到,即行续缴"。⑥现存的绍兴商会档案中保留着一张1920年绍兴商会统计缴销

---

① 《杭州商会致绍兴商会》,1920年6月12日,《绍兴商会档案》,绍兴市柯桥区档案馆藏,140-4-389。

② 《验放浙江赈米之公函》,《越铎日报》1921年2月20日,第三版。

③ 《绍兴商会公函第一二三号》,1920年6月24日,《绍兴商会档案》,绍兴市柯桥区档案馆藏,140-4-390。

④ 《绍兴县公署函绍兴县商会》,1920年6月26日,《绍兴商会档案》,绍兴市柯桥区档案馆藏,140-4-390。

⑤ 《绍兴商会公函第六十九号》,1920年12月4日,《绍兴商会档案》,绍兴市柯桥区档案馆藏,140-4-390。

⑥ 《柯桥分事务所函绍兴县商会》,1920年12月13日,《绍兴商会档案》,绍兴市柯桥区档案馆藏,140-4-390。

了多少张护照的统计表,按该表的记录,当时绍兴商会共缴销护照 121 张。①

绍兴商会基于其组织网络,基于其交通官商的能力,形成了制度化的粮食运输管控机制。这显然既有利于官厅实施米禁,又有利于米商携带护照采办米石。

第三,争取解除米禁。有时绍兴商会会直接请官厅开放米禁,这无疑是极有利于米商利益的扩展的。1912 年绍兴商会曾要求浙江官厅与江苏官厅交涉,力争江苏取消对浙江的米禁政策,"县议会、商会电请蒋督电商苏督开禁放行"。② 1922 年江苏禁止运米出境,绍兴商会柯桥分所受米商委托,请求县知事转详省署与江苏官厅交涉,以期苏省解除米禁,"该镇米商帖请商会长沈赞臣君,要求呈请绍兴县转详省长咨苏省长,即弛禁以维民食而资流通"。③

可见,绍兴商会的沟通官商能力,使其能够较为有效地参与护照的申请、发放这样的粮食流通管控事宜,使其能够较为有效地维护米商的利益。

### (二)商会与商人的非利表述

米商买卖粮食以获取利益为目标,遵循的是逐利逻辑。这可以从历次米荒米商的囤积居奇行为中看出。这种逐利逻辑是商人追求突破米禁,千方百计向缺粮的绍兴地区运米的重要动力。但是地方官厅实施米禁的初衷并不是逐利,而是维持民食,防止民变,维护地方社会的稳定。比如,1920 年绍兴官厅禁止运输豆麦出境,便是"思患预防起见"。④ 在这里,官厅考虑的是民食—稳定的逻辑。

如果商人想要从实施米禁的地方运出粮食,自然是要经过当地官厅的同意。那么要说服地方官厅同意把粮食外运,必须按照官厅的民食—稳定逻辑,不能与实施米禁的官厅的态度相背。这样,争取把粮食向绍兴运输的绍兴米商和商会,就不能光明正大地把逐利作为自己进行粮食贸易的目标,必须把自己的行为说成是出于对民食、社会稳定的考虑的不得已之举,以民食—稳定逻辑来掩盖逐利逻辑。

1920 年绍兴庆成米行买定的籼米因江苏实施米禁无法运回,庆成在说

---

① 《已缴未缴护照清单》,1920 年,《绍兴商会档案》,绍兴市柯桥区档案馆藏,140-4-390。

② 《蒋尊簋不顾民食》,《越铎日报》1912 年 5 月 28 日,第二版。

③ 《关于民食问题之呈请》,《越铎日报》1922 年 9 月 3 日,第三版。

④ 《绍兴县公署函绍兴县商会》,1920 年 6 月 11 日,《绍兴商会档案》,绍兴市柯桥区档案馆藏,140-4-389。

帖中先是对江苏官厅实施米禁的行为表示赞同,"查米谷昂贵,为本地民食计,禁止贩运,理所固然",然后说明绍兴的缺粮情况,并请求官厅通融,"第绍兴为缺米之处,全伏苏省接济,一经禁止,来源断绝,则绍兴之民食堪虞,似宜于禁止之中寓通融之意"。① 在庆成米行的说帖中,逐利生财的话一句也没有,通篇都是"以济民食"的旋律。

绍兴商会在替商人争取放行时的腔调与商人完全一致,也是完全不提逐利,一副忧国忧民忧绍兴的样子。1920 年绍兴商会向官厅争取发放运米护照,陈述理由时称:"敝会查绍县产米不多,历来仰食于外,当此米价腾涨,若购定之谷因禁口不得起运,则关于全县治安者,实为最急。"②

在此,商人、商会满口仁义自然有其虚伪的一面,但不可否认这种虚伪有其作用。这种沟通技巧,使商人的行为容易得到官厅的认同,有利于官商之间的沟通。

总之,在绍兴米商于米禁时期的运粮过程中,绍兴商会事实上成为政商交流的平台,不仅替双方传递消息,还负责护照的发放与收回,使米商与政府间形成稳定有序的联系,建立合理的政商交流秩序。

**二、绍兴商会与行业抗税中的政商交往秩序**

既然绍兴商会能够在米业运输粮食的过程中起到构建政商互动制度(秩序)的作用,那么是否就可以下结论,认为在各行业与政府的交往中,绍兴商会都是互动的中枢? 答案是否定的,虽然商会的确发挥着承上启下的作用,并且在部分行业(比如米业)与官厅的交往中起着不可或缺的作用,但是在很多行业与政府的互动中,商会并不是政商交往的中枢,商会并没有发挥结构洞的作用,商会只是政商交往秩序中的配角。

商会在行业性抗税中的作用就是如此。绍兴商会既不是抗税行动的组织者,也不是商人与官厅交涉的中枢,只是商人联系政府诸多渠道之中不起眼的一条。

**(一)行业性抗税的易组织性**

行业抗税属于集体行动,其组织、行动需要进行组织、动员。依照常识

---

① 《庆成米行具说帖》,1920 年 3 月 27 日,《绍兴商会档案》,绍兴市柯桥区档案馆藏,140-4-390。

② 《绍兴商会公函第六十一号》,1920 年 3 月 31 日,《绍兴商会档案》,绍兴市柯桥区档案馆藏,140-4-390。

来判断,作为绍兴最重要的法定商人团体,当一些行业对政府的税收政策不满,并有抗税的暗潮在涌动时,绍兴商会应该会出面把相关工商业者组织起来,并带领商人进行抗税抗捐运动。但这样的常识并没有得到史料的支持,无论是档案还是报刊均没有能够证明绍兴商会组织领导行业抗税的证据。

之所以出现这种情况,应该是由于行业抗税组织难度较低,使得那些组织程度较低的行业也有能力进行抗捐抗税的动员。这样便使绍兴商会没有组织领导行业抗税的必要。

行业性抗税的成本是比较低的,这使得组织行业性抗税比较容易。在行业性抗税中,行业的集体利益与商人的个体利益完全一致,商人有极大的激励去支持、参与集体抗税。而且行业性抗税的成本还比较低,简单的抗税往往就是向官厅拍个联名的电报,复杂一些的就是到官厅门前去请愿。在抗税行动中,个体商人往往只需要顺着抗议声,签个字,举个手即可,并不需要付出多大的代价。一旦抗税成功,官厅答应免去、减轻行业性税收,个体商人就可以获得切实的利益。因此,商人个体有极强的动力去参与集体性行业抗税,并不需要行业组织去强制。这意味着即使行业组织不甚发达,同业商人也可以很容易地组织起行业性的集体抗税。

以绍兴的酒业为例,酒业商人组织薄弱,"业酒之家,散居城乡,宛如散沙一般"。[1] 可是组织涣散的酒业商人却可以组织起一次又一次的抗税活动。比如,1917 年绍兴酒商集体反对税收结算由划洋改现洋,集议请愿,函电纷驰:

> 昨日(二十九号),绍兴酒商因奉省公卖局局长萧鉴,财政厅长张厚璟会衔,示饬酒捐印花改征现洋,前曾函电纷驰,迭经呈请无效,爰再假座商会,于下午一时特开大会,到者八十余人,决定公推章楠庭、汤本初、章歧山、朱根香等四人,同赴绍兴分局,公请韩局长转呈省局收回成命,仍予划洋解缴,韩局允为转呈。[2]

1920 年绍兴发生劣警诈敲诈酒商的案件,酒商全体公愤,"连夜帖请商会将人送局移县提究,并开酒商紧急大会,电呈督长、省局"。[3] 1921 年绍兴酒商还进行了声势浩大的反对沈灏调任绍兴酒捐局局长的运动,酒商开会动

---

① 《又一起酒业公会之成立》,《越铎日报》1922 年 9 月 5 日,第三版。

② 《绍兴酒商之大声疾呼》,《越铎日报》1917 年 7 月 1 日,第三版。

③ 《假冒酒捐稽查激公愤案结果》,《越铎日报》1920 年 10 月 14 日,第三版。

员，一致反对沈灏调任，并通电省长、督军。以下是酒商向省长、督军发的一份反对调任的电报：

> 督军、省长、省烟酒事务局、省议会、杭总商会暨之江、全浙江、浙江、两浙各报社钧鉴：
>
> 顷闻二区沈灏调办绍兴，查沈灏今春在禾查缸，南汇蒋姓酱园一案，搜括骚扰，四处拷诈，每缸索贿三四元，饱掳万金，禾人切齿痛心，群谋上控，乃狡兔营窟，运动迁绍。绍商凋敝，余生膏髓已竭，何堪更任拷剥。本日酿商开会公决，誓不承认，应请立予撤委查办，以儆官邪。除电京署救济外，迫切待命，并请诸公维持正论，免除民贼。
>
> 绍兴全体酿商代表章厉卿、汤绍韩、王光烈、陈平澜等公叩①

从酒业抗税的事例中，显然可以知道，行业性集体抗税对行业组织的要求较低，同一行业的商人无须强有力的组织便可组织起抗税行动。在这种对组织程度的低要求下，甚至出现追求自己特殊利益的少数人运动整个行业进行抗税的情况。在民国初年绍兴羊肉业的几次抗税行动中，抗税的组织者便是基于自己的特别利益去领导、煽动抗税的。

1915年绍兴羊肉业开征屠宰税，由于税率严苛，"绍兴行销类系山羊，每只售价仅千数百文之则，骤课捐税，每只两角，各铺实难遵行"，羊肉业商人多次向县公署禀请免捐。② 羊肉商人迭次抗争，除了有税负过高的原因外，还与一名叫骆世贵的羊肉业商人的鼓动有关。

骆世贵之所以鼓动羊肉商人抗税，是因为他想认办羊肉业屠宰税，而当时该税被绍兴县知事委派给肉业董事任翼谋征收，③骆世贵只有先破坏任翼谋的征收方案，使任翼谋无法顺利征收羊肉业屠宰税，然后自己才有机会向县公署申请办理此税。为了破坏肉捐董事任翼谋的征收，骆世贵指使自己的弟弟骆世林化名骆锦献，以羊肉业代表的名义向县公署交涉，"羊肉业代表骆锦献等一再赴县禀求"。④ 1915年6月底，在肉捐董事任翼谋的协调下，羊肉业商人"允为变通办法"，"公家税则、铺户血本，两无妨碍"。⑤ 这时骆世贵又从中破坏，"突有该业恶棍，即向办正谊校之骆世贵者，希图谋办该

---

① 《全绍酿商反对更调公卖局长之电》，《越铎日报》1921年5月6日，第三版。
② 《羊肉业因捐歇业》，《越铎日报》1915年6月26日，第三版。
③ 《请免洋捐之禀批》，《越铎日报》1915年6月16日，第四版。
④ 《请免洋捐之禀批》，《越铎日报》1915年6月16日，第四版。
⑤ 《羊肉铺左右为难》，《越铎日报》1915年6月30日，第三版。

税,千方百计,从中阻挠","于旧历端午节后,令该铺等十五家一律停止营业,扬言如敢私自开卖者,定须罚洋二百元"。① 最后骆世贵成功成为羊肉业屠宰税的经董。

1917 年骆世贵因办理屠宰税不善而被撤差。撤差之后,骆世贵又开始鼓动同业抗税,"唆使凌庚福(按,凌为骆之妻舅)、平阿宝、沈和源等抗缴税捐"。② 1917 年 5 月,绍兴羊肉业因屠宰税加重而罢市,③就在该案在绍兴商会的调处下已经接近解决,羊肉业商人同意开市之时,骆世贵又从中破坏,鼓动各羊肉铺继续抗税,"有自称该业代表之骆世贵党羽骆锦献、凌凤祥等,尚从中作梗,唆使各店铺照常停闭,必须减税明文颁布,然后开宰"。④

显然,在羊肉业抗税的过程中,骆世贵是抗争行动的重要鼓手,起到了组织、鼓动抗争的作用。而骆世贵之所以这么积极地去鼓动抗税,是因为他想获得办理羊肉业税捐的差事,以便"借学敛钱,收捐肥己"。⑤ 可以想见,由于抗税行动的鼓动者有足够的激励去把风潮搞大,而其他的工商业者又都乐意停止交税,因此行业性的抗税抗捐行动很容易在特殊利益相关人的鼓动下形成。绍兴羊肉业税捐便因为骆世贵鼓动抗税而收数大减,办理困难,"奸徒煽惑不休,循良者固已踊跃输捐,昧理者仍复诱延滞纳,而刁狡之徒或则要求减认,或则捏报停业,自上年迄今,竟有分文不缴者"。⑥

总之,行业性抗争与工商业者的个体利益完全一致,并不需要一个强大组织去鼓动便可启动。有时个别工商业者出于自身特殊利益的考量而发起的对行业性抗税的鼓动,也会取得一定的效果。

这便意味着同业商人的集体抗税无须绍兴商会的领导。事实上,绍兴商会的确没有在行业性抗税活动中发挥过组织作用,那种以商会为中枢进行的行业性抗税是不存在的。

(二)抗税中的官商沟通

以往的商会史研究,对商会交通官商作用的强调,容易让人产生一种感觉,认为如果没有商会,商人便没有办法与官厅交流。当然,这种感觉只是

---

① 《羊肉铺左右为难》,《越铎日报》1915 年 6 月 30 日,第三版。
② 《羊宰税派警严催》,《越铎日报》1917 年 2 月 3 日,第四版。
③ 《羊肉店公议封淘》,《越铎日报》1917 年 5 月 8 日,第四版。
④ 《羊业开市之难决》,《越铎日报》1917 年 6 月 9 日,第三版。
⑤ 《正谊校双扉久掩》,《越铎日报》1920 年 1 月 14 日,第四版。
⑥ 《整顿羊肉小猪捐》,《越铎日报》1917 年 8 月 26 日,第三版。

一种错觉,在绍兴的行业抗税中,商会只是商人沟通官厅的诸种方式中的一种,各行各业的工商业者有多种方法与官厅联系。

1. 绍兴商会的交通官商

在行业抗税、力争减税的活动中,绍兴商会的确发挥了一些沟通官商的作用。一般是同业商人通过商会向官厅表达自己的困苦之处,并请求官厅减免税捐。

比如,绍兴商会下辖的柯桥分所就曾代该镇钱业向绍兴官厅诉苦。1915年官厅催促柯桥镇钱业缴纳钱业捐,钱业通过柯桥分所向官厅诉说苦衷:"该镇钱业自辛亥年间影响所及,如泰源、安泰、震泰、□□、全体等五庄,均于光复后停止营业,泰源一庄出纳虽未停,以账目繁多,尚在清理。"①在这里,钱业商人的用心是希望官厅能体谅营业之艰,从缓征缴。

除了代商人向绍兴本地官厅陈情外,绍兴商会还代行业组织向省宪陈诉。1922年绍兴酒商呼吁维持划洋缴纳酒捐,便曾通过绍兴商会与杭州省府沟通,"一面略请绍兴商会转杭州总商会,恳为函达官厅,俯察商艰,以维市面而示体恤云"。② 1923年绍兴箔业商人为了阻止官厅把箔捐收回官办,通过绍兴商会联系浙江省财政厅。绍兴商会电文如下:

> 财政厅长钧鉴:
>
> 项据箔业董事俞守成等声称,箔捐收归官办,恐商情未洽而捐数亦难裕收,请转电财政厅收回官办成命,仍邀原□认商妥议加认办法,庶国税、商情两多裨益等语到会。查该董所称各节不为无见,相应电请钧□察核,俯予照准示遵。
>
> 绍兴商会叩。艳。③

有的时候商人会在自行与官厅交涉无效的情况下寻求绍兴商会的帮助。绍兴染业经营染布生意,所染多系洋布,这些布在宁波、上海早已缴纳捐税,绍兴统捐局常常要求这些布匹再次纳税,"以致发染布匹之各店,大受阻碍,断绝交易"。面对这种情况,染业商人自然要与官厅交涉,但是他们向浙江省财政厅递交的禀呈石沉大海,毫无消息,"商等各号据情禀请财政厅长察核饬知,迄今四旬有余,未荷批答",于是他们请绍兴商会代为呈递,"惟

---

① 《详解柯镇钱业捐》,《越铎日报》1915年2月5日,第三版。
② 《酒捐请征划洋之呼吁》,《越铎日报》1922年7月4日,第三版。
③ 《绍地箔捐取归官办之未妥》,《越铎日报》1923年11月2日,第三版。

有公同说请贵会函请知事转禀财政厅长,饬知捐局,准予免捐"。①

2.行业组织自行与官厅沟通

虽然绍兴商会在行业性抗税、避税行动中的确能够起到沟通官商的作用,但是笔者发现,在政商沟通方面,行业组织自身就能发挥很大的作用。且不论绍兴商会的沟通官商是应工商业者的要求而发生的,同业商人自身就常常直接与官厅交洽。在集体抗税中,商人或者以"上访"的形式与官厅交涉,或者以拍电报、递说帖的方式与官厅交涉。

第一,面见官厅。说起来有些不可思议,清末民初的商人们,在行业性集体抗税中,居然常常直接面见官厅。他们的行为与今天的上访行为相似,分为"群体性上访"与"代表式上访"。

当时,若是一个行业的商人觉得税捐过重,可能会邀集全体,径直到衙门门口跪香。1915年绍兴以草纸为业的手工业者因为草纸捐而集体赴县署跪香,"爰特邀集同业百余人,赴县跪香,环请咨文统捐局酌减"。② 1917年绍兴官厅奉令举办羊肉捐,羊肉业商人到县署跪香,请求酌减,"现由该业各铺王某等三十余家于前日齐赴县公署跪香,请求酌量变通,减轻捐税"。③

同行业工商业者除了结伴赴官厅跪香、请愿外,有时还会选出代表赴官署陈情,请求减免税收。1917年绍兴酒商选出代表赴酒捐分局,请求官厅继续以划洋征收税款,"于下午一时特开大会,到者八十余人,决定公推章楠庭、汤本初、章歧山、朱根香等四人,同赴绍兴分局,公请韩局长转呈省局收回成命,仍予划洋解缴"。④ 1921年绍兴酒商因为时任酒捐局长沈灏种种苛扰,推举一名律师为代表,赴省请愿,"嗣因受苦难堪,势将坐毙,不得已特延律师陈士燨(字子余)君代表各同业晋省请愿"。⑤

第二,文书交涉。当时绍兴的工商业者除了直接地、面对面地与官员交涉外,还常常以文章、电报的方式,向官厅反映情况。1914年绍兴烟业商人反对烟业增收附加税,电请浙省民政长体恤商艰,从缓进行。烟业商人电报曰:

　　杭州民政长、国税厅长钧鉴:

---

① 《一纸详文陈商艰》,《越铎日报》1915年6月4日,第三版。
② 《请免草纸捐续志》,《越铎日报》1915年1月16日,第三版。
③ 《羊肉铺求减屠宰税》,《越铎日报》1915年6月14日,第三版。
④ 《绍兴酒商之大声疾呼》,《越铎日报》1917年7月1日,第三版。
⑤ 《绍兴酒商会议情形详记》,《越铎日报》1921年11月8日,第三版。

　　叠年惊耗频传,商业几经摧折,凋弊情形已达极点。方今惊魂稍定,喘息未已,亟望维持。乃烟捐三次迭增,负担愈重,生计日促。兹闻又增附税,则众商之魂魄失舍,仰恳体恤商艰,从缓进行,无任感戴![1]

　　1924年华舍机户反对设立住屋捐,推举业董向省宪发电报交涉,请求豁免,"该处机业,均以无力负担,不予承认,推出业董赵光淦代表全体,呈省豁免,由省转令绍兴知事详查在案"。[2]

　　很多时候,工商业者为了凸显电报是出诸公意,还会在电报的末尾注明该电报是集体意志的产物。1922年绍兴酒商反对向酒业加收赈捐,拍发大量电报向省宪请愿,其中不少电报即在末尾注明"××家同叩"之类的字样,例如"绍兴酒商章鉴记耀号等四十一家同叩""绍兴酒商章荣记等三十九坊同叩""绍兴酒商汪锦茂等公叩""章东明等四十三坊同叩"。[3]

　　第三,跨地区同业协作抗税。以上所举的例子都是绍兴地区某一行业的工商业者独力进行的交涉,事实上由于行业性税收是针对整个行业的税收,不仅绍兴操持此业者会因增税而反对,其他地区操持同一行业的商人也会起而反对。这样,各地区经营同一行业的工商业者就可能联合起来共同与官厅交涉。清末民初的绍兴工商业者,常常与其他地区的同业商人协作抗税。

　　比如民初典当业反对将当票粘接印花的面额从十元下调至一元,便是联合其他地区的典当业商人共同反对的。绍兴典业一方面联合省内各县典业,给各县典当发电报,一面发电报给省城的全浙典业公会,呼吁一致抗争:

全浙典业公会鉴:

　　顷见浙江印花税处布告,详解贴用印花章程第一类,关于当票四元起贴印花,展期已满,应照原案一元起贴等语,不胜骇异。查此案前经联合各省典业叠赴部院声明否认在案,此次本省印花税处罔恤商艰,横加苛税,遵令一元起贴,吾业痛切剥夫,已达极点,无论官厅如何压迫,一元起贴之暴敛,誓不承认,除分电各邑典商一致坚拒外,为特电请据理力争,至为企盼。

绍兴典业事务所。勘。[4]

---

[1] 《烟业呼吁声》,《越铎日报》1914年4月13日,第三版。
[2] 《机业房捐吁免征取》,《越铎日报》1924年6月29日,第六版。
[3] 《风发云起之绍兴酒商电文》,《越铎日报》1922年9月21日,第三版。
[4] 《当典对于印花之呼吁》,《越铎日报》1924年6月17日,第六版。

1916 年绍兴酒业商人请求减轻酒捐,就是一面在省内向省议会请愿,一面与其他地区的酒商协作,参加全国烟酒联合会进京请愿,"除随贵会赴京请愿外,一面赴本省议会陈请分别减免"。① 在反对以现洋征收酒捐的行动中,绍兴酒商与宁波酒商联合抗争。绍兴酒商先是联系宁波方面,请宁波一齐电争,"贵区事同一律,务乞协电力争"。② 后来,宁绍酒业代表共同赴杭请愿,"甬绍两代表同赴省请求收回成命"。③

不同地区的经营同一行当的工商业者联合起来进行集体抗税的事实表明,当时的工商业同行凭借电报、铁路、轮船等新式通讯、交通方式,已经可以建立跨地区的联合,并利用这种联合来争取自身利益。而各地同业的联合,必然增强了商人沟通官厅的能量。

显然,绍兴的工商业同业组织完全有能力独自与官厅交涉。由于同行业商人有能力单独与官厅交涉,工商业者在行业性抗税中就不需要过于依赖绍兴商会的交通官商能力。

3.通过其他渠道与官厅沟通

在行业性抗税中,绍兴商人还会通过其他渠道与官厅交涉,比如通过有名望的同乡交涉官厅,或者通过一些士绅与官厅交涉。

1921 年绍兴酒业,以"我绍酒类捐费之重且巨,实甲于全国",向北京同乡求助,"特此快邮代电旅京诸乡老"。④ 这些旅外同乡确实会替绍兴商人争取减税。1922 年陈燮枢等人为减免绍兴酒业赈捐一事致电卢永祥,商请转圜:

> 卢督办、沈省长钧鉴:
>
> 　　吾绍酒捐向称繁苛,酿户或停或徙,商业寝衰。本年水灾,酒类又多损失。附加赈捐,绍属似应免征,即筹振需款,亦宜照第一区办理,以昭公允。
>
> 　　　　　　　　　　　　　　　　　王家襄、田稔、陈燮枢。漾。⑤

1917 年绍兴酒业商人通过汤寿潜成功地使官厅减轻了一些负担,"绍属

---

① 《浙省减轻酒捐之报告》,《申报》1916 年 11 月 5 日,第三张(十)。
② 《绍兴酒商之大声疾呼》,《越铎日报》1917 年 7 月 1 日,第三版。
③ 《宁波酒业代表来绍志闻》,《越铎日报》1917 年 7 月 5 日,第六版。
④ 《绍酒酿户之哀情血泪》,《越铎日报》1921 年 5 月 11 日,第三版。
⑤ 《请免征酒捐附税之京电》,《越铎日报》1922 年 10 月 29 日,第三版。

酒捐,现经汤政(蛰)老竭力设法,已蒙钮总办许为减轻,不久当可发表"。①

显然,绍兴的旅外同乡也是绍兴商人争取减免行业税捐时求助的对象,而且这些同乡也确实能够起到一定的作用。

除了通过外地同乡去与官厅交涉,绍兴工商业者在行业性抗税中还会通过地方士绅与官厅交涉。1924年绍兴箔工为了免缴店屋捐,便求助自治委员,请自治委员与官厅接洽。"昨日(十五号)要求各乡自治委员援助,誓不达黜免目的不止。"②自治委员接到箔工的要求后,便致函主管屋捐事务的绍兴警察局局长薛轶尘,商请免捐:

> 轶尘局长先生钧鉴:
>
> 若照贵警所云实行罚办,无异水益深而火益热,委员等不忍坐视民瘼,尤虑为细捐起衅,以致铤而走险,不得不沥表代陈窘困,伏乞我公俯体舆情,赐予免捐,一面由委员等具呈省宪,待示遵行。肃此。只颂勋安,伫候训示。
>
> 新安乡自治委员陆鸿飞,南钱清乡自治委员沈企吾,延寿乡自治委员郑寿彭,前梅乡自治委员高云宾。③

可见,绍兴的各业商人除了可以通过绍兴商会去交通官厅外,还有其他渠道去与官厅交涉。

(三)绍兴商会在行业性抗税中的作用

笔者以为,绍兴商会在行业性抗税中的作用并不大。这是基于两点的考虑:第一,绍兴商会从来不是行业性抗税的组织者,抗税的组织者是行业组织;第二,绍兴商会虽然能够起到沟通官商的作用,但是行业组织与官厅联系并不依赖商会,行业组织有多种渠道与官厅交涉。

第一,绍兴商会不是行业性抗税的组织者。行业性抗税行动,由于其与商人个体利益的关系,商人个体只需付出微不足道的代价,便可能获得明显的利益,因此个体商人有足够的动力去参与抗税行动,这使得抗税运动在不具备强有力、完备的组织的情况下就可以形成。这便意味着,行业性抗税运动完全可以不需要商会的领导,只需依靠有一定组织性的行业组织即可完成,哪怕组织涣散如绍兴酒业也可以组织抗税。而且史料确实显示,绍兴商

---

① 《绍兴酒捐可望轻减之消息》,《越铎日报》1917年4月22日,第三版。
② 《箔工之免捐运动》,《越铎日报》1924年10月18日,第六版。
③ 《箔工之免捐运动》,《越铎日报》1924年10月18日,第六版。

会从未在行业性抗税中以组织者的身份出现。

第二,官商的沟通并不依赖商会。虽然商会在行业性抗税中能够起到一定的沟通官商的作用,但是商会的作用不能估计得过高。工商业者的行业组织本身就可以与官厅交涉。而且,即使是商会沟通官商,实际上也是应行业组织的要求而为之。行业组织、行业中的商人是主动的,商会是被动的。实际上,商会仅仅是绍兴地区的工商业者沟通官商诸手段中的一种。绍兴的行业组织既自行与官厅沟通,又通过绍兴商会与官厅沟通,此外还通过同乡与官厅沟通。商会在行业性抗税中的官商沟通中并没有占据最重要的地位。如图 6.3 所示。

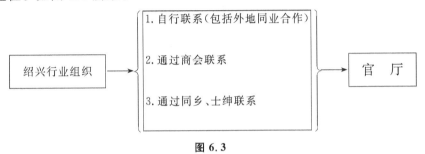

**图 6.3**

既然绍兴商会既不是行业性抗税的组织者,又不是官商沟通必不可少的中介,那么便有理由认为商会在行业性抗税中的作用并非必需。在行业性抗税中,起核心作用的是行业组织。

## 第三节　绍兴商会与地方整体社会的沟通官厅

由上一节可以知道,虽然在米业运米的过程中,绍兴商会很好地发挥了沟通官厅的作用,但是在行业性抗税的过程中,绍兴商会的中介作用并不显著。与商会在商人个体沟通官厅中的显著作用相比,在行业的沟通官厅中,商会的作用有了明显的下降。那么在作为整体的地方社会与官厅交流的过程中,绍兴商会是否起到了桥梁作用呢? 绍兴商会所起的作用是否具有决定性呢?

通过上一章,我们了解到,1915 年绍兴商会曾以地方法团的身份向浙江巡按使进言十条建议,在这种将地方情况上报官厅的过程中,绍兴商会扮演的显然是中介的桥梁角色。

在 1914 年绍兴商会代表商界与统捐局进行的交涉中,商会扮演的也是桥梁角色。起初,绍兴城区商家与乡镇商家的贸易往来无须缴纳统捐。油业商人说:"青菜两油,出自本县,如运销出坝者,照章报捐,如就近装运,不经其他捐局,向来免捐。"① 药业商人说:"绍县有东至曹娥、蒿坝等坝,西至义桥、临浦、西兴等坝,凡分销之货,坝内向不输捐,坝外任其纳税。"②

1914 年绍兴统捐局长易人,税捐政策出现了一些变化,开始对城乡之间流通的货物进行征税。"兹者新朱局长莅任,多换生手,凡近销货物,亦一律勒令纳捐。"③ 这样乡镇居民到绍兴城区置办货物就需要向统捐局交税,就需要付出额外的金钱,这样乡镇消费者自然会减少向城中商户购物,转而向乡镇商户购买商品,最后绍兴城中商号的生意就受到了冲击,"城中商家,如同虚设"。④ 南货业的河鲜、海鲜在销售的过程中,还出现被税务人员扣留而腐臭的情况,"凡鲜咸鱼货,销迟时日,非秽即臭"。⑤

在这种情况下,城区众商向绍兴商会呈递说帖,要求商会召开全体商人大会,并邀统捐局长到会谈判,"请求贵会长竭蹶维持,准予转咨统捐局长驾临贵会,百业群集,开谈判会,以明利害而维秩序"。⑥ 绍兴商会决定次日即与统捐局接洽,"十月十六号,面与统捐局长接洽后,当将情形转告各业"。⑦

显然,在这一案例中绍兴商会是作为商界与统捐局的中介桥梁而发挥作用。在证实了商会的桥梁作用后,另一个问题便浮现出来,即绍兴商会所起的中介作用是否必不可少,是否有其他渠道供地方社会联系官厅。

商会的中介作用并非必要,地方社会有很多方法向官厅表达自己的意

---

① 《全体油业具说帖》,1914 年 10 月 14 日,《绍兴商会档案》,绍兴市柯桥区档案馆藏,140-4-335。

② 《绍兴各药行具说帖》,1914 年 10 月,《绍兴商会档案》,绍兴市柯桥区档案馆藏,140-4-335。

③ 《全体油业具说帖》,1914 年 10 月 14 日,《绍兴商会档案》,绍兴市柯桥区档案馆藏,140-4-335。

④ 《全体油业具说帖》,1914 年 10 月 14 日,《绍兴商会档案》,绍兴市柯桥区档案馆藏,140-4-335。

⑤ 《南货业具说帖》,1914 年 10 月 15 日,《绍兴商会档案》,绍兴市柯桥区档案馆藏,140-4-335。

⑥ 《绍兴各药行具说帖》,1914 年 10 月,《绍兴商会档案》,绍兴市柯桥区档案馆藏,140-4-335。

⑦ 《南货业具说帖》,1914 年 10 月 15 日,《绍兴商会档案》,绍兴市柯桥区档案馆藏,140-4-335。

见。首先当事情涉及商界整体利益与地方利益时,相关人士是可以直接与官厅联系的。比如,1920年绍兴七十余家商号指责钱业垄断病商,"钱庄一业为商界之领袖,借其挹注,俾资周转。讵为几辈操纵金融、惟利是图之徒垄断把持,致使商者转而病商"。这些商人除了请求绍兴商会开会外,还直接向县公署呈递意见书。"兹闻绍商泰和当等七十余家,有鉴于此,业已联名盖章,备具说帖,请求商会开会提议,一面具呈县公署,要求设法筹减,以恤商艰。"①

在商人总体利益及地方利益问题上,商人、地方群体还通过绍兴籍省议员来表达意见。绍兴城区商人一直想裁撤城区周边的统捐分局。1919年商人们通过当时的绍兴籍省议员来向上级官厅表达意见,"邀求省议会议员陈秉衡等提议裁撤附郭各分局,归总局直接管辖"。②而绍兴籍省议员也不负众望,向省议会提交裁撤统捐分局的议案,"浙江省议会绍籍议员陈宰埏、俞弼、王以铨等呈请裁撤绍县统捐局文,已载前报"。③

除了省议员这样的高级士绅外,一般士绅也常常充当地方社会沟通官厅的桥梁。1918年绍兴士绅周程向政府反映绍兴的金融问题,浙江实业厅还给了回复。"浙江实业厅据公民周章程称,为垄断金融,商民困苦,恳请勒减现水,以维市面事。"④1919年绍兴士绅鉴于钱业设置暗水渔利,呈请官厅处理,"绍兴钱侩违反功令,暗做现水,从中渔利,紊乱市情,病商病民,种种详情,已志本报。兹悉,本城某绅有鉴于此,昨特公函新任余知事,请求重申禁令,革除暗水名目"。⑤绍兴县议会这个绍兴士绅的大本营,常常作为地方的代表去与上级政府沟通。1912年,绍兴县议会代表绍兴地方社会,向浙江都督、浙江民政、财政两司上呈关于平粜的意见。县议会电文如下:

杭省都督蒋氏、民政司、财政司钧鉴:

绍兴民穷财绝,平粜急于星火,款无所出,不得已议决于今届征收地丁银,每两带征备荒捐五角,计可得六万元以外,议请知事速发五元至百元印单,合六万元,按照城镇乡人口,摊给各自治团,设法抵借现洋平粜,以济贫户。是项印单,准完正附税捐,即以带征备荒捐弥补,移缓

① 《金融涸辙之悲观》,《越铎日报》1920年12月3日,第三版。
② 《城区商业代表为统捐局苛虐之请愿》,《越铎日报》1919年5月15日,第三版。
③ 《呈请裁撤绍县统捐局之全案》,《越铎日报》1920年8月21日,第三版。
④ 《呈请维持宁绍金融市面》,《越铎日报》1918年3月4日,第三版。
⑤ 《请革钱业暗水之公函》,《越铎日报》1919年8月2日,第三版。

济急,于正税毫无出入。刻由县署交来知事杭电,以印单完粮,省税无出,不允,饬提议案交省覆议等语。因何误会,不胜骇异,除备事□,听候饬提外,特电闻。再,饥民弱者饿毙,强者骚动,事在万急,省议必需时日,乞先拨款六万元,以救民命,仍以备荒捐抵还,乞电复。

显然,我们知道在地方社会沟通官厅的过程中,绍兴商会可以起到一定的作用。但是商会的作用不宜夸大,绍兴地方社会还常常通过士绅群体来与官厅沟通。

## 第四节　绍兴商会与政令的下达

绍兴商会不仅可以方便商民向政府传递意见,还可以方便政府向绍兴商民实施行政管理。商会这一团体的存在,使政府多了一个治理工具。国家可以通过商会去管理商民群体,去向商民群体传递国家的意志。

### 一、政府借商会而治

自从绍兴商会成立之后,政府部门就开始利用绍兴商会进行社会治理。首先,政府利用商会向商民传达政令。比如,像上文提到的,政府常常通过绍兴商会向商人传达关于粮食运输的政令。此外,政府还常常利用商会的社会网络传递税政信息。比如,1920 年绍兴县公署通过绍兴商会向商民传达花生仁出口税率。[①] 1914 年绍兴统捐局要求绍兴商会通知商人烟捐已经收回官办。统捐局致商会的信函如下:

> 为本省烟捐二月一日收回官征事。
>
> 敬启者。民国三年元月二十七日,奉国税厅筹备处沁电,本省烟捐于二月一日收回官征,希先期通告,妥慎办理,并转饬各分局知照等因。奉此,除转饬各分局知照外,相应照录函致贵分会,请烦查照转知该商一体遵照。此致绍兴商务分会。
>
> 绍兴统捐征收局局长祝履中

---

① 《绍兴县公署函绍兴商会》,1920 年 4 月 24 日,《绍兴商会档案》,绍兴市柯桥区档案馆藏,140-4-391。

中华民国三年元月二十八日①

除了利用商会传递政令外,官厅还常常通过绍兴商会来调查各种经济信息。比如,1911 年会稽县要求绍兴商会填报银钱市价,"为此照会贵总会请烦查照,希即会同钱业董,将上年四月十六及本年正月起至六月止,银钱市价,遵照宪颁表式,逐细查明,代为填注,克日复县,以便转报"。② 1913 年绍兴商会应官厅之令,调查靛青的产地、价格和销路事宜,"合将靛青调查表八张备文照会贵会,烦即查照表列各项,分别查明填送,幸勿稽延"。③

此外,官厅还常常利用绍兴商会处理一些行政事务,比如第三章和第四章介绍过的"官批民调"式治理。1917 年,绍兴县公署要求绍兴商会解决现水问题,"相应函请贵会查照,希即召集各业遵照令饬各节,妥为筹议,以维市面"。④ 1918 年绍兴平定现水进退维谷之时,绍兴县知事向绍兴商会求助,"闻王知事奉文后,业于日昨函邀商会领袖冯纪亮、高云卿诸人到署,面商取缔办法,并函请商会转知钱业,即日革平,如有钱业故意违抗,行将查拿究办云"。⑤ 政府还会要求绍兴商会在财政汲取上给予协助,这一点留在下面再谈。

**二、传递政令中的平庸**

笔者原来以为,由商业精英组成的商会,比官府熟悉商情,官府借助商会去治理商民群体,能够起到事半功倍的效果。但是实际上,从现存的史料来看,绍兴商会从官厅那里承担的差事,并不是每件都得到了很好的执行。虽然对于商事裁断,绍兴商会做得不错,但是像改良平水绿茶、设置植棉试验场这样的差事,绍兴商会做得并不成功。

官府下达的任务,绍兴商会是否能够很好地完成,这其中自然有许多外在因素的影响。比如,改良平水绿茶的失败与平水茶商组织涣散有关。此处笔者更希望探讨的是,利用商会进行管理的这种治理模式,其内在优势是

---

① 《绍兴统捐局函绍兴商会》,1914 年 1 月 28 日,《绍兴商会档案》,绍兴市柯桥区档案馆藏,140-4-335。

② 《会稽县函山会商务分会》,1914 年 1 月 28 日,《绍兴商会档案》,绍兴市柯桥区档案馆藏,140-4-335。

③ 《绍兴县公署照会绍兴商会》,1913 年 4 月 27 日,《绍兴商会档案》,绍兴市柯桥区档案馆藏,140-4-348。

④ 《改革洋价之动机》,《越铎日报》1917 年 12 月 23 日,第三版。

⑤ 《平现案阳奉阴违将查究》,《越铎日报》1918 年 11 月 22 日,第三版。

什么？其先天不足是什么？

（一）税政信息传递中的平庸

按理来讲，官厅通过绍兴商会去传递政令是商会承担的最容易的差事，绍兴商会理应完成得很好。但是笔者却意外地发现，绍兴商会并未能很好地完成传递官厅政令的工作。

印花税的发行是绍兴商会以"包税"的形式承担的官厅事务。绍兴商会除了向商民派销印花税票外，还承官厅之意，向商民传递印花税税政信息。在绍兴商会档案中，存有不少官厅要求绍兴商会向商民传达违法贴用印花罚责的文件，比如"遇有将印花揭下再贴用者，印行依照修正印花税法第八条，处一百元以下二十元以上之罚金……相应函达贵会查照，请烦转致各商号知照为荷"。① 绍兴商会接到官厅的要求后，一般会致函各业业董，由业董传达各商户"合亟函转，务希转知各同业一体遵行为要"。②

表面上看，绍兴商会对官令的传达，似乎做得不错，可是根据1924年绍兴城区大量存在贴用已经失效的印花的情况看来，绍兴商会对官厅意志的传达并不到位。

> 此次印花税检查员到绍，仅城区一隅，三天之内，竟搜得漏贴印花及贴用已失效印花之簿据三百余本。城区商人见闻比较为广，知识亦较开，三天又是最短的时间，检得应罚簿据之成数已足骇人，加以时日，其在偏僻见闻较狭，不知印花税法和旧印花废止及兑换期之商家，应课罚之成数当不知凡几，此虽一小事，然亦足证吾绍商人对于一切事情的疏忽而不注意了。③

此事的背景是当时浙江省颁布了新的印花税票，并宣布旧票无效，要求商人将手中的旧票送到商会兑换新票，"三月份起一律改用新印花，其有剩余者，得向商会兑换新票"。④ 可是在1924年年底绍兴城区的印花税票检查中，却发现大量商人仍然贴用已经失效的旧印花，他们并没有把旧印花拿到

---

① 《浙江绍兴县公函中华民国六年绍字第十八号》，1917年1月26日，《绍兴商会档案》，绍兴市柯桥区档案馆藏，140-4-364。

② 《绍兴商会致业董函》，1917年2月27日，《绍兴商会档案》，绍兴市柯桥区档案馆藏，140-4-363。

③ 《夥受印花罚则之商家》，《越铎日报》1924年11月22日，第六版。

④ 《夥受印花罚则之商家》，《越铎日报》1924年11月22日，第六版。

商会兑换。

让我们理性地思考一下，当时兑换新印花税票并不收费，而若贴用旧印花又属于违章，要受到处罚。兑换印花之处就是绍兴商会，对于城中的商户来说可谓近在咫尺，非常方便。城中的商户没有理由冒着被处罚的风险，不去兑换新印花税票。然而，许多商户恰恰是选择了使用旧印花。这只能是因为一个原因，即有些商人未能接到停用旧票、兑换新印花的通知。

导致这种局面的出现，虽然如《越铎日报》的记者所言，与商人"多不喜看报"，①对于一切事项不甚注意有关，但是作为消息传递者的绍兴商会肯定负有不可推卸的责任。绍兴商会要么没有向商人传达停用旧印花、兑换新印花的通知，要么虽然通知，但是通知得非常不到位。那么绍兴商会到底有没有传达停用旧印花、兑换新印花的通知呢？绍兴商会应该是向下传达了官厅的通知的，当时绍兴商会的下属组织柯桥分所收到过绍兴商会的通知。

> 案据本镇南货、油烛、茶食等业帖称，商店所用簿据、经折等，自浙省改用新印花票以后，绍地各属，由绍兴商会开会议决，并商同官厅许可，自旧历民国十三年正月朔日为始，一律遵照奉行，且谓旧票均可兑换，曾奉贵会通告在案。

从"曾奉贵会通告在案"这句话可以知道绍兴商会的确曾向商民传达过旧印花一事，柯桥镇的部分商人接到过绍兴商会的通知。那么很显然，城区不少商人之所以未收到通知，是因为绍兴商会虽然通过商会网络向商民传达消息，但是绍兴商会的传递并不到位。

绍兴商会传递印花税税政的不到位，给警察滥罚制造了机会。由于商人不明税花税罚则，所以警所夸大处罚金额，以从中渔利。1920年绍兴漓渚警察便违章超额处罚，此事为《越铎日报》记者所注意："查印花税法第八条应贴印花数目，罚贴印花百倍计算，每本不过罚贴印花二元，安有每本罚洋五元之理？"②

总之，绍兴商会对印花税税政的传递并不到位，这使得商人对许多税务政策缺乏了解。而绍兴商会在传递印花税税政中的平庸作为，绝对不是个案，它是绍兴商会辅官助治的一个缩影：绍兴商会在助官行政的过程中，有时表现得非常平庸，并不能很优秀地完成官厅布置的任务。

---

① 《夥受印花罚则之商家》，《越铎日报》1924年11月22日，第六版。
② 《印花税罚金何重》，《越铎日报》1920年5月16日，第三版。

### (二)平庸的原因

既然发现了平庸的存在,那么下一步便是寻找绍兴商会平庸作为的原因。这一发现,不仅要能够解释平庸存在的原因,还要能够解释辅官助治中效果显著的部分。要达到这样一种研究目的,必须把焦点置于绍兴商会本身,从商会本身激励与鞭策的角度去思考这一问题。

第一,问责机制的缺失。官厅把本来应该由自己去做的事情,分给商会这样的社会团体去完成。如果想要商会较好地完成官厅分发的事项,我们首先想到的是建立一套问责机制。即,如果商会未能按照官厅的规定完成下发的事项,商会的主要负责人需要受到官厅的惩处。而与这套机制相对应的,官厅必须设立一个部门去监督商会对工作的执行情况。如果发现商会执行不力,该部门要及时介入,对责任人做出处罚。

很显然,如果没有这套问责机制,对于那些对商会没有足够吸引力的差事,商会便不会努力去执行,会草草了事。对于绍兴商会这一个案而言,没有任何证据显示官厅为绍兴商会设立了问责机制。改良平水绿茶失败时,未见官厅问责,建立植棉试验场失败时,也未见官厅问责。官厅对绍兴商会始终采取一种"发而不包"的政策,即将差事下发给绍兴商会,但不要求商会对差事负责。

虽然我们无法具体测算问责机制的缺失,对绍兴商会在辅官助治中的作为有多大程度的影响,但是这种缺失的重要性是不言而喻的。而问责机制的缺失则与法定团体的性质有关。虽然法定团体不言而喻的有服从国家意志的属性,但是法团的性质毕竟是民众团体,与官厅的关系并非直接的上下级关系,官厅始终无法名正言顺地对商会领袖进行行政处罚。

第二,激励机制的缺失。问责机制的缺失,使绍兴商会不必费心费力地对待自己不感兴趣的事情。而激励机制的缺乏,则使绍兴商会的管理层没有动力去做那些自己觉得无趣的事情。

在一个组织体系中,上层组织要想让下级组织按照自己的意志行事,较高明的办法是对下级组织进行物质、精神激励。比如现代中国体制中存在的晋升竞争机制,使经济发展最好的区域的负责人获得更大的晋升空间,这样便能激励各级地方领导层依照上峰的意志,努力增加经济总量。

如果清末民初的官厅对商会实施了这种激励机制,商会自然会积极承办官厅布置的差事。可是清末民初的商会并不存在这样的激励机制。当时的商会体系自成一体,官厅并不干预商会领导层的人事变动。而且在总会—分会—分所这一体系中,各层级运行人员之间并不存在纵向的晋升关系。总会的会员选举总会的领袖,分会的会员选举分会的领袖,分所的会员选举分所的领袖;分会的负责人成就再大,也只能是分会的会长,绝不会被提拔为总会的会长;对这一选举体系,官厅无法实施人事方面的任命。

还存在一种可能的激励机制。即地方存在多个商会,官厅向其中愿意承担官厅差务,且能较好完成任务的商会提供资金等方面的支持。这样,那些商会为了自身的生存,便会积极地承办官厅下发的差务。可是,这种形式的激励在当时也是不存在的。近代商会的一大特点是"一地一会",一个地方只能允许设立一个商会。比如绍兴城区只能有一个城区商会,柯桥镇只能有一个柯桥分所。这就使商会缺乏竞争机制。

在商会的选举机制以及一地一会制度下,官厅无法对商会实施有效的激励机制,使商会没有足够的动力去完成官厅布置的任务。而问责机制的缺失,又使商会可以对差务糟糕的完成情况毫不负责。这样最终导致商会在完成官厅布置的差务中的不作为现象的出现。

(三)部分治理成功的原因

既然由于问责机制、激励机制的缺失,绍兴商会没有主动完成差务的欲望,那么该如何解释绍兴商会对官厅布置的一些差务的有效完成呢?毕竟,像给米商发放运米护照、处理官厅转发的商业纠纷,绍兴商会的作为还是比较成功的。

替官厅调解商业纠纷、发护运米护照这样的事情,绍兴商会之所以处理得较为成功,主要原因不在商会,而在纠纷中的商人,在急于运米的商人。

就商业纠纷来说,虽然绍兴商会本身没有特别的激励去调解纠纷,但是纠纷中的商人有足够的欲求去结束纷扰。"讼则终凶"的古语,高昂的诉讼费用,使商人们尽可能避免涉讼,尽量通过绍兴商会的调解来平息纠纷。加之,"官批民调"模式下,绍兴商会是奉差行政,商会可以借官厅的权威来增强自身的权威,其调解也就更有力量。

对于帮助官厅发放运米护照之事,绍兴商会虽然也没有特别的激励去完成此事。但是那些急于从外地运米售卖的米商,是有足够的动力去催促绍兴商会尽快地完成运米护照的发放。此外,粮食缺乏可能引起的社会动荡,也会促使绍兴商会尽快地完成护照的发放工作。

总之,有些差务绍兴商会之所以完成得较好,这主要是因为这些差务涉及的商民群体,有足够的动力去主动配合绍兴商会完成差务,有足够的主动性去催促绍兴商会完成官厅布置的差务。

### 三、财政汲取中的平庸

通过上一小节的介绍,我们知道绍兴商会对很多官厅布置的差务的完成是很平庸的,并且我们还完成了对导致这种平庸作为的原因的追寻。现在我们把目光放到绍兴商会承担的最重要的辅官助治工作——帮助官厅实现财政汲取上,来看看绍兴商会的作为究竟如何。

#### (一)商会汲取的部分成功

就绍兴商会帮助官厅实现财政汲取这件事来看,绍兴商会在相当大的程度上是成功的,起码商会的确能够从商民群体手中筹集到真金白银。绍兴商会之所以能够取得这样的成功,自然与绍兴商会遍布各业的商会网络分不开。

无论是在代官厅发行印花税票,还是替官厅筹募公债,绍兴商会均取得了一定的成绩。1917 年,即绍兴商会正式认销印花税票的第一年,商会就至少发行了一万两千元的印花税票,由此可见绍兴商会发行印花成就之大。当时官厅兴奋地说:

> 查绍兴为商务最繁之区,向销印花甚微,经委员会同会长招集各商铺,切实劝筹,认真提倡,以致绍属各县,销数蒸蒸日上,即以该会承销计算,不及一年,已在一万二千余元以上。[1]

因为绍兴商会在推广印花税的过程中发挥了重要的作用,绍兴商会的正副会长还受到了国家的嘉奖。当时绍兴商会的正副会长,由浙江省印花税处呈报,经省长许可,由中央最终批准[2],被授予金质奖章[3]。

绍兴商会除了在印花税方面做得不错,在公债的发行方面也取得了不错的成绩。由于绍兴商会可以派募公债,当时绍兴统捐局局长朱潞还曾请绍兴商会为其召集商人开会,以便解决派募公债的任务。"惟有请贵会于三日内召集各商家开会,弟当亲自来会,尽一□之长,亲自劝集。"[4]

---

① 《无题草稿》,1918 年左右,《绍兴商会档案》,绍兴市柯桥区档案馆藏,140-4-369。

② 《请奖提倡印花税人员》,《越铎日报》1917 年 6 月 2 日,第三版。

③ 《浙江印花税分处致绍兴商会公函》,1919 年 1 月 25 日,《绍兴商会档案》,绍兴市柯桥区档案馆藏,140-4-380。

④ 《朱潞致绍兴商会正副会长函》,1915 年,《绍兴商会档案》,绍兴市柯桥区档案馆藏,140-4-355。

　　而绍兴商会之所以能够取得这样的成绩，与其在绍兴商界的组织网络有关。在公债发行方面，1915 年绍兴商会接到发行有奖实业债券的通知后，通过柯桥、斗门、东关等分所，向乡镇商民劝募。[①] 绍兴商会还通过业缘网络来劝募公债。以下是 1915 年绍兴商会利用业缘网络劝募公债的成绩：

| 钱业 | 200 元 | |
|---|---|---|
| 当业 | 184 元 | |
| 布业 | 300 元 | |
| 酱业 | 100 元 | 因该业另已购买 70 元，故不照上年之式减折 |
| 广货业 | 120 元 | |
| 丝业 | 60 元 | |
| 南货业 | 120 元 | |
| 衣店业 | 50 元 | |
| 坛行业 | 40 元 | |
| 偏门米 | 60 元 | |
| 城内米 | 40 元 | |
| 五市米 | 60 元 | |
| 西郭米 | 50 元 | |
| 电灯公司 | 20 元 | |
| 油车 | 60 元 | |
| 油行 | 30 元 | |
| 鞋业 | 20 元 | |
| 线业 | 20 元 | |
| 提庄业 | 90 元 | |
| 首饰业 | 120 元 | |
| 前街绸 | 120 元 | |
| 铜锡业 | 90 元 | |
| 箔庄业 | 180 元 | |
| 参药业 | 药 100 元　参 50 元 | |
| 南货店 | 60 元 | |

---

　　① 《绍兴商会致各分所函》，1915 年 11 月 28 日，《绍兴商会档案》，绍兴市柯桥区档案馆藏，140-4-345。

条铁业　　　90 元

木业　　　　60 元

华舍绸　　　270 元

烟叶业　　　60 元

纸业　　　　30 元

染业　　　　30 元

油烛业　　　20 元

蜜饯业　　　20 元

磁器业　　　60 元

嫁妆业　　　40 元

镬业　　　　10 元

杂货业　　　40 元

柯分所　　　　300 元

箔铺业　　　　1500 元

未认各业如下：

水果业、茶漆业、扇业、茶食业、东山纸业①

印花税票的发行方面也是一样。绍兴商会一方面通过各分所推销印花，当时柯桥分所的印花便是绍兴商会分派，"敝分所为合镇商铺所组织，附属贵会，则凡商铺应用之印花，自应由贵会派销"。② 另一方面，通过业缘网络派销印花税票，"查前各业所认总数，约在额银八千之则"。③

显然，绍兴商会依赖其在商民社会发达的组织网络，是可以在财政汲取方面取得一定的成绩。笔者推测，正是因为绍兴商会有发达的社会网络，官厅才屡屡在财税事务方面向绍兴商会求助。

（二）印花税行销之失

虽然绍兴商会在协助官厅完成财政汲取方面有一定的能力，但是绍兴商会在财政汲取方面是有严重不足的。我们在前文曾谈到过商会承担差务

---

① 《四年分公债各业实认数目》，1915 年，《绍兴商会档案》，绍兴市柯桥区档案馆藏，140-4-355。

② 《柯桥分所函绍兴商会》，1920 年 5 月 22 日，《绍兴商会档案》，绍兴市柯桥区档案馆藏，140-4-391。

③ 《绍兴商会公函商字第一七九号》，1918 年 1 月 8 日，《绍兴商会档案》，绍兴市柯桥区档案馆藏，140-4-369。

时有"分而不包"的特点,即商会虽然承担差务,但并不为差务完成的好坏负责。在印花税票的发行中,也有相似的事情发生。表面上,绍兴商会从官府手中认定了发行印花的数额,需要完成认销数目,但是实际上绍兴商会很少能够完成认定数额的印花的发行,"兹查每月销数,不特不能加增,反致日形短绌"。① 而且,绍兴商会对商民的偷逃印花税的行为,不仅置之不顾,甚至帮助他们逃离监管,避免处罚。

第一,认而不包的认销。绍兴商会的认销印花,最为突出的特点在于"认而不包",即虽然认定了印花税票的销售数额,但绍兴商会并不保证一定能完成认额,并不为未完成的认额负责。这与清末民初的认捐制度有很大差异。

晚清江浙的会馆、公所,曾以认捐包缴的形式摊派厘捐,"各业行会或按所定厘捐税额向同行摊征,或按各行店营业额分别认缴,定期收解厘捐局"。而官府则通过行会组织的包收包缴,来保证财政税收的稳定。② 在这套认捐制度中,认捐者要为未能完成的认额负责。

比如,绍兴扇业团体认办的扇捐,由于认捐者所收的扇捐数目少于向官厅认捐的数目,认捐者要拿出钱来填补缺口。绍兴扇捐"统年认定捐钱八千四百千文,内除开支二成,实缴捐钱七千串",这些捐款是"匀月摊解"。但由于所收不及所认,所以认捐者都会亏累,"舒前董认办六年半,亏累至七千余串之巨"。舒董之后认办扇捐之人"试办一年,至本年三月终止,为一年期满,核计总数,亏耗至二千余串"。③

可是绍兴商会的认销印花却不是这样。如表 6.1 所示,绍兴商会的确有一个每年一万二千元的认额,"案查本邑印花税票,奉派年销票额银二万四千元向由贵会认定,年销银一万二千元按月匀缴"。④ 可是绍兴商会几乎年年都未能达到这一认额。

---

① 《绍兴商会致各会员函》,1920 年 4 月 22 日,《绍兴商会档案》,绍兴市柯桥区档案馆藏,140-4-391。

② 彭泽益:《十九世纪后半期的中国财政与经济》,北京:人民出版社,1983 年版,第 209 页。

③ 《扇业认捐报告书》,1912 年 10 月,《绍兴商会档案》,绍兴市柯桥区档案馆藏,140-4-319。

④ 《绍兴商会致各会员函》,1920 年 4 月 22 日,《绍兴商会档案》,绍兴市柯桥区档案馆藏,140-4-391。

表 6.1　1917—1923 年历年印花销售数额①

| 时间 | 总额（元） |
|---|---|
| 1917 年 | 12000 |
| 1918 年 | 10500 |
| 1919 年 | 不详 |
| 1920 年 | 9500 |
| 1921 年 | 10050 |
| 1922 年 | 9300 |
| 1923 年 | 7300 |

对于这些未能按照规定销售出去的印花,绍兴商会是否要为其赔垫呢?
现存的《绍兴商会档案》显示,绍兴商会没有为这些缺口承担任何责任。绍
兴商会既没有向官厅赔偿金钱,商会领袖也没有受到官厅的任何处罚。

由于官厅对绍兴商会的认销缺乏严厉的监管机制,最后不仅是认额未
能全部完成,就连"按月匀缴"的规定,也被绍兴商会置诸脑后。按月匀缴,
变成了逐次解缴:

> 案查敝会承领十年分印花税票,共计额银一万另另五十元,节经先
> 后四次解过额银五千元在案。兹特凑解第五次额银三千元(八二),合
> 实洋二千四百六十元,备函具解,即希贵知事察收汇解。再,本年分印
> 花准贵公署于一月十二日发到印花税票共计额银二千元,俟收有成数,
> 再行一并函解。合并陈明。②

这是绍兴商会向绍兴县公署报解印花税款的公函。由"先后四次解过额
银五千元在案""俟收有成数,再行一并函解"两处可知当时绍兴商会并不是逐
月解缴税款的,而是待手中的印花税款积累到一定的数目后,逐次解缴。

1924 年 7 月以后,绍兴商会绕过绍兴县公署直接与浙江省印花税处认
销印花。浙江印花税处也是要求按月报解,"所有销售数目,务希按月填表

---

① 此表根据绍兴商会档案中印花税部分相关数据制成。
② 《绍兴商会公函第三号》,1922 年 1 月 24 日,《绍兴商会档案》,绍兴市柯桥区档案馆
藏,140-4-402。

报解，以便汇转"。① 绍兴商会表面上是按照印花税处的要求做的。以下是绍兴商会开列的 1925 年、1926 年部分月份的印花销售清单。该清单显示，为了达到按月报解的目的，绍兴商会将各月销售印花面额准确地凑成1000 元。

> 十四年七月分销售：
> 一分票八万九千枚
> 二分票五千枚
> 一角票一百枚
> 八月分销售：
> 一分票七万枚
> 二分票一万四千枚
> 一角票二百枚
> 九月分销售：
> 一分票七万一千枚
> 二分票一万四千枚
> 一角票一百枚
> 十月分销售：
> 一分票一千枚
> 二分票四万九千五百枚
> 十一月分销售：
> 一分票六万枚
> 二分票二万枚
> 十二月分销售：
> 一分票五万枚
> 二分票二万五千枚
> 十五年一月分销售：
> 一分票九万枚
> 一角票一千枚
> 二月份销售：

---

① 《浙江印花税处公函第九六号》，1924 年 6 月 20 日，《绍兴商会档案》，绍兴市柯桥区档案馆藏，140-4-411。

一分票八万枚

二分票一万枚①

但是事实上,绍兴商会并不是逐月匀缴。现存档案史保存了若干浙江省印花税处催促绍兴商会缴款的公函,"案查各商会承销印花税款,照章应按月报解,惟贵会迄未照办,所有销售税款,前仅解至十五年六月份止,尚有七八月分销售税款,现已逾期未准解到敝处"。②

可见,官厅对于绍兴商会认销印花缺乏必要的监管机制。绍兴商会不会因为印花销售不及认额而承担责任,绍兴商会也没有遵守按月报解的规定。显然,在"认而不包"的认销制度下,官厅对绍兴商会缺乏严格的督管,使商会不会全力以赴地完成印花认额。

第二,作为公共团体的认销印花。对于那些私人包税的税捐,包税者具有强烈的动机去增加税收。比如绍兴的船捐,由私人认捐后,极度搜刮,引起不少纠纷。"绍属船捐,自吴祖泽认办以来,无时不以搜括为事,日向警察事务所派遣警察随同该局司事,在各城门等候。欠捐各船,稍不遂意,或扣船,或拖橹,极形苛扰。"③"征收船捐,苛押烦扰,敲骨吸指,大为几辈浮家泛宅者所诟病,因而惹起风潮也屡矣。"④

表面上看绍兴商会也有增加印花销售额的动机。绍兴商会把印花卖给会中商人的价格要高于从官厅手中认购印花的价格。以 1920 年的销售为例,绍兴商会以八二折的价格从绍兴县公署购得印花,⑤以票面价格九折的价格向会中商人卖出印花,⑥这样每卖出一百元印花,绍兴商会可从中获利八元。

但是绍兴商会是法定团体,是公共团体。商会领袖是义务职,不可能从商会的印花销售中获利。也就是说,无论绍兴商会销售多少印花,商会领袖

---

① 《绍兴商会销售十四年度印花清单》,1926 年 8 月,《绍兴商会档案》,绍兴市柯桥区档案馆藏,140-2-733。

② 《浙江印花税处函绍兴商会》,1926 年 9 月 8 日,《绍兴商会档案》,绍兴市柯桥区档案馆藏,140-4-413。

③ 《船捐董事威福自恣》,《越铎日报》1914 年 4 月 11 日,第三版。

④ 《稽山镜水》,《越铎日报》1915 年 3 月 12 日,第一版。

⑤ 当年绍兴商会解缴面值一千元的印花税额,实际只需解缴八百二十元。"兹特续行凑解额银一千元(八二),合实洋八百二十元,备函具解,即希贵知事察收汇解。"(《绍兴商会公函第一三三号》,1920 年 7 月 7 日,《绍兴商会档案》,绍兴市柯桥区档案馆藏,140-4-391)

⑥ 《绍兴商会开会记事》,《越铎日报》1920 年 5 月 6 日,第三版。

都无法从印花销售中获得激励,印花销售的好坏与其没有多少关系。对商会领袖的激励的缺失,必然使绍兴商会的领袖缺少足够的动力去推动印花销额的增长。

第三,印花供应的不稳定。除了责任、激励的缺失外,笔者还发现印花税票供应的不稳定,也是影响绍兴商会印花销售的重要因素。这一点在绍兴商会从绍兴县公署手中认销印花时期显得特别突出。

印花税票有多种规格,根据 1912 年袁世凯政府颁布的《印花税法》,印花税票共有五种,即一分、二分、一角、五角、一元五种面值的税票。① 有时绍兴商会所存的某种印花数量太少,而商人恰恰大量需要这种印花,商会的库存就无法满足商人的需求,印花的销售就受到影响。

商人对印花税票的需求还受到时令的影响,在端午、春节这种商家相沿的结账之期,商人会开出大量结账凭证,因此其对印花税票的需求就会猛增。在这样的节令,绍兴商会的印花库存也往往无法满足商人的需求。

商会印花库存不足,便自然会请上游的绍兴县公署供给相关种类的印花。1923 年 6 月 6 日,绍兴县商会因为"端节将届,遵章贴用者多",请求颁发价值三千元的一分印花税票和价值一千元的二分印花税票,"俾便分配各业贴用"。② 1918 年 6 月 18 日,绍兴商会所存面额为一分的印花无法满足商民需要,商会请求县公署调拨,"惟一分印花不敷分配,即希贵知事速请发下转发敝会二千五百元额银,以待酌派分发"。③

但是由于县公署的印花也是从别处(浙江省印花税处)购得的,县公署相关种类印花的库存量很可能无法满足商会的需求。1924 年 2 月 15 日,绍兴县商会致函县公署,"近届旧历新正,各业纷纷请领新制印花税票",请求配发三千元一分印花、一千元二分印花。④ 2 月 19 日,县商会再次致函县公署,称"各商店兑用孔急,应请查照敝会前次函请发领一分、二分新印花税票迅即发会,以便分配各业换贴"。可是当时县公署并无足够的印花发给商

① 国家税务总局主编:《中华民国工商税收史——直接税卷》,北京:中国财政经济出版社,1996 年版,第 283 页。
② 《绍兴商会函绍兴县公署》,1923 年 6 月 6 日,《绍兴商会档案》,绍兴市柯桥区档案馆藏,140-4-406。
③ 《绍兴商会公函商字第四十八号》,1918 年 6 月 18 日,《绍兴商会档案》,绍兴市柯桥区档案馆藏,140-4-369。
④ 《绍兴商会公函第十四号》,1924 年 2 月 15 日,《绍兴商会档案》,绍兴市柯桥区档案馆藏,140-4-407。

会,直到 3 月 6 号才勉强发下一千二百元印花,"兹已领得一、二分印花税票到署,除分别存发外,相应检同后开税票函送贵会查收"。①

1923 年 8 月 15 日,县商会请领一分和一角印花二千二百元。② 但是县公署"一分及一角税票,业已售尽无存",只能等县公署从浙省印花税处领到印花后才能得到所需印花。③

县公署印花供给的不稳定自然会影响到印花的贴用。如果商人迫切大量需要某种印花,而县公署却没有充足的印花供给,那么商人在县公署从浙江省印花税处领到印花税票之前,就没有印花以供贴用,而此时商人的商业活动却一直在进行,各种信用票据也都在持续不断地开出,可想而知,缺少印花的商人,一定会在票据上少贴或者不贴印花税票。

(三)商会与印花税监管

绍兴商会的印花税认销工作之所以进行得不甚理想,还与印花贴用监管的不力有关。如果当时能够对印花税的贴用形成严密的监管体系,能够有效地防止商人(无论是会内,还是会外)逃避贴用印花,那么绍兴商会的印花行销生意就会很兴隆。然而,绍兴当时对印花贴用的监管并不得力,而且这不得力,还与绍兴商会对监管的掣肘有关。

绍兴商会虽然每年认销一万二千元的印花,按照我们的常识来说,绍兴商会是应该负有监督之责的。但是当时商会承办差务是"分而不包",并不为差务的好坏负责,绍兴商会并不监督商人的印花税票贴用情况。绍兴商会最多也就是劝说商人照章贴用,如商会总理高云卿那样劝说商人:"近闻各商往往有失贴印花之处。此项税法颇为注重,一经察出,罚办难辞,应请各会员转劝各业,毋贪小失大,致罹法纲。"④而从未派出专人去检查会中商家是否依法贴用印花。

绍兴商人的印花贴用情况,是由警察和浙江省印花税处委派的委员来临督的。绍兴警察负责日常检查,比如 1923 年 12 月警察的检查,"绍兴县

---

① 《绍兴商会致绍兴县公署公函》,1924 年 3 月 31 日,《绍兴商会档案》,绍兴市柯桥区档案馆藏,140-4-407。

② 《绍兴商会公函第一一六号》,1923 年 8 月 15 日,《绍兴商会档案》,绍兴市柯桥区档案馆藏, 140-4-404。

③ 《绍兴县公署函绍兴商会》,1923 年 8 月 19 日,《绍兴商会档案》,绍兴市柯桥区档案馆藏, 140-4-407。

④ 《商会新年会记事》,《越铎日报》1917 年 2 月 20 日,第三版。

警察局长薛瑞骥派警来墟调查印花,挨户查验,其中遵章贴足者,固属不少,乃取巧漏贴者,实繁有徒"。①

在一年的特定时期,浙江省印花税处会委派专员到绍兴检查印花税票的贴用情况。印花委员到绍兴之后,一般是在绍兴当地警察的帮助下进行检查。这是1924年印花委员带领警察检查的情形,"浙江省征收委员俞廷尧带同东关警察一名,赴道墟调查印花。到埠后,当由该乡乡警施六十领导,挨户查察"。②

印花的检查如果执行得好,当然可以制止商人对印花税的逃避。但是这一检查机制,在相当程度上为商民社群、为商会所抵制。商会、商民抵制印花检查,试图消解印花检查的原因,固然跟税收天然地与商人的利益相冲突有关,也与官厅检查的腐败有关。

绍兴警察的印花检察相当的腐败,警察往往借检查印花以牟取私利。漓渚警佐李华兰便是利用检查印花的机会大捞特捞,"绍属偏门外漓渚警察分所警佐李兰华自任事以来,对于正当职务,置于脑后,一遇调查事件,非常踊跃,所罚银洋,大半收入私囊,种种劣迹,指不胜屈"。③《越铎日报》的记者在绍兴利济桥还曾亲眼目睹警察利用印花检查敲诈商人,"故至今日见该局并无男人在,只一女流可欺。乃借查印花为名,索图敲诈……该知该警不问皂白,将其簿据如数拿去,百般恫吓"。④

税收监督人员的腐败激起了商人、商会的对立情绪。1919年7月初,此时柯桥分所因与东关分所争立镇商会资格失败,已经停止运作多时。但恰在此时,柯桥警察分所代理警佐王宝茹利用检查印花的机会鱼肉商民,"一般被罚者,又均不得收据,情同索诈"。⑤ 商人遂开会宣布重建柯桥分所,⑥ 并借柯桥分所与王宝茹对峙,打算设法将王氏调离柯桥。

> 该镇各商号以王警佐到差未久,视商民如鱼肉。长此以往,何堪设想?因之,群报不平,特于昨(九号),在商会开会。王警佐自知无词以

---

① 《漏贴印花被查获》,《越铎日报》1923年10月23日,第四版。
② 《省委调查簿印花》,《越铎日报》1924年1月19日,第三版。
③ 《调查印花税黑幕》,《越铎日报》1919年8月10日,第三版。
④ 《私查印花图敲诈》,《越铎日报》1921年10月25日,第三版。
⑤ 《柯镇民商大会记》,《越铎日报》1919年7月11日,第三版。
⑥ 《柯镇民商大会记》,《越铎日报》1919年7月11日,第三版。

对,屡邀不到。该会忍无可忍,拟禀请上峰要求将王撤差更调。①

1920年浙江省印花税处派一名张姓委员来绍检查印花,由于该委员检查之前未通知各商,"不动声色,即至各铺搜查",商人非常不满,甚至准备罢市。后来绍兴商会邀集各业业董开会讨论此事,并且绍兴县知事亦到场参与,最后决定所有商户免予处罚,"□委员所获漏贴印花各簿,明日即地发还,应当之罚则,姑念商情困苦,免予议罚"。②

商会会抵制、反抗印花检查,更会以削弱官厅处罚力度的方式,来柔性地消解官厅的印花监管于无形。比如商会规定,凡是向商会认购印花的商人,如果没有依法贴用印花而被警察查获,那么该商人的簿据就不是被警察收往警察所,而是送到商会。"由检查人开单,并由该店盖章,汇齐送商会,遵章办理。"③

那些送到商会,"遵章办理"的商人簿据,并不是依法处罚,而是处以极轻的罚则。1920年的一次印花处罚显示,那些向商会认购印花,但没有遵章贴用的商人,他们的簿据被送到商会后,是按法定该罚数额的一半进行处罚,并且是用购买相应数额印花税票的方式代替罚款。"案准警察第一分所、第二分所、第三分所将检查各商店漏贴印花簿折发票先后开具清册,连同簿折发票送会,其所处罚则概蒙以照开清册,减半折算,改发印花税票,以示体恤。"④

显然,绍兴商会通过各种或刚或柔的抵制,削弱了国家对印花贴用情况的监管。这样,商人们即使没有遵章贴用印花,也不会受到按律应施的严厉处罚。这无疑会增加商人们逃避贴用印花的激励,最终使印花税票的行销受阻。

我们可以从民初绍兴印花税的推行这一事例中看出,虽然绍兴商会利用其组织网络能够替官厅推销一些印花,但是商会的行销量连认销数额都没有达到,商人偷逃印花税非常普遍。印花销额之所以不及理想,除了与印花供应有一定关系外,更与绍兴商会"认而不销"的认销体制,以及绍兴商会领袖缺乏行销印花的激励有关。而且在商会"分而不包"的承差体制之下,

---

① 《新警佐不洽舆情》,《越铎日报》1919年7月12日,第三版。

② 《又是一件印花税风潮》,《越铎日报》1921年10月15日,第三版。

③ 《绍兴商会开会记事》,《越铎日报》1920年5月6日,第三版。

④ 《绍兴商会公函第一五二号》,1920年8月28日,《绍兴商会档案》,绍兴市柯桥区档案馆藏,140-4-391。

绍兴商会并不负监督印花贴用之责,在不负责的同时,商会作为商人的法定团体,又领导商人抵制、削弱官厅对印花贴用情况的检查,影响印花的销路。

绍兴商会的认销印花,是绍兴商会整个辅官助治行动的一个缩影。绍兴商会可以利用其发达的组织体系,完成传递官厅政务信息、汲取财税资源的行动。这固然是有利于官厅对地方的治理的。但是,"分而不包"的承差体制,以及对商会领袖利益激励的缺乏,使商会不可能尽全力去完成官厅的差务。此外,由于官厅的一些行为(税收)极易引起商人的不满,商会作为商人团体还会反作用于官厅的差务,影响官厅地方治理的实施。

# 结　语

通过以上的分析，我们可以得出如下两个结论：第一，清末民初的绍兴商会在维护秩序方面发挥了不可忽视的积极作用，商会对秩序的维护有利于绍兴经济的顺畅运作；第二，商会维护秩序的努力是存在边界的，对于一些事务，商会无法有效地处理，对于另一些事务，商会很少涉足其间。

绍兴商会对各层次的秩序都有一定的维护作用。在商人个体的微观层次，绍兴商会利用其组织体系，利用其遍布绍兴城乡的社会网络，有步骤、讲方法地处理钱债纠纷。绍兴商会调解钱债纠纷的行为，显然是一种对商界微观秩序的维护，在一定程度上为经济的健康运行提供了制度保障。

在行业层次，绍兴商会通过转呈、备案等方式增强行规的效力，并且商会还参与行业纠纷的调解。增强行规效力，有利于行业秩序的实现，调解纠纷直接就是恢复秩序的努力。可见，绍兴商会的活动对行业秩序的稳定发挥了积极作用。

在整体的商业层次，绍兴商会也有许多维护秩序的努力。首先，商会深度介入了关乎商界血脉流转的金融事务，商会或是介入钱业内部纠纷以恢复金融秩序，或是召开商人大会讨论确定金融规章；其次，在反日运动冲击商业运行之时，商会及时与反日学生团体接洽，化解反日运动对商业的打击；最后，绍兴商会还保境安民，赈济灾民，尽力维护地方社会的稳定。

绍兴商会还在建立良好的政商秩序中发挥了重要作用。个体商人通过商会向官厅报告治安案件，通过商会与官厅沟通解决税务纠纷，通过商会向官厅提交商事审批。像个体商人一样，行业层次的商人群体也会通过商会与官厅交流；米业商人以绍兴商会为中介，向政府部门领取运米护照；一些行业的商人,通过绍兴商会向官厅表达自己对行业税收的意见。此外,绍兴商会还在地方社会与官厅之间扮演着桥梁角色。

总之,绍兴商会的活动,维护了绍兴商界的商业秩序,为商业的运行提供了比较稳定的市场环境。绍兴商会之所以能够做到这点,一是由于绍兴商会有一个成系统的组织,二是基于商会与民间、官厅势力的密切配合。

绍兴商会作为一个商人团体,向商界的各路精英赋以业董、议董、总董的职位,从而把他们组织起来。这些商业精英由于获得了组织性,从而具有了处理各类商业事务的能力。而且,绍兴商会通过各业业董以及乡镇的分所,把自己的组织网络延伸到各行各业以及各个乡镇,使得绍兴商会有能力调动绍兴商界各个角落的资源,使绍兴商会具备了强大的行动能力。

除了自身具备解决问题的能力,绍兴商会还注意同民间社会、政府进行合作,共同维护社会秩序。在调解商人钱债纠纷的过程中,商会、民间社会、官厅密切合作,构成一个纠纷治理的联合体,成功地处理了不少钱债纠纷。

在承认商会维护秩序的作用的基础上,我们注意到绍兴商会是存在行动的边界的,有些问题商会处理不好,有些问题不在商会的处理范围内。对于茶业改良这样的事情,绍兴商会缺乏一个深入行业的动员体系,很难促使茶商放弃作假的陋习。可以这样说,绍兴商会的组织体系无法支撑商会从事茶业改良这样的事情。

有些领域的事务,很少见到商会涉足其间,这是因为其他的社会体系的发育程度较好,可以承担相关的公共事务,从而对商会的活动形成挤压效应。由于绍兴的行业组织有一定的发育,可以不通过商会去沟通官厅,从而使商会无须在行业与官厅的交流过程中发挥太大的作用。在地方事务方面,由于城区的官绅体系比较发达,可以承担很多公共事务的完成,所以绍兴商会对城区公共事务的介入较少;但是在乡镇,官绅体系比较薄弱,官绅需要与乡镇商会合作进行地方治理。

总之,清末民初的绍兴商会在商业秩序的维护中发挥了不可或缺的重要作用,商会为地方商业的运行提供制度、秩序保障。但是,尺有所短,绍兴商会是存在不足的,对于一些秩序治理而言,商会的作用有限。

# 参考文献

**一、档案材料**

《绍兴商会档案》,浙江省绍兴市柯桥区档案馆藏。

**二、近代报刊**

《华商联合报》

《申报》

《绍兴白话报》

《越铎日报》

《越州公报》

**三、史料集成**

卢文弨:《抱经堂文集》,北京:中华书局,1990年版。

魏颂唐编:《浙江经济纪略》,《民国浙江史料辑刊》第一辑,杭州师范大学民国浙江史研究中心选编,北京:国家图书馆出版社,2008年版。

汪林茂辑:《浙江辛亥革命史料集》第一卷,杭州:浙江古籍出版社,2011年版。

吴觉农编:《浙江之平水茶业》,实业部上海商品检验局,1934年版。

实业部国际贸易局编纂:《中国实业志:浙江省》,1933年版。

《绍兴县志资料》第一辑,台北:成文出版有限公司,1995年版。

绍兴县地方志编纂委员会编:《绍兴县志》,1995年版。

绍兴市政协文史资料研究委员会编:《绍兴文史资料》第二辑,1986年版。

绍兴县政协文史资料工作委员会编：《绍兴文史资料选辑》第五辑，1987年版。

绍兴市政协文史资料委员会编：《绍兴文史资料》第八辑，1993年版。

天津档案馆等编：《天津商会档案汇编（1903—1911）》（上），天津：天津人民出版社，1989年版。

中国人民政治协商会议浙江省绍兴县委员会文史资料研究委员会编：《绍兴文史资料选辑》第一辑，1983年版。

中国人民政治协商会议浙江省绍兴县委员会文史资料研究委员会编：《绍兴文史资料选辑》第二辑，1984年版。

中国人民政治协商会议浙江省绍兴县委员会文史资料研究委员会编：《绍兴文史资料选辑》第三辑，1985年版。

中国人民政治协商会议浙江省绍兴县委员会文史资料研究委员会编：《绍兴文史资料选辑》第五辑，1987年版。

中国人民政治协商会议浙江省绍兴县委员会文史资料研究委员会编：《绍兴文史资料选辑》第九辑，1990年版。

中国人民政治协商会议浙江省委员会文史资料研究委员会编：《浙江辛亥革命回忆录》，杭州：浙江人民出版社，1981年版。

中国人民银行上海市分行编：《上海钱庄史料》，上海：上海人民出版社，1960年版。

章元沅、刘望龄、叶万忠主编：《苏州商会档案丛编》第一辑，武汉：华中师范大学出版社，1991年版。

张登德编：《陈炽卷》，中国近代思想家文库，北京：中国人民大学出版社，2015年版。

## 四、著作

〔法〕白吉尔：《中国资产阶级的黄金时代（1911—1937）》，上海：上海人民出版社，1994年版。

陈海忠：《近代商会与地方金融——以汕头为中心的研究》，广州：广东人民出版社，2011年版。

车越乔、陈桥驿：《绍兴历史地理》，上海：上海书店出版社，2001年版。

邓正来、J.C.亚历山大编：《国家与市民社会：一种社会理论的研究路径》，北京：中央编译出版社，2002年版。

邓正来：《国家与社会：中国市民社会研究》，北京：北京大学出版社，

2008 年版。

范金明等:《明清商事纠纷与商业诉讼》,南京:南京大学出版社,2007年版。

冯筱才:《在商言商——政治变局中的江浙商人》,上海:上海社会科学院出版社,2004 年版。

樊卫国:《民国上海同业公会与企业外部环境研究》,上海:上海人民出版社,2014 年版。

〔德〕黑格尔著,范扬、张企泰译:《法哲学原理》,北京:商务印书馆,1982年版。

李永鑫主编:《绍兴通史》第 4 卷,杭州:浙江人民出版社,2012 年版。

李秀丽:《中国近代民族企业劳工问题及企业文化研究》,大连:东北财经大学出版社,2013 年版。

宋美云:《近代天津商会》,天津:天津社会科学院出版社,2002 年版。

马敏、朱英:《传统与近代的二重变奏——晚清苏州商会个案研究》,成都:巴蜀书社,1993 年版。

马敏:《官商之间:社会剧变中的近代绅商》,武汉:华中师范大学出版社,2003 年版。

马敏:《过渡形态:中国早期资产阶级构成之谜》,武汉:华中师范大学出版社,2011 年版。

马敏主编:《中国近代商会通史》,北京:社会科学文献出版社,2015年版。

彭南生:《行会制度的近代命运》,北京:人民出版社,2003 年版。

曲彦斌:《行会史》,上海:上海文艺出版社,1999 年版。

魏文享:《中间组织——近代工商同业公会研究》,武汉:华中师范大学出版社,2007 年版。

王日根:《中国会馆史》,上海:东方出版中心,2007 年版。

徐鼎新、钱小明:《上海总商会史(1902—1929)》,上海:上海社会科学院出版社,1991 年版。

虞和平:《商会与中国早期现代化》,上海:上海人民出版社,1993 年版。

虞和平:《中国近代资产阶级的产生和形成》,北京:中华工商联合会出版社,2015 年版。

应莉雅:《天津商会组织网络研究:1903—1928》,厦门:厦门大学出版社,2006 年版。

〔日〕滋贺秀三等著,王亚新、梁治平编:《明清时期的民事审判与民间契约》,北京:法律出版社,1998 年版。

朱英:《转型时期的社会与国家——以近代中国商会为主体的历史透视》,武汉:华中师范大学出版社,1997 年版。

朱英:《近代中国商会、行会及商团新论》,北京:中国人民大学出版社,2008 年版。

朱英:《辛亥革命时期新式商人社团研究》,武汉:华中师范大学出版社,2011 年版。

朱英:《辛亥革命与资产阶级》,武汉:华中师范大学出版社,2011 年版。

张学军、孙炳芳:《直隶商会与乡村社会经济(1903—1937)》,北京:人民出版社,2010 年版。

张芳霖:《市场环境与制度变迁——以清末至民国南昌商人与商会组织为视角》,北京:人民出版社,2013 年版。

### 五、期刊论文

康晓光、韩恒:《分类控制:当前中国大陆国家与社会关系研究》,《社会学研究》2005 年第 6 期。

皮明庥:《武昌首义中的武汉商会和商团》,《历史研究》1982 年第 1 期。

徐鼎新:《旧中国商会溯源》,《历史研究》1983 年第 1 期。

应莉雅:《近十年来国内商会史研究的突破的反思》,《中国社会经济史研究》2004 年第 3 期。

周黎安:《行政发包的组织边界——兼论“官吏分途”与“层级分流”现象》,《社会》2016 年第 1 期。

朱英:《清末商会与抵制美货运动》,《华中师范大学学报》(哲学社会科学版)1985 年第 6 期。

朱英:《从清末商会的诞生看资产阶级的初步形成》,《江汉论坛》1987 年第 8 期。

朱英:《清末商会与辛亥革命》,《华中师范大学学报》(哲学社会科学版)1988 年第 5 期。

朱英:《关于晚清市民社会研究的思考》,《历史研究》1996 年第 4 期。

章开沅:《关于改进研究中国资产阶级方法的若干意见》,《历史研究》1983 年第 1 期。

# 后　记

　　这本书由我的博士论文修改而成，是对我读博时学习和思考的一个总结。读博是一件快乐并痛苦的事情，获得新知让人快乐，而发现新知需要经历痛苦的求索。写博士论文的那些日子里，我每晚十二点睡觉，早上六点起床，到图书馆后就大口大口地喝咖啡、喝浓茶，疲倦了就去体育场上跑几圈，虽然有些苦，却仿佛有孔颜之乐。

　　博论的完成，以及这本书的出版，绝不是我对于社会组织的研究、思考的终结。在这篇后记里，我打算提出一个可能不完全正确的命题，即近代中国的商会是分封式法团。商会与政府的关系，类似西周诸侯与天子的关系。天子把王族，功臣和先代的贵族分封到各地做诸侯，命令诸侯治理各自的封地；政府把地方商业作为商会的"封地"，命令商会治理这块封地。诸侯对天子有军事、祭祀方面的义务；商会有帮助政府推行政令的义务。诸侯与天子发生冲突，天子会派兵征讨不臣；地方商会与国家利益发生冲突，政府会对商会进行整顿。我的这个想法可能不是十分正确，但如果这个想法能够对其他治商会史的学者有所启发，那么我在这里抛出的这块砖头就是有价值的。

　　我的博论是在汪林茂教授的指导下完成的。汪老师学识渊博、待人亲切，对我的关心无微不至。汪老师无私地为我提供了大量的商会档案，这些材料构成了本书的重要基础。在此非常感谢汪老师这些年的培养。此外，本书在写作过程中还受到陈红民、梁敬明、肖如平、陶水木等先生的提点，在此一并对他们的帮助表示感谢。最后，我还要感谢那些陪我在西溪图书馆一起查阅资料的朋友，祝大家学术日精、前程似锦。

颜志

2018 年 1 月于浙大西溪校区北苑

**图书在版编目(CIP)数据**

　　服务于秩序:清末民初绍兴商会研究:1905—1927/
颜志著.—杭州:浙江大学出版社,2019.7
　　ISBN 978-7-308-19261-3

　　Ⅰ.①服… Ⅱ.①颜… Ⅲ.①商会－商业史－研究－
绍兴－1905-1927　Ⅳ.①F729.52

　　中国版本图书馆 CIP 数据核字(2019)第 126170 号

**服务于秩序:清末民初绍兴商会研究(1905－1927)**

颜　志　著

| | |
|---|---|
| **责任编辑** | 蔡　帆　宋旭华 |
| **责任校对** | 张振华　杨利军 |
| **封面设计** | 应佳佳 |
| **出版发行** | 浙江大学出版社 |
| | （杭州市天目山路 148 号　邮政编码 310007） |
| | （网址:http://www.zjupress.com） |
| **排　　版** | 浙江时代出版服务有限公司 |
| **印　　刷** | 虎彩印艺股份有限公司 |
| **开　　本** | 710mm×1000mm　1/16 |
| **印　　张** | 16.75 |
| **字　　数** | 283 千 |
| **版 印 次** | 2019 年 7 月第 1 版　2019 年 7 月第 1 次印刷 |
| **书　　号** | ISBN 978-7-308-19261-3 |
| **定　　价** | 68.00 元 |